New Programmer's Survival Manual
Navigate Your Workplace, Cube Farm, or Startup

New Programmer's Survival Manual
By Josh Carter

Copyright © 2011 The Pragmatic Programmers, LLC.
All rights reserved.
Korean Translation Copyright © 2013 Insight Press
The Korean language edition published by arrangement with The Pragmatic Programmers,
LCC, Lewisville, through Agency-One, Seoul.

이 책의 한국어판 저작권은 에이전시 원을 통해 저작권자와의 독점 계약으로 인사이트에 있습니다.
신저작권법에 의해 한국 내에서 보호를 받는 저작물이므로 무단전재와 무단복제를 금합니다.

신입 개발자 생존의 기술: 지속적 성장을 위한 33가지 실천법

초판 1쇄 발행 2013년 9월 1일 **지은이** 조시 카터 **옮긴이** 김효정·황용대 **펴낸이** 한기성 **펴낸곳** 인사이트 **편집** 송우일 **본문 디자인** 윤영준 **제작·관리** 이지연 **표지출력** 경운출력 **본문출력** 현문인쇄 **종이** 월드페이퍼 **인쇄** 현문인쇄 **제본** 자현제책 **등록번호** 제10-2313호 **등록일자** 2002년 2월 19일 **주소** 서울시 마포구 서교동 469-9번지 석우빌딩 3층 **전화** 02-322-5143 **팩스** 02-3143-5579 **블로그** http://blog.insightbook.co.kr **이메일** insight@insightbook.co.kr **ISBN** 978-89-6626-087-4 책값은 뒤표지에 있습니다. 잘못 만들어진 책은 바꾸어 드립니다. 이 책의 정오표는 http://insightbook.co.kr/08119에서 확인하실 수 있습니다. 이 도서의 국립중앙도서관 출판시도서목록(CIP)은 서지정보유통지원시스템 홈페이지(http://seoji.nl.kr)와 국가자료공동목록시스템(http://www.nl.go.kr/kolisnet)에서 이용하실 수 있습니다.(CIP제어번호: CIP2013014569)

신입개발자 생존의 기술
지속적 성장을 위한 33가지 실천법

조시 카터 지음 | 김효정·황용대 옮김

차례

옮긴이의 글   VIII
감사의 글   XII
들어가는 글   XIV

1부 전문적인 프로그래밍   1

1장   제품을 위한 프로그램   3
    TIP 1. 코드를 담금질하라   6
    TIP 2. 정확성을 고집하라   13
    TIP 3. 테스트로 설계하라   26
    TIP 4. 복잡성 다스리기   34
    TIP 5. 우아하게 실패하기   43
    TIP 6. 스타일에 신경 쓰라   51
    TIP 7. 레거시 코드를 개선하라   59
    TIP 8. 처음부터 코드 검토를 자주 하라   65

2장 도구를 제대로 정리하라   73
    TIP 9. 환경을 최적화하라   75
    TIP 10. 프로그래밍 언어를 유창하게 쓰라   84
    TIP 11. 플랫폼을 알라   93
    TIP 12. 어려운 작업은 자동화하라   101
    TIP 13. 버전 관리를 사용하라   105
    TIP 14. 소스를 사용해, 루크   111

2부 인간관계술   121

3장 그대 자신을 관리하라   123
    TIP 15. 멘토를 찾으라   125
    TIP 16. 자신의 이미지를 지배하라   131
    TIP 17. 주목을 받으라   135
    TIP 18. 연말 평가에서 A 받기   140
    TIP 19. 스트레스를 관리하라   148
    TIP 20. 몸을 소홀히 하지 말라   155

4장　팀워크　　163

TIP 21. 성격 유형을 이해하라　　165

TIP 22. 점들을 연결하라　　173

TIP 23. 함께 일하기　　177

TIP 24. 회의는 효율적으로　　182

3부 회사라는 세계　　187

5장　회사 내부에서　　189

TIP 25. 동료들에 대해 알아보라　　191

TIP 26. 회사 조직과 구성원에 대해 알아보라　　198

6장　사업에 신경 쓰라　　221

TIP 27. 프로젝트를 관리하라　　223

TIP 28. 제품의 수명 주기를 이해하라　　230

TIP 29. 회사의 입장이 되어보라　　244

TIP 30. 회사의 안티패턴을 파악하라　　248

4부 미래를 향해   255

7장   카이젠   257
   TIP 31. 좋은 태도가 중요하다   259
   TIP 32. 공부를 절대 멈추지 말라   264
   TIP 33. 자신의 자리를 찾으라   270

참고 문헌   275
찾아보기   278

옮긴이의 글

개발자도 그렇겠지만, 직군과 상관없이 신입이 하게 되는 일은 거의 비슷하다. CS$^{customer\ service}$ 처리일 수도 있고, 제품 테스트를 하게 될 수도 있고, 그 밖에도 자동화되면 좋을 (그러나 아무도 만들지 않는) 반복적인 운영 업무를 맡는 경우가 허다하다. 학생 때부터 하던 일이 좋아서, 잘할 수 있다고 믿었기 때문에 실력 반, 행운 반으로 관련 분야의 회사에 취직해서 안정적으로 월급을 받아가며 전문가의 길을 갈 줄 알았는데 말이다. 제품을 설계하고 만드는 때깔 나는 일은 선임들이 다 하고 막상 내게 주어지는 일은 아무리 잘해도 본전인 잡무라니.

패스트푸드 가게에서 시간 맞춰 햄버거 패티 뒤집는 아르바이트와 다를 게 뭘까 하고 잠깐 갈등하게 되지만 원래 아무것도 모르는 신입에게 주어지는 일이겠거니 생각하고 주어지는 업무에 야근과 마감을 반복하다 보면 자신도 모르는 사이에 3년 정도가 지나 있을 것이다. 어떤 사람들은 그 3년간 책임감 있게 독립적으로 일할 정도로 잘 성장해 또 다른 단계를 밟을 준비가 되어 있을 것이고, 그러지 못한 사람들도 있을 것이다.

그 차이는 물론 회사의 특성, 선임의 성격, 몸담은 프로젝트의 운명 등에 많이 좌지우지되었을 것이지만 가장 큰 요인은 단 하나, 자기 자신인 것이다. (이 책에서 주장하듯이) 모든 것에서 배우려는 마음가짐, 적극적으로 더 좋은 방법을 찾는 자세, 주장이 아닌 소통을 위한 대화, 그리고 자기 몸에 대한 꾸준한 관리, 막상 실천하기에는 너무 어려운 것들이긴 하나 같이 입사해서 비슷한 업무를 맡았지만 그런 노력 없이 3년을 보낸 다른 입사 동기들과는 결국에는 다른 평가를 받게 될 것이다(게다가 이 책에는 평가를 잘 받을 수 있는 방법도 나와 있다!).

물론 이 책에서 알려주는 것들을 현실적으로 전부 실천할 수는 없을 것이다. 그러나 회사 같은 조직에서 일하기 시작한 신입들에게 많은 도움이 되었으면 좋겠다. 이 책은 내가 신입일 때 아무도 직접적으로 알려주지 않아서(혹시 내가 듣지 못했던가?) 많은 오류를 범하고 실수를 반복했던 부분들, 즉 '회사에서 잘 살아남는 방법'에 대한 친절한 안내가 되어줄 것이다.

마지막으로 공역자 황용대와, 지금까지 함께 서비스를 만들어온 모든 개발자에게 감사의 인사를 전한다.

김효정

모두에게 신입 시절은 있다. 학교를 졸업하고 좌충우돌 끝에 입사에 성공해 첫 출근을 하던 그날의 기억. 이 글을 쓰는 지금 그날이 엊그제 같은데 벌써 10년이 지난 옛일이 되었다. 그때 기억을 떠올려 보면 설렘과 두려움이 뒤섞인 상태로 그저 책상 하나를 차지한 사람이었다. 스스로를 프로그래머라고 하기도 부끄러운 상태 말이다.

한 사람이 프로그래머로 성장하려면 언어, 시스템, 서비스에 대한 이해 등 많은 것이 필요하다. 단지 프로그램 언어를 잘 안다고 해서 되는 게 아니다. 거기다 일을 해나가면서 겪게 되는 경험도 필요하다. 성공적인 릴리스, 장애 처리, 실수로 인한 사고 같은 경험이 쌓여 한 명의 프로그래머가 만들어지게 된다. 하루 아침에 프로그래머가 만들어지지는 않는다.

이렇게 막막한 시절에 좋은 코치나 선배가 있으면 어떨까? 나는 좋은 환경에서 좋은 선배를 만난 운이 괜찮은 사람이었지만 여러분 모두가 이렇게 운이 좋기는 어려울 것이다. 그래서 이 책이 나왔다.

여러분은 이 책에서 프로그래머로 커나가기 위해 갖춰야 할 자질을 배울 것이다. 단지 기술적인 이야기뿐 아니라 소통 능력, 사내 정치 같은 대인 관계 기술 people skill 까지를 말한다. 어떻게 보면 업무 능력이란 회사에서 살아남기 위한 최소한의 요구 사항일지도 모른다. 결국 일이란 사람과 사람이 하는 것이다.

이 책을 번역하면서 자신을 돌아보는 계기도 됐다. 그동안 프로그래머로 살아오면서 지니고 있던 열정과 좋은 습관이 이런저런 핑계로 사라지지 않았는가, 후배들에게 좋은 코치가 되려면 어떠한 것을 알려줘야 하는가 같은 것들 말이다.

이 책에 나온 모든 팁을 따르기는 현실적으로 어려울 수도 있다. 하지만 노력해보기 바란다. 선배들이 했던 실수와 삽질을 미리 피할 수 있으며 더 훌륭한 프로그래머가 되어 회사에서 살아남을 수 있을 것이다.

마지막으로 공역자이자 오랜 친구인 김효정과 뒤에서 많은 도움을 준 위민복에게 감사한다. 그리고 그동안 함께 일한 많은 동료들에게 감사 인사를 드린다. 여러분과 함께 일하게 된 것은 내게 크나큰 행운이었다.

황용대

감사의 글

먼저 항상 인내심을 발휘하는 편집자, Susannah Davidson Pfalzer에게 감사합니다. Susannah의 지도와 격려의 말이 없었다면 이 책은 나올 수 없었을 것입니다. 그리고 계속 쓰도록 가끔씩 압박을 주기도 했습니다. Susannah, 내 인생의 첫 번째 책을 낼 수 있게 도와줘서 고맙습니다.

다음으로 초보 프로그래머부터 업계 전문가에 이르기까지 많은 사람의 검토가 굉장한 도움이 됐습니다. 이 책 초고를 읽고서 자신들의 관점과 전문 지식, 수정이 필요한 부분들을 알려주었습니다. Daniel Bretoi, Bob Cochran, Russell Champoux, Javier Collado, Geoff Drake, Chad Dumler-Montplaisir, Kevin Gisi, Brian Hogan, Andy Keffalas, Steve Klabnik, Robert C. Martin, Rajesh Pillai, Antonio Gomes Rodrigues, Sam Rose, Brian Schau, Julian Schrittwieser, Tibor Simic, Jen Spinney, Stefan Turalski, Juho Vepsäläinen, Nick Watts, Chris Wright에게 감사의 말을 전합니다. 성실하며 철저한 검토로 이 책이 더욱 좋아졌습니다. 저와 이 책의 모든 독자들은 여러분의 작업에 감사합니다.

처음부터 Jeb Bolding, Mark "The Red" Harlan, Scott Knaster, David Olson, Rich Rector 그리고 Zz Zimmerman을 포함한 여러 친구와 동료들에게 조언을 듣기 위해 자꾸 성가시게 굴었으나 잘 참아주었습니다. 여러분의 인내심에 진심으로 감사합니다.

마지막으로 내 가장 큰 팬 두 사람에게 매우 특별한 감사를 전합니다.

딸 Genevieve는 내가 혼자서 글을 쓸 수 있도록 수많은 저녁 시간을 양보해 주었습니다. 그리고 아내 Daria는 글 쓸 시간을 준 것뿐 아니라 이 책의 베타 버전을 제일 처음 사서는 밤 열 시부터 시작해 앉은 자리에서 다 읽었습니다. Daria는 내가 저녁 식사를 하면서 이 책을 구상할 때부터 여러 생각과 관점을 제공했습니다. 그리고 시작부터 끝까지 지원과 격려를 아끼지 않았습니다.

Daria와 Genevieve, 둘 없이는 할 수 없었을 겁니다. 마음 깊은 곳에서부터 고맙다는 말을 전합니다.

들어가는 글

출근 첫날이다. 여러분은 실력 있는 프로그래머이며 직장도 구했고 이제는 컴퓨터 앞에 앉아 있다. 이제 어떻게 해야 하나? 여러분 앞에는 새로운 정글이 펼쳐져 있다.

- 수천 또는 수천만 줄의 코드로 만들어지는 산업 규모의 프로그래밍을 해야 한다. 어떻게 하면 자신의 목표를 다잡고 빨리 기여하기 시작할 수 있을까?
- 프로그래머뿐 아니라 정말 다양한 직무로 이뤄진 조직에서 헤매지 말아야 한다. 제품 기능에 대한 지침이 필요할 때 누구에게 물어봐야 할까?
- 해마다 성과 포트폴리오를 작성하라. 성과 검토 시기가 되었을 때 상사가 무엇을 보고 어떻게 평가할지 알고 있는가?

그 밖에도 수많은 것이 놓여 있다. 프로그래밍 실력은 직장 생활 초반에 갖춰야 할 것 중 일부분일 뿐이다.

우리 중에서 운이 좋은 사람들은 큰 그림을 잘 아는 가이드가 벌써 있다. 이 책은 일종의 가상 가이드다. 여러분에게 방향을 일러주고 앞으로 닥쳐올 험난함을 알려주며 난처한 함정에서 구해낼 것이다.

지은이 소개

지금까지 여러분의 경력과 1995년 대학에 다니던 나를 비교해 보면 비슷한 점을 찾을 수 있을 것이다. 나는 듀크 대학교(Duke University)의 컴퓨터 과학 및 전기 공학 전공으로 비교적 평범하게 시작했다. 어느 날 회사에서 일하려면 어떤 수업을 듣는 게 좋을지 물으려고 지도 교수를 찾아간 적이 있었는데 로즈 장학생(Rhodes scholar)이자 공대에서 떠오르는 스타인 그는 똑똑한 사람이었지만 대답은 "거기에 대해선 해줄 말이 없네. 내 평생 회사에서 일해 본 적이 없다네"였다.

그때 적지 않은 실망감을 느꼈다. 나는 연구 보고서나 쓰는 것보다는 실제로 제품을 만들어 내고 싶었다. 그래서 그해 여름 당시 실리콘밸리에서 가장 유명한 스타트업 중 하나인 제너럴 매직(General Magic)에 어렵게나마 들어가게 되었다. 그 회사는 오리지널 매킨토시 컴퓨터를 만든 앤디 허츠펠드(Andy Hertzfeld)와 빌 앳킨슨(Bill Atkinson)이 설립한 회사였다. 동료들 중에는 애플의 시스템 7 운영 체제의 주요 개발자들과 나중에 이베이(eBay)를 설립한 사람도 있었다.

두 달의 인턴십 기간 동안 프로그래밍에 대해 2년간 학교에서 배울 수 있었던 것보다 더 많이 배우게 된 나는 듀크로 전화해 다시 돌아가지 않겠다고 전했다. 그렇게 이 바닥에서 거친 삶을 시작하게 됐다.

이 책의 대상 독자

이 책의 독자들은 다음 세 가지 분류로 구분할 수 있을 것이다.

- 컴퓨터 과학을 전공으로 대학을 갓 졸업하고 "프로그래밍 세계가 실제 세계와 비슷할까요?"라는 질문을 던지는 사람(짧게 답하자면 "아니오"다)
- 다른 분야의 전문 지식을 갖고 프로그래밍을 취미나 부업으로 했지만

이제는 전업으로 일하길 원하는 사람
- 프로그래밍을 직업으로 고려하고 있지만 책이나 학교 수업에서는 얻을 수 없는 정보를 원하는 사람

어쨌거나 여러분은 여기에 있으며 이제는 코드로 돈을 벌 시간이다. 코드를 다루는 책은 무수히 많다. 그런데 이 분야의 책 중에 코드 외의 것을 다루는 책은 많지 않다. 그래서 이 책이 나온 것이다.

다른 분야의 전문가들에게는 몇몇 부분은 필요 없을지도 모른다. 마케팅 전문가에게 내가 해줄 수 있는 말은 많지 않다. 그러나 기술 부서가 일하는 방식, 개념에서 출시까지 코드가 구현되는 방법에 대한 것들은 도움이 될 것이다.

이 책의 구성

이 책은 몇 쪽 안에서 주제 하나를 해결하도록 구성된 팁이라는 작은 장으로 이뤄졌다. 어떤 부분은 필요해서 좀 더 길 수도 있다. 관련 있는 팁들은 서로 가깝게 묶어 놓았지만 어떤 순서로든 읽을 수 있다. 큰 그림을 그리려고 한다면 처음부터 끝까지 읽어보라. 그러나 마음대로 여기저기 넘겨봐도 괜찮다. 팁을 서로 참고할 필요가 있을 때는 명시적으로 언급해놓았다.

코드 작성과 밀접한 내용으로 시작한다. '1장 제품을 위한 프로그램'은 프로그래밍 재능에서 시작해서 프로그램을 출시 준비 상태로 만드는 데 필요한 지침을 제공한다. 어느 누구도 버그가 가득한 코드를 출시하고 싶어 하지 않는다. 그러나 산업 규모의 프로젝트에서 코드가 정확하고 잘 테스트되어 있다고 보장한다는 것은 특별한 도전이다.

다음, '2장 도구를 제대로 정리하라'는 업무 흐름을 돕는다. 다른 사

람들과 협업하고 자동으로 빌드하며 신기술들을 배울 필요가 있을 것이다. 게다가 어마어마한 양의 코드에 관련된 문제를 해결해야 할 필요도 있으니 시작 단계부터 도구에 투자하는 것이 나중에 도움이 될 것이다.

이제 감상적인 측면을 살펴볼 것이다. 평생의 관리자가 한 명 있다면 바로 자신이다. '3장 그대 자신을 관리하라'에서는 스트레스 관리와 업무 능력의 관계 같은 주제에 입문할 것이다.

무인도에서 홀로 일하는 프로그래머는 없다. 그래서 '4장 팀워크'는 다른 사람들과 함께 일하는 것에 초점을 맞췄다. 대인 관계 people skill를 무시하지 말라. 사실 여러분은 컴퓨터에 능숙해서 고용되지만 일은 팀 스포츠다.

그 다음으로 더 큰 그림을 그려본다. '5장 회사 내부에서'는 전형적인 첨단 기술 회사와 회사를 구성하는 모든 부분을 고려한다. 궁극적으로 "모든 사람이 온종일 무엇을 합니까?"라는 질문에 답하려고 한다.

이제 소프트웨어 사업의 중심으로 이동해 본다. '6장 사업에 신경 쓰라'에서는 누가 왜 여러분에게 월급을 지불하는지와 소프트웨어의 생명주기, 그리고 여러분이 그 주기에 맞춰 날마다 하는 프로그래밍이 어떻게 달라지는지 살펴본다.

마지막으로 '7장 카이젠'은 앞날을 바라본다. 일본어 카이젠 改善은 지속적인 개선의 철학이다. 그리고 우리가 헤어지기 전에 독자들이 그 길을 걷고 있기를 바란다.

이 책에서 사용한 관례

나는 주로 루비를 사용해 팁의 예제 코드를 만들었다. 단순히 루비가 간결하고 읽기 쉬워서 선택했다. 루비를 모른다고 해도 걱정하지 않아도 된다. 코드의 의도는 자명해야 한다. 예제는 모든 프로그래밍 언어에 적용할 수 있는 더 큰 그림 원칙을 설명하려고 만들어졌다.

이 책 전반에 걸쳐 여러분은 '회사의 시각'이라는 관련 글을 보게 될 것이다. 이것은 업계 전문가의 글이다. 그들은 여러분보다 앞서 이 길을 따라간 프로그래머들과 관리자들이다. 각 기고지는 수십 년의 경험이 있으므로 그들의 조언을 생각해 보기 바란다.

흰 띠부터 검은 띠까지 (그리고 다시 흰 띠로)

이 책 처음부터 끝까지 나는 여러분이 특정 팁을 적용해야 할 때를 보여주려고 무술의 띠 개념을 사용했다. 띠 색깔에는 무술 외 분야에서도 도움이 될 이야기가 있다. 무술을 처음 배울 때는 순수를 상징하는 흰 띠로 시작한다. 흰 띠 팁은 회사 생활 시작부터 적용할 수 있는 것들이다.

여러 해 수련하면서 띠는 때묻게 된다. 갈색 띠는 수련으로 띠가 더러워진 중급 단계다(약골들은 그냥 갈색 띠를 새로 산다). 이 책에서 갈색 띠 주제들은 2년차에서 5년차 사이의 경력과 관련되리라 본다.

무술인이 더욱 정진하는 만큼 띠 색도 더욱 짙어져서 새까맣게 되는 시점이 온다. 바로 이때 마스터라는 칭호를 얻게 된다. 이 책에서 나는 그 시점을 좀 일찍 잡았는데 검은 띠 주제들은 5년차 이상에서 적용할 수 있는 것들이다. 현실에서 진정한 통달은 10년 정도 되어야 시작된다.

유단자가 띠를 계속 사용하면 무슨 일이 일어날까? 점점 닳고 햇볕에 색은 바래진다. 그리고 다시 흰 띠가 되어 버린다. 옛 고수들이 전문성에 대해 발견한 것을 심리학자들은 최근에서야 공부하고 있다. 즉 여러분은 모르는 것이 무엇인지 알 수 있는 특정 임계 지점까지 도달해야 한다. 그리고 나서 새롭게 학습을 시작한다.

온라인 참고 자료

이 책의 웹 페이지 주소는 다음과 같다.

http://pragprog.com/titles/jcdeg

여기에서 여러분은 나와 여러 독자들이 있는 토론 포럼에 참여하고 정오표를 확인, 새로 발견한 오류를 보고할 수 있다.[1]

앞으로

책에 관해 충분히 떠들었다. 여러분이 컴퓨터 앞에 앉아 "이제 뭘 하지?"라고 어리둥절해하는 동안, 상사는 여러분이 여태까지 일하고 있지 않는 이유를 궁금할 것이다. 자! 이제 시작해 보자.

---

1 (옮긴이) 번역서의 오탈자는 http://www.insightbook.co.kr/08119에서 확인할 수 있다.

1부

전문적인 프로그래밍

1장

제품을 위한 프로그램

여러분이 재미 삼아 프로그래밍을 할 때는 가끔 발생하는 문제를 처리한 다거나 에러를 보고하는 것 같은 일들은 무시하고 넘기기 쉽다. 그런 일은 고되기 때문이다. 하지만 전문적으로 프로그래밍을 한다면(단순히 월급을 받는 일만 말하는 것은 아니다) 이런 점들을 무시하고 넘길 수 없다.

코드 품질을 제품 수준으로 만든다는 것은 명확한 목표처럼 보이지만 IT 업계는 올바른 코드를 만들어내는 방법을 알아내기까지 엄청난 시간이 걸렸다. 예를 들어 윈도 95는 연속해서 49.7일간 사용하면 운영 체제가 멈추는 버그가 있었다. 하지만 놀랍게도 다른 버그가 49.7일이 지나기 전에 윈도 95를 다운시켜서 4년이나 지나서야 발견되었다.[1]

개발자는 품질을 향한 두 가지 접근법 중 하나를 선택할 수 있다. 처음부터 품질을 고려하며 만들어 나가거나 일단 만들고 나서 다듬는 것이다. 전자는 날마다 코드를 짜면서 많은 수련을 필요로 한다. 후자는 많은 테스트를 필요로 하고 결국 끝났다고 생각한 순간 더 많은 일을 하게 될 것이다.

일반적으로는 코드를 나중에 다듬는 방법을 사용한다. 이 방법은 업계를 지배하고 있는 폭포수 개발 방법론에 속하며 명세, 설계, 개발, 테스트 순서로 진행한다. 테스트는 마지막에나 하는 것이다. 제품을 테스

---

1 http://support.microsoft.com/kb/216641

트 부서로 넘기면 곧바로 사고가 터지고 제품은 엔지니어링 부서로 다시 넘어온다. 거기서 버그를 고치고 테스트 부서로 새로운 버전을 넘기면 또 다른 쪽에서 사고가 터지고 다시 돌아가는 과정을 되풀이한다. 이런 일들이 몇 달(심지어 몇 년)간 일어난다.

    이 장은 처음부터 품질을 높일 수 있는 방법에 주로 초점을 둔다. 이 방법이야말로 제품에 대한 자신감을 가질 수 있는 방법일 뿐 아니라, 기능을 덧붙이거나 몇 년간 유지 보수할 수도 있기 때문이다. 물론 품질이 좋은 소프트웨어를 만든다는 것은 책 한 권으로 다 다룰 수 없는 주제이고 다루는 범위도 테스트보다 훨씬 더 넓지만, 여기서는 코드 품질을 향상시키기 위해 지금 당장 할 수 있는 일들로 제한한다.

- 구체적인 방법을 다루기 전에, 우선 '팁 1. 코드를 담금질하라'에서 마음 자세부터 제대로 잡아본다.
- 다음으로 '팁 2. 정확성을 고집하라'에서는 코드가 해야 할 일을 잘 하는지 검증하는 데 집중한다.
- 또는 다른 방향으로 접근해 볼 수도 있다. '팁 3. 테스트로 설계하라'에서는 테스트부터 시작해 이 테스트를 이용해 설계를 주도해 나가는 것을 알아본다.
- 여러분은 이제 곧 거대한 코드 더미 속에서 허우적거릴 것이다. '팁 4. 복잡성 다스리기'는 제품 규모로 덩치가 큰 소프트웨어 프로젝트를 구체적으로 다룬다.
- '팁 5. 우아하게 실패하기'에서는 잠시 즐거웠던 순간을 떠나 코드를 통제할 수 없는 상황을 다룬다.
- 일이 정말 힘들어지는 그때, 잠깐 숨을 돌려보자. '팁 6. 스타일에 신경 쓰라'는 코드가 보기 좋아지도록 돕는다. 상상하는 것보다 더 오래

도움이 될 것이다.
- 어려운 일로 돌아가자. '팁 7. 레거시 코드를 개선하라'는 전임자에게서 물려받은 코드에 대해 이야기한다.
- '팁 8. 처음부터 자주 코드 검토를 하라'에선 여러분의 코드가 배포할 준비가 되었다는 확신을 갖도록 팀과 함께 일해야 함을 얘기한다.

이 책에서 다루지 않는 것들

지면 문제로 여기서 미처 다루지는 못하지만 제품으로서 품질을 갖추기 위해 고려해야 것들이 이 밖에도 있다. 또한 각 업계 분야별로 지켜야 하는 표준이 따로 있다. 예를 들면 다음과 같다.

- 악성 코드, 네트워크 활동, 기타 보안 우려에 대한 방어적 프로그래밍
- 하드웨어, 시스템 오류, 소프트웨어 버그, 보안 구멍으로부터 사용자 데이터 보호
- 배포와 대량의 부하가 걸리는 소프트웨어 성능의 스케일 아웃
- 그리고 그 밖의 것들

조언을 듣기 위해 선임 프로그래머와 상의해 보라. 어느 상황에서건, 항상 돌아가는 코드를 작성하는 것 외에 표준에 도달하려면 무엇이 또 필요할까?

TIP 1
코드를 담금질하라

 제품을 위한 코딩을 한다면, 코드가 탄탄하다는 것을 처음부터 증명해야 한다.

여러분은 견고한 코드를 만드는 능력이 이 직업에서 당연히 요구하는 필수 사항이라고 생각할 것이다. "좋은 태도, 팀 플레이어, 테이블 축구 실력을 갖춘 프로그래머를 찾습니다. 선택 사항: 견고한 코드 작성 능력" 같은 구인 공고는 없을 것이다. 그런데 여전히 많은 프로그램에는 버그가 있다. 문제가 무엇일까?

코드 품질을 보장하기 위해 일상적으로 실천해야 하는 것들에 대해 세부적으로 토론해 보기 전에, 견고한 코드를 만드는 것이 무엇을 말하는지 이야기해 보자. 그건 그냥 할 일을 써놓은 목록이 아니라 마음가짐이다. 고객에게 전달되기 전에 코드뿐 아니라 완성된 제품 전체를 담금질해야 한다.

결국 고객이 제품을 가차 없이 검증하는 사람이 될 것이기 때문이다. 고객은 여러분이 예상하지 못한 방식으로, 더 오랜 기간 동안, 테스트해 보지 못한 환경에서 제품을 사용한다. 과연 고객은 버그를 몇 개나 찾게 될까? 이 질문을 염두에 두어야 한다.

고객 손에 제품을 넘기기 전, 버그를 하나라도 더 찾아내 넘기려면 지금 당장 코드를 더 담금질하라.

품질 보증의 종류
이 장에서는 코드 수준의 품질과 단위 테스트에 집중하지만, 사실 제품 품질 보증은 훨씬 큰 주제다. 여러분의 제품이 오래 살아남으려면 무엇이 필요한지 생각해 보자.

코드 검토

코드 품질을 보증하는 제일 분명하면서 간단한 방법은 또 다른 프로그래머가 코드를 읽어보는 것이다. 복잡한 검토가 될 필요도 없다. 짝 프로그래밍은 실시간으로 이뤄지는 코드 검토의 한 형태이기도 하다. 팀은 버그를 찾고, 코딩 스타일과 표준을 지키며 팀원들 사이에 지식을 전파하기 위해 코드 검토를 사용할 것이다. '팁 8. 처음부터 코드 검토를 자주 하라'에서 코드 검토를 이야기할 것이다.

단위 테스트

애플리케이션의 비즈니스 로직을 만들면서 클래스와 메서드마다 붙이는 단위 테스트를 통한 코드 검증보다 더 좋은 방법은 없다. 이 내부 테스트는 고립된 상태에서 로직을 검증하도록 설계되었다. '팁 2. 정확성을 고집하라'와 '팁 3. 테스트로 설계하라'에서 다룰 것이다.

인수 테스트

단위 테스트가 내부에서 제품을 바라보는 것이라면, 인수 테스트[acceptance test]는 실제 사용자가 시스템과 상호 작용하는 것을 시뮬레이트하기 위해 설계된다. 이상적으로 인수 테스트는 자동화되고 고정된 스토리를 갖고 있다. 예를 들어 은행 현금 자동 입출기[ATM] 애플리케이션은 다음과 같은 인수 스토리가 있을 수 있다. 내 예금 계좌 잔고가 0달러인데 ATM에 가서 예금 계좌에서 인출을 선택한다면? "죄송합니다. 오늘 저녁에는 라면을 드셔야겠네요"라고 나와야 한다.

이 테스트들은 셰익스피어 수준의 극본은 아니지만 사용자 인터페이스부터 비즈니스 로직까지 시스템의 모든 과제를 테스트한다. 이 테스트들을 자동으로 하든, 사람이 직접 하든 여러분의 회사는 고객이 사용해 보기 전에 모든 시스템 구성 요소가 정상으로 맞물려 돌아가는지 확인해야 한다.

부하 테스트

부하 테스트는 현실적인 스트레스를 제품에 가하고 응답 성능을 측정한다. 예를 들어 100밀리초 안에 웹 페이지를 보여줘야 하는데 데이터베이스에 레코드가 100만 개가 있을 수 있다. 부하 테스트로 코드가 선형적으로 증가해야 하는데 지수적으로 증가하는 문제를 드러낼 수 있다.

통제된 탐색적 테스트

인수 테스트는 문서나 회의를 통해 만들어진 요구 사항에 명시된 제품의 모든 작동을 다룬다. 그러나 프로그래머들은 보통 이것을 깰 방법을 생각해 내려고 한다. 그런 문서들에는 놓치는 부분들이 항상 있기 때문이다. 통제된 탐색적 테스트에서는 그런 잘 보이지 않는 경우들을 찾아낸다.

문제를 탐색하고 찾아내기 위해 프로그래머가 직접 테스트하는 경우가 많다. 그렇지만 초기 탐색이 끝나면 유용한 테스트는 인수 테스트 스위트에 추가된다.

보안 감사 같은 경우에는 특별한 변수가 있다. 이 경우에 전문 테스터는 테스트를 수행하기 위해 자신의 도메인 지식을 (아마 코드 검토도 함께) 사용한다.

> **'시스템 전체 테스트'는 얼마나 완전한가?**
>
> 나는 몇 년간 산업 로봇을 제어하는 소프트웨어를 만들었다. 단위 테스트가 모터 동작을 시뮬레이트 해줘서 워크스테이션에서 비즈니스 로직을 테스트할 수 있었다. 물론 시스템 전체 테스트는 실제 로봇에서 할 필요가 있었다.
>
> 로봇의 가장 좋은 점은 코드가 어떻게 작동하는지 볼 수 있다는 것이다. 그다지 좋지 않은 점은 로봇이 망가지기도 한다는 점이다 (타버리기도 한다). 하지만 로봇이 완벽한 환경이 아니라는 점이 더 중요하다. 개별 로봇은 다 다르다. 수천 가지 기계, 전기 부품을 다양한 방식으로 조립해 만든 로봇은 각기 다르다. 그러므로 다양한 로봇을 통한 테스트가 필수다.
>
> 좀 더 전통적인 시스템도 마찬가지다. 벤더 소프트웨어는 충돌이 날 수 있고, 네트워크에는 지연이 있으며 하드 디스크는 잘못된 데이터를 토해낼 수 있다. 회사 테스트실에서는 일상적이며 이상적이지 않은 환경을 시뮬레이트해야 한다. 궁극적으로 제품은 고객 손에 넘겨져 문제를 맞닥뜨릴 것이기 때문이다.

기관 테스트

하드웨어 제품들은 다양한 기관의 인증이 필요하다. FCC는 제품이 전파 방해를 일으키지 않는지 확인하기 위해 전자파 발생을 측정한다. UL$^{\text{Underwriter's Laboratories}}$은 제품에 불이 붙는다든지, 혀로 배터리 단락을 핥았을 경우 어떠한 일이 일어나는지 본다. 이 테스트들은 신제품을 출시하기 전에 시행하며 하드웨어 변경 사항은 언제라도 인증에 영향을 미칠 수 있다.

환경 테스트

하드웨어 제품들은 작동 온도와 습도를 극단으로 밀어붙일 필요가 있다. 양 극단 모두를 통제할 수 있는 화이트박스/블랙박스 테스트가 있으며, 제품을 내부적으로 작동시키면서 테스트 네 가지를 각기 실행할 수 있다.

> **화이트박스, 블랙박스 테스트**
>
> 화이트박스 테스트white box test, 블랙박스 테스트black box test라는 말을 들어봤을 것이다. 화이트박스 테스트에선 프로그램 내부를 보면서 모든 것이 제대로 작동하는지 지켜본다. 단위 테스트가 대표적인 예다.
>
> 반면 블랙박스 테스트는 소비자 시각으로 제품을 본다. 내부에는 관심이 없고 제품이 외부적으로 올바르게 작동하느냐만 측정하기 때문이다. 따라서 인수 테스트와 부하 테스트가 블랙박스 테스트에 해당된다.

호환성 테스트

제품이 다른 어떤 제품과 상호 작용할 필요가 있을 때, 호환성 여부를 정기적으로 확인할 필요가 있다. 예를 들어 어떤 워드 프로세싱 프로그램이 다른 워드 프로세서와 문서를 교환할 필요가 있다고 하자. 교환하려는 문서가 기존에 저장된 문서와 충돌하거나 다른 제품과 연결된 여러분의 제품이 실시간으로 충돌을 일으킬 수도 있다.

장기 테스트

여기서 언급한 테스트 대부분은 될 수 있는 한 빨리 해야 한다는 점을 알고 있을 것이다. 하지만 어떤 버그들은 오랫동안 사용해야만 나타난다. 49.7일 버그가 좋은 예다. 이 버그는 밀리초 단위로 커지는 32비트 카운터에서 나왔다. 계속 커지기에 49.7일이 되면 카운터 최대치가 되어 0으로 되돌아갔다.[2] 오랜 기간 동안 테스트하지 않는다면 이러한 버그는

---

[2] 2^{32} = 4,294,967,296밀리 초는 49.7일이다. 예로 윈도의 GetTickCount()를 보라.

찾아낼 수 없다.

베타 테스트

실제 고객들에게 나갈 제품이 있다. 그런데 이 제품을 다룰 고객은 알 만한 고객들이고 문제를 찾아내면 보고서를 제출하기로 동의한 고객들이다. 베타 테스트의 목적은 이 팁을 시작할 때 이야기했던 것과 일치한다. 베타 테스터는 여러분이 예상하지 못한 방식으로 제품을 사용할 것이고 긴 기간 동안 테스트하며 여러분의 환경과는 다른 곳에서 테스트할 것이다.

지속적 테스트

회사는 제품이 출시된 후에도 테스트를 계속할 수 있다. 하드웨어 제품의 경우에는 특별하게 한 번쯤은 제대로 돌아가는지 확인을 위해 제조 라인에서 제품 한 대를 빼내는 것도 유용하다. 지속적 테스트는 여러 가지 부품 또는 조립 과정에서 발생하는 문제를 잡아내도록 설계됐다.

행동 또는 마음가짐

여러분의 팀에는 "모든 코드에는 단위 테스트가 있어야 한다" 또는 "모든 코드는 체크인 전에 검토를 받아야 한다" 같은 지침이 있을 것이다. 그러나 이 지침들이 바위처럼 단단한 코드를 보장하지는 않는다. 회사에 품질을 위한 지침이 전혀 없다면 무엇을 해야 할지 생각해 보자. 바로 여러분 스스로 코드를 견고하게 만들려면 코드를 어떻게 담금질해야 할까?

더 나아가기 전에 바로 이런 마음가짐을 지녀야 한다. 견고한 코드를 만드는 데 헌신하라. 품질 지침 같은 것은 목표를 위한 수단일 뿐이다. 품질을 위한 일련의 행위들은 수단일 뿐이다. 궁극적인 평가는 고객 손에 들어간 제품의 신뢰성에 달려 있다. 자신의 이름이 버그 덩어리 쓰레기로 시장에 알려진 제품과 같이 언급되길 원하는가? 물론 아닐 것이다.

실천하기

- 앞서 언급한 모든 테스트 중에서 여러분의 회사는 어떤 테스트를 하는가? 소스 코드에서 단위 테스트를 찾아내고, 테스트 부서에 인수 테스트 계획을 문의하고 베타 테스트 방법과 피드백을 어디서 받는지 문의하라. 고객에게 좋은 경험을 주기에 충분할지 선임 엔지니어에게 의견을 구하라.
- 설사 '방향'이 뭔가 모호해도 시간을 들여 통제된 탐색적 테스트를 하기 바란다. 깨뜨릴 수 있는지 아닌지 실제로 제품을 사용하라. 깨뜨릴 수 있다면 그에 맞춰 버그 보고서를 제출하라.

> TIP 2
> # 정확성을 고집하라

 코딩 첫날부터 반드시 고려해야 하는 것들이다.

장난감 프로그램에선 정상과 오류의 차이를 말하기 쉽다. factorial(n)은 맞는 숫자를 돌려주는가? 이런 것은 쉽게 확인할 수 있다. 숫자 하나를 넣으면 또 다른 숫자가 나오기 때문이다. 하지만 큰 프로그램은 입력과 출력이 잠재적으로 대단히 많다. 함수 파라미터만이 아니라 시스템 자체의 상태에 대한 입력이 많으며 다른 사이드 이펙트도 있다. 그런 것들은 확인하기 쉽지 않다.

격리와 사이드 이펙트

교재에선 수학 문제를 프로그래밍 예제로 사용하길 좋아한다. 컴퓨터가 수학에 어울리는 이유도 있지만 가장 큰 이유는 독립적으로 숫자를 다루기 쉽기 때문이다. 종일 factorial(5)를 호출한다고 해도 항상 같은 결과를 받을 것이다. 그러나 네트워크 연결이나 디스크 파일, 특히 사람의 행동은 쉽게 예측할 수 없다는 문제가 있다.

함수가 지역 변수가 아닌 것을 변경할 때, 가령 함수가 파일이나 네트워크 소켓에 데이터를 써넣는다면 사이드 이펙트가 생긴다고 말할 수 있다. 반면 순수한 함수는 같은 인수 값이 주어지면 항상 같은 결과 값을 돌려주고 외부 상태는 변하지 않는다. 확실히 순수한 함수는 사이드 이펙트가 있는 함수보다 테스트하기 쉽다.

프로그램에는 대부분 순수한^{pure} 코드와 순수하지 않은^{impure} 코드가 섞여 있지만 그 둘을 구분해서 생각하는 프로그래머는 많지 않다. 다음과 같은 코드를 본 적이 있을 것이다.

ReadStudentGrades.rb

```ruby
def self.import_csv(filename)
  File.open(filename) do |file|
    file.each_line do |line|
      name, grade = line.split(',')
      # 숫자 점수를 알파벳 점수로 변환
      grade = case grade.to_i
        when 90..100 then 'A'
        when 80..89 then 'B'
        when 70..79 then 'C'
        when 60..69 then 'D'
        else 'F'
      end
      Student.add_to_database(name, grade)
    end
  end
end
```

이 함수는 세 가지 일을 한다. 파일에서 라인^{line}을 읽어 들이고(순수하지 않다), 몇 가지 분석을 한다(순수하다). 그리고 전역 데이터 구조를 업데이트한다(순수하지 않다). 이렇게 작성한 코드는 어느 한 부분도 쉽게 테스트할 수 없다.

이렇게 살펴보니 각 작업을 각각 테스트할 수 있도록 격리해야 한다는 것이 분명해졌다. 파일 부분은 '인터랙션'(16쪽)에서 곧 다루겠다. 이제 이 방법으로 좀 더 검토해 보자.

ReadStudentGrades2.rb

```ruby
def self.numeric_to_letter_grade(numeric)
  case numeric
    when 90..100 then 'A'
    when 80..89 then 'B'
    when 70..79 then 'C'
    when 60..69 then 'D'
```

```
    when 0..59 then 'F'
    else raise ArgumentError.new(
      "#{numeric} is not a valid grade")
  end
end
```

이제 numeric_to_letter_grade()는 순수 함수가 되었고, 독립적으로 테스트하기 쉽게 되었다.

ReadStudentGrades2.rb

```
def test_convert_numeric_to_letter_grade
  assert_equal 'A'
    Student.numeric_to_letter_grade(100)
  assert_equal 'B'
    Student.numeric_to_letter_grade(85)
  assert_equal 'F'
    Student.numeric_to_letter_grade(50)
  assert_equal 'F'
    Student.numeric_to_letter_grade(0)
end
def test_raise_on_invalid_input
  assert_raise(ArgumentError) do
    Student.numeric_to_letter_grade(-1)
  end

  assert_raise(ArgumentError) do
    Student.numeric_to_letter_grade("foo")
  end

  assert_raise(ArgumentError) do
    Student.numeric_to_letter_grade(nil)
  end
end
```

이 예제가 별것 아닐 수 있지만 비즈니스 로직이 복잡하고 다섯 가지 서로 다른 사이드 이펙트가 있다면 무슨 일이 일어날까? 답은 '제대로 테스트할 수 없다'이다. 단단히 얽힌 순수 코드와 순수하지 않은 코드를 떼어내는 일은 새로운 코드의 정확성을 테스트할 때도, 유지 보수 중인 레거시 코드의 정확성을 테스트할 때도 도움이 된다.

인터랙션

여기서 사이드 이펙트란 무엇일까? "테스트 모드에서는 데이터베이스와 실제로 연결하지 않는다" 같은 생성자를 가진 코드가 많으면 많을수록 커지는 고통인 것이다. 대신 대다수 언어는 함수가 사용하고자 하는 리소스의 자리를 차지하고 있는 역할을 하는 테스트 전용 객체[test double3]를 만들 수 있는 메커니즘을 갖고 있다.

이전 예제를 다시 작성해 보면 import_csv()는 파일 처리만 하도록 하고 나머지 작업은 Student.new()로 넘기게 된다.

ReadStudentGrades3.rb

```
def self.import_csv(filename)
  file = File.open(filename) do |file|
    file.each_line do |line|
      name, grade = line.split(',')

      Student.new(name, grade.to_i)
    end
  end
end
```

File.open()의 호출을 중간에 가로채서 준비된 테스트 데이터를 만드는 파일을 위한 테스트 전용 객체가 필요하다. Student.new()에 대해서도 똑같은 테스트 전용 객체가 필요한데, 호출을 가로채서 지나간 데이터를 검증해줄 수 있는 방법이 이상적이다.

루비의 모카[Mocha] 프레임워크가 정확하게 이런 것들을 제공한다.

ReadStudentGrades3.rb

```
def test_import_from_csv
  File.expects(:open).yields('Alice,99')
  Student.expects(:new).with('Alice', 99)
```

---

3 제라드 메사로스(Gerard Meszaros)는 실제 구성 요소를 대체하기 위한 테스트용 개체를 나타내는 일반적인 이름으로 스턴트맨을 지칭하는 '스턴트 더블(stunt double)'에 빗대어 '테스트 더블(test double)'이라는 용어를 사용하자고 제안했다. http://xunitpatterns.com/Test%20Double.html

```
    Student.import_csv(nil)
end
```

이 코드는 메서드 사이의 인터랙션 테스트에 관해 두 가지 점을 보여준다.

- 단위 테스트는 사용하지 않는 파일 핸들(데이터베이스의 객체 같은 것들)을 남겨두어 시스템 상태를 오염시키면 안 된다. 테스트 전용 객체를 위한 프레임워크는 그런 것들을 막을 수 있게 해야 한다.
- 이러한 테스트 전용 객체는 목 객체^{mock object}로 알려져 있다. 목 객체는 여러분이 프로그래밍하면서 기대했던 것들을 확인시켜 준다. 이 예제에서는 Student.new()를 부르지 않거나 테스트로 정한 파라미터 외의 것으로 호출하면 모카에 의해 테스트는 실패하게 된다.

물론 루비와 모카를 쓰면 문제가 너무나도 쉬워진다. 그렇지만 우리 프로그래머들 중에 수백만 줄짜리 C 프로그램으로 고생하는 사람들은 어떨까? C도 테스트 전용 객체로 다룰 수 있지만 더 많은 노력이 들어간다.

이 문제는 다음과 같이 일반화할 수 있다. 런타임에 어떻게 한 세트의 함수를 다른 세트로 바꿀 수 있을까('이건 마치 동적 디스패치 테이블을 이야기하는 것 같은데?'라는 생각이 들었나? 여러분이 맞다)? 파일을 열고 읽을 때의 사례를 계속 보면 한 가지 접근법이 있다.

TestDoubles.c

```c
struct fileops {
    FILE(*fopen)
        (const char *path
         const char *mode);
    size_t (*fread)
        (void *ptr
         size_t size
```

```c
        size_t nitems
        FILE *stream);
    // ...
};

FILE*
stub_fopen(const char *path, const char *mode)
{
    // 가짜 파일 포인터를 반환한다.
    return (FILE*) 0x12345678;
}

// ...

struct fileops real_fileops = {
    .fopen = fopen
};

struct fileops stub_fileops = {
    .fopen = stub_fopen
};
```

fileops 구조체는 표준 C 라이브러리 API와 일치하는 함수를 가리키는 포인터들을 갖고 있다. real_fileops 구조체의 경우 이 포인터를 실제 함수에 할당한다. stub_fileops의 경우에는 우리가 만든 스텁드 아웃 stubbed-out 버전에 할당한다. 구조체를 사용하는 것은 함수를 호출하는 것과 별다를 게 없다.

TestDoubles.c

```c
// ops는 함수 파라미터 또는 전역 변수라고 가정한다.
struct fileops *ops;
ops = &stub_fileops;

FILE* file = (*ops->fopen)("foo", "r");
// ...
```

여기 이 프로그램은 단순히 포인터 재할당만으로 실제 모드와 테스트 모드 사이를 오갈 수 있다.

타입 시스템

코드에 사용된 42 같은 것을 가리킬 때 그것은 숫자일까, 문자열일까, 아니면 다른 무엇일까? factorial(n) 같은 함수가 있다면 그 안에 어떤 종류가 들어가야 하고 무엇이 나와야 할까? 요소, 기능, 수식의 타입은 매우 중요하다. 언어가 타입을 다루는 방식을 타입 시스템이라고 부른다.

타입 시스템은 오류가 없는 프로그램을 만드는 데 중요한 도구가 될 수 있다. 예를 들어 자바에서 다음과 같이 메서드를 쓸 수 있을 것이다.

```
public long factorial(long n) {
  // ...
}
```

이 경우 읽는 사람(여러분)과 컴파일러 모두 factorial()이 숫자를 받고 숫자를 리턴할 것이라고 어렵지 않게 예측할 수 있다. 자바는 코드를 컴파일할 때 타입을 확인하기 때문에 정적인 타입이다. 단순히 문자열을 넘기려고 하면 컴파일되지 않을 것이다.

> **6000만 달러짜리 브레이크 구문**
>
> 1990년 1월 15일, AT&T 통신망은 잘 돌아가고 있었다. 그러다가 오후 2시 25분, 폰 스위치가 자가 테스트를 수행하고 나서는 스스로 초기화했다. 스위치는 초기화를 자주 하지 않지만, 하더라도 네트워크에 큰 영향을 주지 않는다. 스위치가 초기화된 후 다시 정상 작동을 하기까지 4초 정도 밖에 걸리지 않기 때문이다. 그런데 이번에는 다른 스위치들도 같이 초기화에 들어갔다. AT&T 백본 스위치 114개 모두가 초기화 반복을 멈추지 않고, 그 거대한 AT&T 전화 시스템이 정지 상태로 들어가 버렸다.
>
> 첫 번째 스위치가 초기화됐을 때, 이 스위치는 자신이 재작동 중이라는 메시지를 주변 스위치에 보냈다. 이 메시지 교환이 주변 스위치의 충돌을 일으켰고, 자동으로 초기화되면서 재작동한다는 메시지를 또 다시 보냈다. 그래서 끝없는 초기화, 재작동,

초기화를 계속했다.

AT&T 엔지니어들이 전화 시스템을 복구할 때까지 아홉 시간 걸렸다. 전화 불통으로 인한 사고 비용만 6000만 달러가 들었으며 사업을 전화에 의존하는 사람들에게 끼친 경제적인 피해액은 측정이 불가능했다.[4]

문제의 이유는 무엇이었을까? 실수로 들어간 브레이크 구문이었다. C 코드 안에 누군가 다음과 같은 코드를 넣었다.

```
if (condition) {
    // do stuff...
} else {
    break;
}
```

이 코드는 "조건이 맞다면 어떤 일을 하고, 그렇지 않다면 아무것도 하지 말라"로 읽을 수 있다. 하지만 C에서 break는 if() 구문이 아니라 while()이나 switch() 구문 같은 다른 블록에서 나온다.

결국 블록에서 브레이크가 너무 일찍 실행되어 데이터 구조를 망가트리고, 결국 스위치가 초기화되는 결과를 낳았던 것이다. 모든 전화 스위치가 똑같은 소프트웨어를 사용하고 있었고 이 버그는 초기화 메시지를 다루는 코드에 들어 있어서 실패가 전 네트워크에 걸쳐 일어났다.

루비와 비교해 보면 다음과 같다.

```
def factorial(n)
  # ...
end
```

이 메서드가 받아들일 수 있는 입력은 무엇인가? 시그너처만 보고는 알

---

[4] http://users.csc.calpoly.edu/~jdalbey/SWE/Papers/att_collapse.html

수 없다. 루비는 타입을 실행 중에 확인하기 때문에 동적 타입이다. 따라서 융통성은 매우 많지만 컴파일 시점에 잡을 수 있는 실패를 실행 후에야 잡을지도 모른다.

타입에 대한 두 접근법 모두 장단점은 있지만 정확하고자 한다면 다음을 염두에 두기 바란다.

- 정적 타입은 함수의 적절한 사용 목적을 전달하는 데 도움이 되고, 부적절한 사용으로부터 안전 장치를 제공한다. 팩토리얼 함수가 long형을 받고 long형을 되돌리게 되어 있다면 여러분이 문자열을 넘기는 것을 컴파일러가 가만 놔두지 않을 것이다. 그렇다고 해서 완벽한 방어막은 아니다. factorial(-1)을 호출한다면 타입 시스템은 이것을 문제 삼지 않겠지만 런타임에서 오류가 일어날 것이다.
- 정적 타입 시스템을 잘 사용하려면 규칙에 따라 잘 움직여야 한다. C++에서 const의 사용을 일반적인 예로 들 수 있다. const로 변경할 수 없는 것들을 정의하기 시작하면, 컴파일러는 모든 함수의 파라미터에 대해 'const' 정의 여부를 짜증 날 정도로 확인할 것이다. 정적 타입은 여러분이 완벽하게 규칙을 따른다면 그만한 가치가 있지만, 조금이라도 규칙을 지키려는 노력을 소홀히 한다면 엄청나게 성가시게 될 것이다.
- 동적 타입 언어는 빠른 개발을 가능하게 하고 타입에 대해 자유롭긴 하지만 이것이 문자열로 factorial()을 호출해도 된다는 뜻은 아니다. 함수가 파라미터의 온전함을 충분히 확인할 수 있도록 '팁 3. 테스트로 설계하라'에 나오는 계약 주도 단위 테스트를 사용할 필요가 있다.

언어 타입 시스템에 상관없이 각 파라미터의 예상 값을 문서로 기록해두는 습관을 기르라. factorial(n) 예제처럼 보기만 해도 알 수 있는 경우는 많지 않다. 문서와 코드 주석에 대한 더 상세한 논의는 '팁 6. 스타일에 신경 쓰라'를 보라.

'확인 범위 100%'의 오해

"테스트가 충분히 됐나요?"라는 질문을 위한 일반적인 (하지만 결함이 있는) 기준은 코드 확인 범위coverage다. 즉 단위 테스트를 실행하여 애플리케이션 코드의 몇 %가 실행되는지 묻는 것이다. 이상적으로는 단위 테스트가 진행되는 동안 애플리케이션 코드의 모든 라인이 최소 한 번은 실행된다면 확인 범위는 100%가 된다.

확인 범위가 100%가 안 된다는 것은 몇 가지 경우를 테스트하지 않았다는 의미다. 반대로 확인 범위 100%를 달성했을 때 충분한 테스트가 되었다고 신입 프로그래머들은 생각하곤 한다. 그러나 그것은 사실이 아니다. 확인 범위 100%라는 것은 모든 경우를 확인했다는 것을 절대로 의미하지 않는다.

다음 C 코드를 살펴보자.

BadStringReverse.c

```c
#include <assert.h>
#include <stdio.h>
#include <stdlib.h>
#include <string.h>

void reverse(char *str) // 정말 좋지 않다.
{
  int len = strlen(str);
  char *copy = malloc(len);

  for (int i = 0; i < len; i++) {
    copy[i] = str[len - i - 1];
  }
  copy[len] = 0;
```

```
  strcpy(str, copy);
}

int main()
{
  char str[] = "fubar";
  reverse(str);
  assert(strcmp(str, "rabuf") == 0);
  printf("Ta-da, it works!\n"); // 완전하지 않다.
}
```

이 테스트는 reverse 함수를 100% 확인한다. 그렇다고 해서 이 함수가 올바른가? 아니다. malloc()이 할당한 메모리는 결코 해제되지 않고 할당된 버퍼는 1바이트로 너무 작다.

확인 범위가 100%라고 해서 안주하지 말라. 확인 범위는 코드나 테스트 품질에 관해서는 아무런 의미가 없다.

좋은 테스트를 작성하는 것은 좋은 애플리케이션 코드를 작성하는 것처럼 생각, 근면함, 좋은 판단을 필요로 한다.

확인 범위가 100% 이하일 때

어떤 경우는 단위 테스트를 하기가 극단적으로 어려울 수 있다. 예를 들어보자.

- 하드웨어와 상호 작용하는 커널 드라이버는 코드 제어 범위 밖에 있는 하드웨어 상태 변화에 의존하므로 정확성 높은 테스트 전용 객체를 만드는 것은 불가능에 가깝다.
- 멀티스레드 코드에서는 오류를 내는 타이밍 문제가 있을 수 있다.
- 서드 파티 코드는 오류를 내고 싶어도 그럴 수 없는 바이너리로 제공된다.

그럼 어떻게 테스트로 확인 범위 100%를 달성할까? 기적 같은 노력으로 가능한 일이긴 하다. 그렇지만 그럴 가치가 있을까? 아마도 아니라고 결론이 나게 될 것이다. 이 상황에선 팀의 기술 리더와 이 문제를 논의해 보라. 리더는 너무 어렵지 않은 테스트 방법을 생각해낼 수 있을 것이다. 방법이 없다면 리더들에게 코드 검토를 맡겨야 할 것이다.

100%를 달성하지 못한다고 해도 좌절하지 말고, 테스트 그 자체를 무시하는 핑계로 삼지 말라. 그럴 가치가 있는 것들은 테스트로 확인하고, 그 외의 것들은 모두 선임 프로그래머에게 리뷰를 맡기라.

읽을거리

켄트 벡의 『Test-Driven Development: By Example』[Bec02]은 단위 테스트에 대한 토대를 닦았다. 자바를 사용한 예제들이긴 하지만 그 원칙들은 어떤 언어든지 적용된다(이 책을 읽으면서 예제를 자신만의 방식으로 풀어 보라. 더 우아한 해법을 찾을지도 모른다). '팁3. 테스트로 설계하라'에서 테스트 주도 관점을 다룰 것이다.

루비 방식으로 단위 테스트의 적용 범위를 완전하게 달성하려는 루비 프로그래머는 『The RSpec Book』[CADH09]을 집어 들라.

TDD 기법과 테스트 장비 구축을 위해 C 프로그래머들은 『Test Driven Development for Embedded C』[Gre10]를 봐야 한다.

테스트 전용 객체에는 명명법이 있다. 목과 스텁[stub] 같은 용어에는 특정한 정의가 있다. 마틴 파울러는 이것들을 자세히 설명하는 좋은 글을 온라인에[5] 올렸다.

타입 시스템과 타입 시스템을 이용해 정확한 코드를 설계하는 것을 다루는 이론이 있다. 자세한 내용은 피어스[Pierce]의 『Types and

---

5 http://martinfowler.com/articles/mocksArentStubs.html

Programming Languages』[Pie02]를 보라. 또한 킴 부르스[Kim Bruce]가 쓴 『Foundations of Object-Oriented Languages: Types and Semantics』[Bru02]는 객체 지향 프로그래밍을 특히 강조하고 있다.

실천하기

- 자신이 사용하는 각 프로그래밍 언어를 위한 단위 테스트 프레임워크를 찾아보라. 대다수 언어는 일반적인 기본 도구(단정[assertion], 테스트 셋업, 해제[teardown])와 가짜 객체를 위한 기능(목, 스텁)을 모두 다 갖고 있을 것이다. 실행하는 데 필요한 도구를 설치하라.
- 이 팁은 파일에서 쉼표로 분리된 데이터 라인을 읽어 몇 개로 쪼갠 후 객체를 만드는 데 사용하는 프로그램 예제를 사용한다. 원하는 언어로 이런 작업을 수행하는 프로그램을 만들되 애플리케이션 코드의 모든 라인의 정확함을 보장하는 단위 테스트까지 함께 만들라.

TIP 3
테스트로 설계하라

 새 코드에 대한 설계를 처음부터 할 수는 없겠지만 곧 여러분 차례가 올 것이다.

'팁 2. 정확성을 고집하라'는 코드가 하기로 되어 있는 일을 정말 할 수 있도록 확인하는 데 중점을 뒀다. 여기서는 "이 코드가 무엇을 해야 하는가?"라는 상위 질문에 중점을 두자.

얼핏 보기에 해당 코드가 어떤 역할을 하게 될지 미리 알지 못한 채로 프로그래머가 코드를 짠다는 것은 이상해 보일지도 모른다. 그런데 우리는 줄곧 그러고 있다. 문제를 맞닥뜨려 코드를 써내려 가면서 우리가 해야 할 것들을 이해해 나간다. 프로그래밍은 창조적인 행위이지, 기계적인 것이 아니다. 그리고 그 과정은 완성된 그림이 정확히 어떨지 알지 못한 채 빈 캔버스에 그림을 그리는 화가에 가깝다(코드가 추상화가 잭슨 폴락Jackson Pollock의 그림과 그렇게도 비슷한 이유일까?).

그렇지만 프로그래밍에게는 엄격함이 필요하다. 테스트는 설계와 엄격함을 위한 도구를 동시에 제공한다.

테스트로 설계하기

테스트 전용 객체를 위한 프레임워크 덕분에 '인터랙션'(16쪽)에서 이야기했던 것처럼 큰 프로그래밍 문제로부터 시작해서 접근이 가능한 아무 방향에서나 해결해갈 수 있다. 프로그램이 고객 통계가 담긴 XML 파일을 붙잡아서 이리저리 뒤진 후 요약 통계를 만들어내야 한다고 치자. XML을 파싱하는 법은 바로 알지 못하겠지만 고객의 평균 나이를 계산하는 방법은 잘 알 것이다. 그러니 XML 파싱을 모킹^{mock}한 뒤 계산을 테스트해 보라.

AverageCustomerAge.rb

```ruby
class TestCustomerStats < Test::Unit::TestCase
  def test_mean_age
    data =
      [{:name => 'A', :age => 33}
      {:name => 'B', :age => 25}]
    CustomerStats.expects(:parse_xml).returns(data)
    File.expects(:read).returns(nil)

    stats = CustomerStats.load
    assert_equal 29, stats.mean_age
  end
end
```

이제 다음과 같이 코드를 쓰면 된다.

AverageCustomerAge.rb

```ruby
class CustomerStats
  def initialize
    @customers = []
  end

  def self.load
    xml = File.read('customer_database.xml')
    stats = CustomerStats.new
    stats.append parse_xml(xml)
    stats
  end

  def append(data)
    @customers += data
  end

  def mean_age
    sum = @customers.inject(0) { |s, c| s += c[:age] }
    sum / @customers.length
  end
end
```

이 부분을 완성시켰다면 XML을 파싱하는 부분으로 넘어가 보자. 커다란 고객 데이터베이스에서 입력값을 몇 개 가져와서 올바른 포맷인지 확인해 보라.

data/customers.xml

```xml
<customers>
  <customer>
    <name>Alice</name>
    <age>33</age>
  </customer>
  <customer>
    <name>Bob</name>
    <age>25</age>
  </customer>
</customers>
```

다음은 파싱을 검증하기 위한 간단한 테스트다.

AverageCustomerAge.rb

```ruby
def test_parse_xml
  stats = CustomerStats.parse_xml(
    canned_data_from 'customers.xml')
  assert_equal 2, stats.length
  assert_equal 'Alice', stats.first[:name]
end
```

이 단계부터 XML을 조각낼 수 있다.

AverageCustomerAge.rb

```ruby
def self.parse_xml(xml)
  entries = []
  doc = REXML::Document.new(xml)

  doc.elements.each('//customer') do |customer|
    entries.push({
      :name => customer.elements['name'].text
      :age => customer.elements['age'].text.to_i })
```

```
        end

    entries
end
```

상향식이든, 하향식이든, 그 중간 어디에서부터든 설계를 시작할 수 있다. 가장 어려운 것(다시 말하면 가장 걱정되는 부분)이나 가장 잘하는 것 중에서 하나를 골라 시작할 수 있다.

테스트는 여러 가지 목적이 있다. 첫째, 테스트는 외부 컴포넌트와 상호 작용하는 코드를 위해 대충대충 모킹을 할 수 있으므로 손쉽게 변경할 수 있도록 해준다. "XML에서 이 데이터를 가져와야 한다는 것을 알고 있어. 하지만 다른 메서드에서 이미 구현되었다고 가정하자"하고 시작하는 것이다. 둘째, 테스트는 자연스럽게 모듈 스타일의 설계를 하게 한다. 그렇게 하는 것이 더 쉽기 때문이다. 마지막으로 테스트는 계속 남아서 사고 때문에 여러분(또는 미래의 유지 보수 담당자)이 실수로 어떤 것도 망가뜨리지 않게 보장해준다.

명세로서의 테스트

각 함수가 해야 할 일에 대해 구체적인 생각이 생기는 시점이 올 것이다. 그때 정확하게 확정해야 한다. 함수가 잘 작동하려면 정확하게 무엇을 해야 하는가? 무엇을 하면 안 되는가? 어떻게 실패하는가? 명세라 생각하고, 컴퓨터에, 그리고 지금부터 5년간 여러분의 코드를 유지 보수할 프로그래머에게 명확하게 전달하라.

쉬운 예제인 팩토리얼 함수로 시작해 보자. 첫 번째 질문이다. 함수는 무엇을 해야 하나? 정의에 따르면 n 팩토리얼은 1부터 n까지의 정수의 곱이다. 0의 팩토리얼은 하나뿐인 특별한 경우다. 이 규칙은 루비 단위 테스트로 표현할 수 있을 만큼 쉽다.

Factorial.rb

```
def test_valid_input
  assert_equal 1, 0.factorial
  assert_equal 1, 1.factorial
  assert_equal 2, 2.factorial
  assert_equal 6, 3.factorial
end
```

테스트를 위해 선택한 값들 중에서, 올바른 경계 조건[zero]과 팩토리얼 패턴을 설정하기 충분한 값들을 가지고 테스트를 한다. 예증을 위해 몇 가지 테스트를 더 할 수 있지만 꼭 필요하지는 않다.

다음 질문은 잘못된 입력은 무엇인지 묻는 것이다. 음수가 떠오른다. 부동 소수점도 마찬가지다(기술적으로 비정수[noninteger]와 복소수[complex number]를 위한 팩토리얼[6]도 있지만 간단하게 가 보자). 이러한 제약 조건을 표현해 보자.

Factorial.rb

```
def test_raises_on_negative_input
  assert_raise(ArgumentError) { -1.factorial }
end

def test_factorial_does_not_work_on_floats
  assert_raise(NoMethodError) { 1.0.factorial }
end
```

음수에 대해 ArgumentError 예외가 발생하도록 하고 다른 타입의 객체가 팩토리얼을 호출하면 NoMethodError가 일어나게 하도록 한다.

이 정도면 상당히 완벽한 명세다. 아마 여기서부터 코드는 저절로 써질 것이다(이제 이 테스트를 통과하는 팩토리얼 함수를 한번 짜 보라).

과도한 테스트

단위 테스트를 시작하는 프로그래머들이 흔히 하는 질문은 다음과 같

---

[6] http://en.wikipedia.org/wiki/Factorial

다. 얼마나 테스트해야 하나? 예제에서 팩토리얼 함수를 위해 수백 가지 값을 테스트할 수 있었지만 그렇다고 해서 그게 의미가 있었을까? 없었을 것이다.

그렇기 때문에 함수의 행위를 구체적으로 보여줄 수 있는 것들을 테스트하라. 여기에선 성공 사례와 에러를 부르는 케이스 둘 다 말한다. 그리고는 멈추라.

시간 낭비를 제외한다면 추가 테스트가 어떤 어떤 손해를 끼치기라도 하는가? 그렇다.

- 단위 테스트는 명세로서 가치가 있기 때문에 추가적인 잡동사니가 있다면 읽는 사람이 불필요한 잔가지 속에서 명세의 중요 부분을 파악하기 어려워진다.
- 코드의 모든 라인은 잠재적으로 버그의 소지가 있다. 테스트 코드도 그렇다. 시간을 두 배로 잡아먹는 테스트 코드 디버깅은 필요하지 않다.
- 모듈 인터페이스를 바꾸기로 했으면 변경을 위한 테스트도 갖춰야 한다.

그러므로 정확함을 확인할 필요가 있는 테스트만 쓰라.

읽을거리

『Growing Object-Oriented Software, Guided by Tests』[FP09]는 TDD, 모킹과 함께 설계 프로세스의 광범위한 범위를 다룬다.

앞서 언급했듯이 루비 프로그래머는 『The RSpec Book』[CADH09]으로 엄청난 혜택을 누릴 것이다.

'명세로서 테스트'가 귀납적 증명 방법과 비슷하게 보인다면 제대로 봤다. 『The Algorithm Design Manual』[Ski97]에서 귀납적 증명에 관해 더 많은 내용을 읽을 수 있다.

> **회사의 시각: 다른 의견**
>
> 많은 사람이 시작 단계부터 어떻게 설계하고 문제를 조각낼지 고민하느라 많은 시간을 할애한다(요즘은 클래스로 조각내는 방법을 고민한다). 그렇지만 나는 처음에 하는 모든 판단은 잘못된 것이라 주장한다.
>
> 내 조언은 보편적인 것과 거리가 멀다. 즉 최대한 빨리 코딩을 시작하라. 문제를 풀 때 처음엔 잘못된 방법으로 풀어보라.
>
> 프로그래밍을 할 때 나는 덩치 큰 클래스 몇 개로 프로토타입을 만든다. 프로토타입으로 문제가 더욱 분명히 드러나면 그때부터 제품 코드를 만든다. 요즘엔 너무 많은 프로그래머들이 시작부터 일을 클래스로 쪼개고는, 나중에 충분한 정보가 없을 때 만들어 놓은 구조에 그들의 구현체를 강제한다.
>
> - 스콧 지머맨, 선임 소프트웨어 엔지니어

실천하기

이 팁의 시작 부분에서 우리는 XML로 인코딩된 데이터를 사용했다. 이 업계에서 매우 일상적으로 주어지는 일이므로 XML을 불러오고 저장하는 연습은 유용하다.

이전의 고객 목록 요약처럼 매우 단순한 구조로 시작해 보라. 파서의 결과 값을 가지고 무엇을 할지에 집중하기 위해, 실제 파싱을 위해 루비의 REXML 같은 내장 파서를 사용하라. 뛰쳐나가 코드를 쓰기 시작하기 전에 그 XML을 불러오는 함수에 대한 테스트를 생각해 보라.

- 목록에 고객이 없으면 어떤 일이 발생할까?
- 비어 있는 필드는 어떻게 다뤄야 하나?
- 나이 필드에 입력된 글자 같은 유효하지 않은 문자는 어떻게 하나?

이 질문에 대한 대답을 테스트로 표현해 보자. 이제 loader 함수를 써 보라.

    보너스 과제: 고객 명단을 조작해 파일로 다시 저장하는 테스트를 만들어 보라. Builder for Ruby 같은 XML 제너레이터를 사용해도 된다.

TIP 4
복잡성 다스리기

 여러분은 출근 첫날부터 복잡한 코드를 다루게 될 것이다.

이해할 수 없는 프로그램을 만난 적이 없다면, 그다지 오랫동안 프로그래밍을 하지 않은 것이다. 베헤모스(성서에 나오는 괴수), 스파게티 공장, 지옥에서 온 레거시 시스템이라고 불릴 만한 코드의 난장판을 마주하는 데 그리 오래 걸리지는 않을 것이다. 언젠가 이전 담당자에게 프로그램을 인계받고 보니 그가 중요한 신기능을 추가하는 대신 일을 그만두었다는 말을 들었다(그리고 난 그를 탓할 수도 없었다).

소프트웨어 시스템의 복잡성은 불가피하다. 어떤 문제는 어렵고 해결책은 복잡하다. 그런데 소프트웨어에서 발견되는 복잡성의 대부분은 우리 스스로가 만들어낸 난장판이다. 프레드 브룩스$^{Fred\ Brooks}$는 그의 책 『The Mythical Man-Month』[Bro95]에서 복잡성의 원인을 필연적인 것과 우발적인 것, 두 가지로 분류했다.

필연적 복잡성과 우발적 복잡성의 차이점에 대해 생각하기 위한 방법이 여기에 있다. 복잡성은 문제 도메인 영역 고유의 것인가? 날짜와 시간을 핸들링하는 코드를 사방에 늘어놓은 프로그램과 마주했다고 하자. 시간을 다룰 땐 필연적인 복잡성이 몇 가지 있다. 달마다 일수가 서로 다르고 윤년 등을 고려해야 한다. 내가 본 대다수 프로그램에서 시간과 관련된 우발적 복잡성이 있었다. 시간을 다른 포맷들로 저장한다거나, 시간을 더하고 빼는 참신한 (그렇지만 버그 많은) 방법, 시간 출력 시 일관성 없는 포맷 같은 것들 말이다.

죽음의 복잡성 나선

제품 코드 베이스에서 우발적 복잡성이 필연적 복잡성을 서서히 압도해 나가는 것은 프로그래밍에서는 매우 일반적이다. 그러다가 어느 순간에 스스로 증폭하는 현상을 보는데, 나는 그것을 '죽음의 복잡성 나선the complexity death spiral'이라고 부른다. '그림 1. 죽음의 복잡성 나선'을 보라.

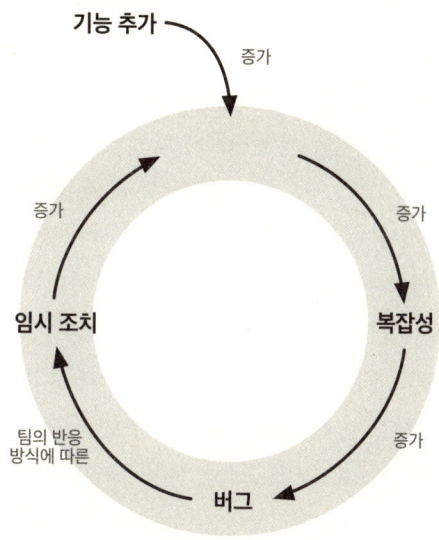

그림 1. 죽음의 복잡성 나선

첫 번째 문제: 코드 크기

제품을 만들어갈수록 제품의 코드 크기는 학교나 취미 프로젝트와는 비교도 안 될 정도로 엄청나게 커질 것이다. 산업 코드 베이스는 수천에서 수백만 줄의 코드LOC: lines of code로 측정된다.

『Lions' Commentary on UNIX 6th Edition』[Lio77]에서 존 라이언스는 프로그래머 한 명이 이해하고 유지 보수할 수 있는 프로그램 크기의 실질적인 한계는 1만 줄 정도의 코드라고 평했다. 1975년에 출시된 유닉스 제6판에서는 9000LOC(개별 장치 전용 드라이버 제외) 정도가 나왔다.

그에 비해, 1993년 윈도 NT는 400~500만 라인의 코드를 갖고 있었다. 10년 후 윈도 서버 2003은 5000만이라는 엄청난 LOC[7]를 관리하는 개발자 2000명과 테스터 2000명을 갖게 되었다. 대다수 IT 프로젝트는 윈도만큼 크지 않지만 존 라이언스가 그어 놓은 선을 훨씬 넘는다. 이러한 규모는 회사에 전체 코드 베이스를 이해하는 사람이 아무도 없음을 의미한다.

두 번째 문제: 복잡성

제품 크기가 커져갈수록 창의적인 아이디어의 우아한 개념을 잃고 만다. 차고에서 두 명이 시작할 때만 해도 명료했던 아이디어는 개발자 수십 명이 그 일을 처리하게 되면서 탁한 늪이 되고 만다.

복잡성이 꼭 코드 크기를 따르지는 않는다. 커다란 코드 베이스를 많은 모듈로 쪼개고 각 모듈이 명확한 목적, 우아한 구현과 인접한 모듈과의 분명한 상호 작용이 있으면 복잡성을 피할 수 있다.

그러나 잘 설계된 시스템이라도 커질수록 복잡해진다. 한 명이 전체 시스템을 이해할 수 없게 되면, 그땐 필요에 의해 여러 사람이 자신의 머리에 있는 시스템 일부에 대한 자신의 생각을 유지해야 한다. 그리고 누구도 똑같은 아이디어를 갖고 있진 않다.

세 번째 문제: 버그

제품에 복잡성이 치솟게 되면 필연적으로 버그도 함께 나타난다. 달리 방법이 없다. 위대한 프로그래머들도 완벽하진 않다. 게다가 모든 버그

---

[7] http://en.wikipedia.org/wiki/Source_lines_of_code

가 똑같이 만들어지진 않는다. 매우 복잡한 시스템에서 버그 하나를 잡아낸다는 것은 엄청나게 끔찍한 일이다. "나도 모르겠네요. 시스템이 그냥 충돌이 났어요"라고 프로그래머가 하는 말을 들어본 적 있는가? 디버깅 지옥에 들어온 걸 환영한다.

네 번째 문제: 임시 조치

문제는 제품의 버그 유무 같은 게 아니다. 버그는 반드시 있을 것이기 때문이다. 문제는 엔지니어링 팀이 반응하는 방식이다. 제품 출시 압박 속에서 모든 프로그래머는 이런 임시 조치quick fix에 기대려고 한다.

임시 조치는 근본 원인을 찾아내려고 하기보다 눈앞의 문제만 해결한다. 근본 원인을 찾아내지 못하는 경우도 자주 있다. 여기 예가 있다.

> 프로그래머: 네트워크 큐에 작업을 넣으려는데 큐가 10초간 응답이 없었고 그러고 나서 프로그램이 죽어요.
> 매니저: 큐 작업을 100번 시도하도록 고치세요.

근본 원인이 무엇일까? 아무도 모른다. 여러 번 시도하면 그럭저럭 패치는 할 수 있을 것이다. 그런데 이렇게 되면 자동차를 고치는데 차체를 본드로 뒤덮은 것 같은 모양새다.

더 골치 아픈 문제는 이런 조치가 문제의 근본 원인을 해결 못하고 일반적으로는 문제가 아예 없어지지 않는다는 점이다. 단지 다른 곳으로 문제가 옮겨 갔을 뿐이다. 앞서 예로 나온 대화에선 100번 재시도하는 것으로 문제가 처리됐을 수도 있다. 그러나 재시도가 101번 필요한 경우 무슨 일이 생길까? 관리자는 그저 아무 숫자나 뽑았을 뿐이고 본드로 붙여 놓은 듯한 조치 때문에 그 원인을 찾기 더 어려워진다.

임시 조치가 쌓이는 순간 코드 크기가 늘어나는 원인의 사이클을 한 바퀴 돈 셈이 된다.

> **LOC는 진행 상태 측정이 아닌 규모 측정이다**
>
> 관리자는 갖가지 것을 측정하기 하기 위해 노력하는 사람들이고, 소프트웨어 제품을 만든다는 것은 코드 작성을 의미하므로 제품 LOC로 진행 상태를 측정하는 것이 겉으론 타당해 보인다. 그런데 좋은 프로그래머는 우아한 해결책을 찾아내기 마련이고 단순 무식한 해결책에 비해 더 적은 LOC를 사용하는 경향이 있어서 그것은 완전히 잘못된 측정 방법이다.
>
> LOC는 측정에 유용하지만 진행이 아닌 규모를 측정하는 것이다. 빌 게이츠는 LOC로 프로그래밍 진행 상태를 측정하는 것은 무게로 항공기 제작 진행 상태를 측정하는 것과 같다는 사실을 알았다.[8]
>
> 비행기는 가능한 한 가볍게 만들어야 한다는 걸 이해하려고 항공 우주 공학자가 될 필요는 없다. 무게가 늘어날수록 비행기는 그만큼 비효율적이 된다. 그래도 비행기는 여전히 무겁다. 에어버스 A380은 무려 약 276톤이나 나간다. 이 비행기는 또한 사람을 650명이나 실어 나른다(세스나 172 기종과 비교하자면 세스나 무게는 약 0.7톤이며 정원은 네 명이다. 물론 음료 카트도 없다).
>
> 마찬가지로 기능이 많은 제품은 그 안에 많은 코드를 갖고 있을 것이다. 그렇지만 제품은 될 수 있는 대로 군더더기가 없어야 한다. LOC를 추가한다는 것은 앞으로의 개발에 그만큼 부담을 주기 때문이다.

명확성을 향하여

일반적으로 사람들은 복잡성의 반대로 단순함을 생각한다. 그러나 꼭 필요한 복잡성이 있기 때문에 항상 단순한 코드를 쓸 수는 없다. 복잡함

---

[8] http://users.csc.calpoly.edu/~jdalbey/SWE/Papers/att_collapse.html

의 더 나은 반대는 명확함이다. 여러분의 코드는 무엇을 하는 코드인지 읽는 사람에게 명확하게 전달하는가?

명확성을 향한 두 가지 측면은 우리가 만들어내는 우발적인 소프트웨어 복잡성을 줄이는 데 도움을 준다. 바로 사고의 명확성과 표현의 명확성이다.

명확한 사고

우리는 문제에 관해 추론할 때, "시간을 저장하는 방법은 단 하나만 있어야 한다" 같은 명확한 표현을 추구한다. 그러면 왜 유닉스 C 코드는 time_t, timeval 구조체와 timespec 구조체[9] 같은 시간 구조체의 혼합을 왜 갖고 있는 걸까? 정말 알 수 없다.

앞서 했던 '명확한' 주장과 유닉스식 시간 관리법의 복잡성을 어떻게 화해시키면 될까? 복잡성을 격리시키거나 별도 모듈로 요약해야 할 것이다. C에서는 작동하는 구조체와 함수가 되겠고 C++에서는 클래스가 될 것이다. 모듈식 설계는 프로그램의 나머지가 시스템의 시간 기록 내부는 모르면서 명확한 방식으로 시간에 대응할 수 있게 해준다.

일단 프로그램에서 시간을 분리된 별도 모듈로 생각할 수 있으면 여러분의 시간 기록이 옳다는 것도 증명할 수 있다. 가장 좋은 방법은 분리된 테스트와 함께하는 것이다. 그러나 동료 검토나 명세 작성으로도 증명할 수 있다. 로직을 더 큰 코드의 본문에 집어넣기보다는 분리하는 것이 테스트하고 엄격히 증명하기에 훨씬 더 쉽다.

명확한 표현

모듈에 대해 명확하게 고려하고 프로그램 나머지 부분에서 그 모듈을 격

---

[9] http://en.wikipedia.org/wiki/Unix_time

리한 것과 같이, 만들어지는 프로그램의 목적을 명확하게 해야 한다. 문제 도메인을 다루는 코드는 진정으로 문제 도메인에 집중해야 한다.

모듈에서 부수적인 코드를 점점 더 많이 뽑아낼수록 남아있는 로직은 점점 더 문제 도메인의 명세처럼 읽혀야 한다(세미콜론이 좀 많은 명세가 되겠다).

전후를 비교해 보자. 나는 다음과 같은 C++ 코드를 수없이 보았다.

Time.cpp
```
void do_stuff_with_progress1()
{
    struct timeval start;
    struct timeval now;

    gettimeofday(&start, 0);
    // 0.5초마다 진행 메시지를 출력한다.
    while (true) {
        struct timeval elapsed;
        gettimeofday(&now, 0);
        timersub(&now, &start, &elapsed);

        struct timeval interval;
        interval.tv_sec = 0;
        interval.tv_usec = 500 1000; // 500ms

        if (timercmp(&elapsed, &interval, >)) {
            printf("still working on it...\n");
            start = now;
        }
        // Do stuff...
    }
}
```

while 루프의 포인트는 'do stuff' 부분이지만 그전에 20줄의 POSIX 시간 기록 덩어리가 놓여 있다. 틀린 부분이 있는 것은 아니지만, loop가 시간 기록보다 문제 도메인에 집중하도록 할 방법은 없을까?

클래스 안에 time 관련 코드 덩어리를 모두 넣어 보자.

Time.cpp

```cpp
class Timer
{
public:
    Timer(const time_t sec, const suseconds_t usec) {
        _interval.tv_sec = sec;
        _interval.tv_usec = usec;
        gettimeofday(&_start, 0);
    }
    bool triggered() {
        struct timeval now;
        struct timeval elapsed;

        gettimeofday(&now, 0);
        timersub(&now, &_start, &elapsed);

        return timercmp(&elapsed, &_interval, >);
    }

    void reset() {
        gettimeofday(&_start, 0);
    }

private:
    struct timeval _interval;
    struct timeval _start;
};
```

이제 루프를 단순하게 할 수 있다.

Time.cpp

```cpp
void do_stuff_with_progress2()
{
    Timer progress_timer(0, 500 1000); // 500ms

    // 0.5초마다 진행 메시지를 출력한다.
    while (true) {
        if (progress_timer.triggered()) {
            printf("still working on it...\n");
            progress_timer.reset();
        }

        // Do stuff...
    }
}
```

둘 다 컴퓨터는 같은 일을 하게 되지만 두 번째 예제에서는 다음과 같이 프로그램의 유지 보수를 고려하고 있는 점에 주목하라.

- 프로그램에서 Timer 클래스를 사용하는 부분과 독립적으로 테스트하고 입증할 수 있다.
- 'do stuff' 루프에서 시간 기록은 get, add, compare 함수 묶음보다 중요한 의미, 즉 triggered()와 reset()을 지닌다.
- 이제 시간 기록이 어디서 끝나고 루프의 알짜 fictional meat가 어디서 시작되는지 분명해진다.

덩치가 크고 읽기 복잡한 코드로 일하게 된다면 다음과 같은 것들을 고려해 보자. 코드가 말하려고 하는 것은 무엇인가? 좀 더 분명하게 말할 방법은 없을까? 명확한 표현의 문제라면 앞의 Timer 클래스에서 본 것처럼 방해하는 조각들을 뽑아내야 할 필요가 있을 것이다. 그런데도 코드가 엉망이라면 불분명한 생각으로 만든 제품이 될 수 있으며 설계 수준에서 재작업이 필요하다.

실천하기

격리할 수 있고 엄격한 판단이 가능한 프로그래밍의 한 가지 측면에 초점을 맞추라(예: 시간 기록). 작업 중인 프로젝트를 샅샅이 살펴보고 해당 로직을 모듈에서 분리한다면 코드가 더욱 명확해질 수 있는 곳을 찾아보라.

더 모듈화된 접근 방식을 시도해 보라. 엉망인 부분 몇 곳을 집어내서 우발적 복잡성에서 필요한 복잡성을 분리해내라. 이 시점에 자세한 내용을 걱정하진 말라. 필요한 비즈니스 로직을 얼마나 명확하게 표현할 수 있는지에만 집중하라(해당 로직을 다루는 개별 모듈이 있다는 가정에 한해).

TIP 5
우아하게 실패하기

 제대로 실패하는 코드를 쓰는 것은 제대로 동작하는 코드를 쓰는 것만큼 중요하다.

코드가 실패하면 무슨 일이 일어나는가? 코드는 반드시 실패하기 마련이다. 여러분이 맡은 부분을 완벽하게 해놨더라도 전체 시스템 실패를 일으킬 수 있는 수많은 종류의 조건이 있다.

- 외국에서 들어온 스팸 메일을 보내느라 바쁜 컴퓨터의 악성 메일 데몬은 램과 스왑 공간을 모두 소비한다. 다음번 malloc() 호출은 ETOOMUCHSPAM을 리턴한다.
- 자바 업데이트^{Java Update} 134,001이 시스템 하드 드라이브를 채웠다. write()를 호출하면 시스템은 ESWITCHTODECAF를 리턴한다.
- 테이프에서 데이터를 가져오려고 하지만 테이프 로봇이 바다 위 배에 있다. 굽이치는 파도 때문에 로봇은 테이프를 떨어뜨렸고 드라이버는 EROBOTDIZZY를 리턴한다.
- 우주선^{宇宙線}이 메모리의 비트 하나를 뒤집으면서 메모리에서 0x1 대신 0x10000001을 리턴하게 되고 memcpy()로 전달하기에는 매우 나쁜 파라미터가 되어 EMEMTRASHED를 리턴하는 것을 보게 된다.

비현실적으로 들리겠지만 이 모든 사건은 실제 일어났다(그렇다. 해군함에서 로봇이 테이프를 떨어뜨려서 테이프 로봇 컨트롤러를 고쳐야 했던 적이 있다). 코드 주변 세상이 제정신일 것이라 순진하게 가정하면 안 된다. 세상은 그 가정이 틀렸음을 증명하려고 모든 방법을 취할 것이다.

코드가 실패하는 방법은 코드가 동작하는 방법만큼 중요하다. 실패를 고치지 못할 수도 있지만 적어도 코드가 우아하게 실패하도록 노력해야 한다.

작동 순서

보통 교재 속 프로그램들의 주변 환경은 티끌 하나 없이 깨끗하고 프로그램은 완전하게 돌아간다. 지지분하고 교과서와 상관없는 프로그램에서 환경이라는 것은 스레드와 리소스가 서로를 복종시키려는 럭비 경기의 모습을 하고 있다.

다음 예제를 살펴보자. 고객 이름과 주소 목록을 만들어 라벨 프린터에 넣으려고 한다. 여러분의 코드는 전달받은 고객 ID와 데이터베이스 연결을 가져와서 필요한 것에 대해 데이터베이스에 질의할 필요가 있다. 다음과 같이 add() 메서드가 있는 연결된 목록을 만든다.

ListUpdate.rb

```
def add(customer_id) # 정말 좋지않다.
  begin
    @mutex.lock
    old_head = @head
    @head = Customer.new
    @head.name =
      @database.query(customer_id, :name)
    @head.address =
      @database.query(customer_id, :address)
    @head.next = old_head
  ensure
    @mutex.unlock
  end
end
```

(이 예제가 자연스럽지 않다는 건 알고 있다. 그냥 보기만 하라.)

이 코드는 문제 없이 동작한다. 새로운 요소를 목록의 head에 넣고, 목록을 요소로 채워 넣으면 모두가 행복하다. 그러나 데이터베이스에 하는 질의 중 하나가 예외를 일으킨다면? 코드를 다시 살펴보자.[10]

코드는 우아하게 실패하지 않는다. 데이터베이스 오류를 일으켜 고객 목록을 망가뜨린다. 범인은 바로 작동 순서다.

- 이 @head와 @head.next 목록은 목록의 무결성에 절대적으로 중요하다. 다른 것들이 모두 준비될 때까지 만지작거리면 안 된다.
- 목록에 넣을 새로운 객체는 완전히 구성되어야 한다.
- 방해받을 수 있는 작업을 하는 동안 잠금^{lock}을 풀면 안 된다(다른 스레드들이 목록을 읽기 위해 대기하고 있을 거라고 가정한다).

트랜잭션

앞서 제시한 예제에서는 일관성을 유지를 위해 한 가지 상태만을 충족시키면 되었다. 한 가지 이상이 필요한 경우는 무엇이 있을까? 두 은행 계좌 사이에서 돈을 이체하는 고전적인 예제를 살펴보자.

Transaction.rb
```
savings.deduct(100)
checking.deposit(100)
```

돈을 인출한 후에 데이터베이스가 바로 죽어버리고 checking에 입금하

---

[10] 답: 첫째, 리스트의 head는 이미 새로운 요소로 설정되었다. 그래서 head는 최소한 빈 필드 한 개는 갖고 있을 것이다. 둘째, head.next는 데이터베이스 질의를 한 후에만 업데이트되므로 리스트의 나머지는 없어질 것이다. 그리고 보너스(?)가 있다. 리스트는 데이터베이스 질의 작업을 하는 시간 동안 잠겨 있다. 거기다 질의 작업을 완료하는 데 걸리는 시간을 예측하기 어렵다.

려는 걸 실패하면 무슨 일이 일어날까? 돈은 어디로 갔을까? 아마도 savings 계좌로 돈을 돌려놓는 것으로 이 문제를 해결하려 할 것이다.

Transaction.rb

```
savings.deduct(100)  # 아주 잘 동작했다.

begin
  checking.deposit(100)  # 실패. 데이터베이스가 다운됐다!
rescue
  begin
    # 돈을 돌려놓는다.
    savings.deposit(100)  # 실패. 데이터베이스가 여전히 죽어 있다.
  rescue
    # 이제 어떻게 하나?
  end
end
```

좋은 시도지만 두 번째 deposit()도 실패한다면 도움이 되질 않는다.

여기에 필요한 도구는 트랜잭션이다. 트랜잭션의 목적은 잠재적으로 여러 개체에 여러 작업을 완전히 완료하거나 롤백할 수 있도록 하는 데 있다.

트랜잭션은 이전 예제를 다음과 같이 할 수 있게 해준다.

Transaction.rb

```
t = Transaction.new(savings, checking)
t.start
# 실패를 주입
checking.expects(:deposit).with(100).raises

begin
  savings.deduct(100)
  checking.deposit(100)
  t.commit
rescue
  t.rollback
end
```

보통 데이터베이스에서 트랜잭션을 볼 수 있다. 예제 시나리오가 실무에서 너무나도 자주 나오는 경우이기 때문이다. '전부 아니면 무' 방식의 내부 잠금을 필요로 하는 시스템에서는 어디서나 이와 비슷한 주제를 발견할 수 있을 것이다.

실패 주입

지금까지 예상되는 실패에 코드가 대응하는 방법을 이야기했다. 필수적인 리소스가 죽거나, 숨지거나, 사망하거나, 혼이 떠나거나, 생명이 끊어졌을 때 코드가 제대로 대응하고 있는지 테스트로 어떻게 확신할 수 있는가?

해결책은 자동화된 테스트 하네스harness를 사용해 실패를 주입하는 것이다. 그중에서도 목mock 오브젝트 프레임워크와 함께 쓰는 게 가장 쉬운 방법이다. 목에게 좋은 데이터를 여러 번 반환하도록 하고 나서 엉터리 데이터를 반환하거나 예외를 던지라고 할 수 있기 때문이다. 코드 테스트에서처럼 적당한 예외를 가정하라.

목록 업데이트 문제를 다시 보자면, 여기 키 값 1에 대해선 올바른 데이터베이스의 응답을, 키 값 2에 대한 쿼리는 실패를 시뮬레이션하는 테스트 코드가 있다.

ListUpdate2.rb

```
require 'rubygems'
require 'test/unit'
require 'mocha'

class ListUpdateTest < Test::Unit::TestCase
  def test_database_failure
    database = mock()
    database.expects(:query).with(1, :name).returns('Anand')
    database.expects(:query).with(1, :address).returns('')
    database.expects(:query).with(2, :name).raises   ①
```

```
    q = ShippingQueue.new(database)
    q.add(1)

    assert_raise(RuntimeError) do
      q.add(2)   ②
    end

    # List는 아직까지 괜찮다.
    assert_equal 'Anand', q.head.name   ③
    assert_equal nil, q.head.next
  end
end
```

① RuntimeError 예외를 주입한다.
② 호출은 다음 일을 일으킬 것이다. assert_raise는 예외를 예상하고 있다(그리고 예외를 잡아낼 것이다).
③ q.add(2)가 절대 호출되지 않은 것 같이 list가 그대로인지 확인한다.

이런 종류의 실패 주입은 잠재적인 파멸 시나리오를 충분히 생각하고 확인하게 해준다. 최선의 방법을 테스트하는 것처럼 이런 방식의 테스트를 자주 하라.

테스트 멍키

온종일 충분히 생각한 시나리오에 따라 엄청나게 강건한 코드를 만들 수는 있다.

그러나 거의 모든 바보짓 방어fool-proof[11]프로그램들은 충분히 재능(?) 있는 바보한테 좌절당하고 만다. 그런 똑똑한 바보가 주변에 없다면, 차선책으로 테스트 멍키test monkey를 사용해 보라.

핸드헬드 컴퓨터를 만드는 내 첫 직장에는 멍키Monkey라는 프로그램이 있었는데, 멍키는 UI 레이어에 무작위로 탭과 드래그를 주입했다. 터

---

[11] 제어 장치나 제어계 시스템에 대한 인간의 오동작을 방지하기 위한 설계

치스크린을 아무렇게나 터치하는 것처럼 말이다. 특별하게 다른 기능은 없었다. 우리는 시스템이 죽을 때까지 멍키를 돌렸다.

멍키가 재능 있는 바보는 아니지만 하루 24시간 멍키의 미친 듯한 태평은 재능의 부족을 대신했다. 셰익스피어의 재능은 없더라도 엄청나게 많은 크래시를 만들어냈지 않은가. 시스템이 죽는 것은 우리가 예상했던 일이 아니었고, 바로 그런 일들이 우리가 발견하고자 했던 것이다.

같은 방식으로 무작위적이지만 유효한 데이터로 프로그램이 오류를 뱉어낼 만한 테스트 하네스를 만들 수 있겠는가? 이 사이클을 수천, 수만 번 실행해 보자. 아주 가끔 무엇이 나타날지 절대 미리 알 수 없을 것이다. 나는 최근 프로젝트에 이 기술을 사용해보고는 벤더 API 함수가 가상 머신 상태를 "알 수 없음"이라고 아주 가끔 반환하는 걸 발견했다. 상태를 모른다는 게 도대체 무엇을 의미할까? 나는 함수가 그런 값을 리턴할 줄 전혀 몰랐다. 내 프로그램은 이런 일이 일어나자 크래시를 일으켰다. 그리고 나는 또 다시 교훈을 얻었다.

실천하기

고객 목록이 있는 이전 코드를 다시 보자. 어떻게 고치면 될까? 다음을 살펴보자.

ListUpdate2.rb

```
require 'thread'

class Customer
  attr_accessor :name, :address, :next

  def initialize
    @name = nil
    @address = nil
    @next = nil
  end
end
```

```
class ShippingQueue
  attr_reader :head

  def initialize(database)
    @database = database
    @head = nil
    @mutex = Mutex.new
  end

  def add(customer_id)
    # 이 부분을 채워넣으라.
  end
end
```

제대로 되었는지 확인하기 위해 '실패 주입'(47쪽)에 나온 테스트 코드를 사용해 보라.

TIP 6
스타일에 신경 쓰라

 좋은 스타일로 코드를 작성하는 것은 전문가 세계로 들어가기 훨씬 전부터 도움이 된다.

정확하게 똑같은 일을 하는 함수 두 개가 있다.

Fibonacci.c

```
uint64_t
fibonacci(unsigned int n)
{
  if (n == 0 || n == 1) {
    return n;
  }
  else {
    uint64_t previous = 0;
    uint64_t current = 1;

    while (--n > 0) {
      uint64_t sum = previous + current;
      previous = current;
      current = sum;
    }

    return current;
  }
}
```

Fibonacci.c

```
unsigned long long fbncci(unsigned int quux) { if (quux == 0 || quux == 1) { return quux; } else { unsigned long long foo = 0; unsigned long long bar = 1; while (--quux > 0) { unsigned long long baz = foo + bar; foo = bar; bar = baz; } return bar; } }
```

둘 중 어떤 코드를 유지 보수할 마음이 나는가?

이 예제가 좀 극단적일 수는 있지만 말하려는 요점을 쉽게 보여준다. 여러분의 코드를 읽는 건 컴파일러만이 아니다. 다른 프로그래머들도 코드를 읽는다. 좋은 스타일로 작성한 코드는 소프트웨어 품질의 요소다. 사람이 읽을 수 없는 코드는 유지 보수가 불가능하기 때문이다.

스타일 있게

일반적으로 스타일이라는 것은 컴파일러는 신경 쓰지 않지만 사람이라면 반드시 신경 쓰게 되는 것들이다. 다음과 같은 몇 가지 예가 있다.

- 클래스, 메서드, 변수, 파일 등의 명명
- 파일과 파일 사이의 함수 배치
- 주석
- 괄호와 대괄호(선택 가능할 때)
- 제어 구조 선택(동일할 때)
- 대문자 사용
- 들여쓰기와 기타 공백

좋은 스타일의 정의는 같이 일하는 프로그래머들, 프로젝트나 기업의 스타일 가이드, 프로그래밍 언어 고유의 관습 등에 따라 정해진다. 그렇지만 일반적으로 적용할 수 있는 몇 가지 주제가 있다.

이름 짓기가 왜 중요한가

잘 작성된 코드라도 인간 언어처럼 술술 읽힐 수는 없겠지만 외계의 상형 문자마냥 아예 읽지 못하면 안 된다. 클래스, 메서드, 파라미터와 변수들에 좋은 이름을 지어주는 것은 다른 프로그래머가 코드를 자연스럽게 읽을 수 있게 하는 좋은 방법이다. 그렇다고 이름이 지나치게 장황할 필요는 없다. 다루고 있는 문제 도메인에 적절하기만 하면 된다.

앞서 제시한 피보나치 코드를 생각해 보자. previous, current, sum 변수들은 자신의 목적을 기술하고 있다. 파라미터 n은 짧지만 문제 도메인에 적절하다. 함수의 목적은 n 번째 피보나치 수를 리턴하는 것이다. 이와 비슷하게 i와 j는 루프에서 인덱스^{index} 변수로 자주 사용된다.

이름 짓기에 어려움을 겪고 있다면, 해당 코드의 목적을 의심해 봐야 할 수도 있다. 다음 예제를 보라.

```
im = InfoManager.new
puts im.get_customer_name_and_zip_code(customer_id)
```

InfoManager는 정확하게 무엇일까? 이걸 가지고 무엇을 하는 걸까? 어떤 것이라고 예상하는가? InfoManager 같은 막연한 이름은 대개 그 역할도 막연하다. 저런 메서드 이름을 사용한다면 전체 코드 품질도 미심쩍다. 다음 코드와 극명한 대조를 보인다.

```
customer = Customer.find(customer_id)
puts customer.name
puts customer.address.zip_code
```

customer와 address 같은 객체들은 대상이 예상되는 이름들이고 find(), name() 같은 자연스럽게 들리는 메서드 이름들은, 당연하게도 '자연스럽게' 떠올릴 수 있어야 한다.

주석

예로부터 내려오는 궁극적인 주석에 대한 슬픈 전설이 있다. 다음과 같다.

    i = i + 1; /* i에 1을 더한다. */

주석은 읽는 사람에게 코드가 작동하는 방법을 알려주면 안 된다. 코드 스스로 알려주어야 한다. 코드가 깨끗하지 않다면 코드를 깨끗하게 고쳐라. 대신 주석은 다음 몇 가지에 초점을 맞추라.

- 직관적이지 않다면 이 코드의 역할이 무엇인가? 예를 들어 IMAP[Internet Message Access Protocol]은 사용자의 inbox를 특별한 string INBOX로 정의했다. 그래서 코드 주석은 읽는 사람이 명세의 해당 절을 참고할 수 있게 한다. list("INBOX"); /* INBOX 메일함은 특별하다. RFC3501 섹션 5.1을 보라. */.
- 어떤 파라미터와 리턴 값을 예상하는가? 이 중 일부는 파라미터 이름으로 유추할 수 있지만 퍼블릭 API라면 함수 앞의 요약 주석이 유용할 수 있다. 또 많은 문서 생성기가 소스 파일을 스캔해 퍼블릭 API 요약본을 만들어낼 수 있다. JavaDoc[12]과 Doxygen[13]이 이런 작업을 위한 일반적인 도구다.
- 잠시 기억해야 할 일이 있는가? 프로그래머들은 개발하는 동안 상기하도록 TODO나 FIXME 같은 문자열을 사용할 것이다. 하지만 체크인 전에 이 문자열들은 지우라. 정말로 나중에 뭔가 해야 할 경우 작업 추적을 위해 팀이 사용하는 시스템에 올리라. 버그라면 고치거나 버그 리포트에 올려 놓으라. 소스 코드는 할 일 목록이나 버그 데이터베이스가 아니다.
- 이 파일의 저작권과 라이선스는 무엇인가? 파일 헤더에 주석으로 저

---

12 http://java.sun.com/j2se/javadoc/
13 http://www.stack.nl/~dimitri/doxygen/

작권 소유자(일반적으로 회사)와 라이선스 조건을 명시하는 것은 일반적인 관례다. 확실하지 않은 경우에는 라이선스가 없으며 "all rights reserved"다. 오픈 소스 프로젝트에 기여하는 코드는 라이선스를 분명하게 명시할 필요가 있다.

적절히 사용된 주석은 자연스러운 방식으로 코드를 보완해, 앞으로 코드를 읽을 사람에게 무슨 일이 왜 일어나는지 명확한 그림을 제공한다.

종료와 예외를 처리하는 관습

이것은 스타일 문제이기도 하고 정확성 문제이기도 하다. 어떤 스타일 가이드는, 특히 C 코드에서는, 함수 하나에는 종료 시점이 하나밖에 없다고 확정한다. 대개 이런 규정이 있는 이유는 할당된 자원이 반드시 해제될 수 있도록 보장하기 위해서다. 여러 운영 체제 커널에서 다음과 비슷한 코드를 보았다.

ExitPoints.c

```c
int
function() {
  int err = 0;
  char *str = malloc(sizeof(char) 5);

  if (str == NULL) {
    err = ENOMEM;
    goto ERROR;
  }

  // ...

  FILE *file = fopen("/tmp/foo", "w");

  if (file == NULL) {
    err = EIO;
    goto ERROR_FREE_STR;
  }
```

TIP 6 스타일에 신경 쓰라   55

```
// ...

err = write_stuff(file);
if (err != 0) {
  err = EIO;
  goto ERROR_CLOSE_FILE;
}

// ...

ERROR_CLOSE_FILE:
  fclose(file);
ERROR_FREE_STR:
  free(str);
ERROR:
  return err;
}
```

모든 게 잘 될 경우, fclose()와 free() 사이에서 실행은 중단되고 만들어진 순서의 반대 순서로 자원을 해제한다. 마지막에 labels 사용은 간단하게 원하는 리턴 값을 설정하고 올바르게 자원이 해제되는 지점으로 이동하기 위한 에러 케이스를 허용한다. 이것은 직접 '소멸자'를 호출한다는 것을 빼면 예외를 던지는 것과 비슷한 개념이다. 이 기술은 손으로 모든 return 문을 검사하는 것에 비해 에러를 더 적게 낼 수 있다.

물론 어떤 C 스타일 가이드에선 죽음이 닥쳐와도 goto 문을 절대 절대 절대 사용하면 안 된다고 주장한다. 회사 스타일 가이드가 단일 exit point와 goto 문 금지를 둘 다 주장한다면 두 규칙을 다 지키기 위해 고통스러운 곡예를 각오해야 한다.

생성자와 소멸자가 있는 클래스를 제공하지 않는 (C 라이브러리 같은) API를 호출할 경우에 예외는 앞과 비슷한 전략을 사용할 수 있다. 하지만 적절한 리소스를 감싼 경량 클래스를 만드는 편이 나을 때가 자주 있다. 여기 C++ 예제가 있다.

OpenFile.cpp

```cpp
class open_file
{
  public:
    open_file(const char *name, const char *mode) {
      _file = fopen(name, mode);

      // NULL이라면 여기서 예외가 발생한다.
    }

    ~open_file() {
      fclose(_file);
    }
    // 인스턴스가 fprintf 등에 파라미터로 사용할 수 있도록 operator를 변환
    operator FILE*() {
      return _file;
    }

  private:
    FILE _file;
};
```

이 예제에서 open_file 인스턴스는 스택에 만들어질 수 있고 여러분이 반환하든, 예외(C++는 스택의 어떤 인스턴스이든지 소멸자를 호출할 것이다)가 발생하든 관계없이 파일은 함수 반환시에 닫힐 것이다.

잘 모르겠다면…
회사에 코딩 스타일 가이드가 없다면 다음을 기본으로 삼으라.

- 여러분이 수정하는 모든 코드의 스타일을 하나로 일치시킨다. 빈약한 스타일보다 더 짜증 나는 것은 여러 스타일이 뒤섞인 파일이다.
- 어떤 것이든 기존 언어의 관례를 따른다. 루비 같은 언어들은 이름 짓기와 들여쓰기를 위해 잘 확립된 관례가 있다. 루비를 사용할 땐 루비 사용자(Rubyist)처럼 행동하라.
- C++처럼 관례가 일관성 없는 언어들은 사용하는 주요 라이브러리의

관례를 따른다. C++ 표준 템플릿 라이브러리standard template library는 일관된 이름 짓기 스타일이 있다. 그래서 STL을 사용할 때 그 스타일에 맞도록 하는 게 중요하다.

다양한 언어로 구성된 프로젝트에서는 루비는 루비답게, C++는 C++답게 각 언어의 관례를 따르는 것이 여전히 합리적이다. 이것은 이름 짓기와 들여쓰기 같은 문제로 넘어간다. 그뿐 아니라 각 언어의 관용구를 따른다. 자세한 설명은 '자연스러운 프로그래밍'(86쪽)을 보라. 필요한 경우 브리지 레이어를 제공하라.

참고 도서 목록

로버트 마틴Robert C. Martin의 『Clean Code』[Mar08]를 보라. 코딩 스타일에 대해 권위 있는 책이다.

위키백과에 여러 가지 스타일 가이드[14]를 모아두었으니 참조하라.

실천하기

여러분이 사용하는 언어를 위한 스타일 가이드(코딩 표준으로 부르기도 한다)를 찾으라. 각 규칙에 대한 이유를 설명하는 가이드면 더 좋다. 어떤 규칙은 임의적일 수 있겠지만 규칙 대부분이 우연한 버그를 줄이거나 가독성을 향상시키려는 목적이 있다. 규칙 그 자체보다 그 규칙이 만들어진 이유에 집중하라.

---

14 http://en.wikipedia.org/wiki/Programming_style

TIP 7
레거시 코드를 개선하라

 레거시 코드를 유지하고 개선하는 일은 출근 첫날부터 닥칠 현실이다.

주변에 떠도는 오래되고 형편없는 코드를 모두 가져다 버리고 다시 시작할 수 있다면 일이 (겉보기에) 훨씬 쉬울 것이다. 하지만 그런 일은 일어나지 않는다. 그러니 이 오래된 코드를 대체 어떻게 해야 할까?

괴물 같은 레거시 코드 베이스는 아마도 전형적으로 다음과 같은 모습을 하고 있을 것이다.

- 가능한 코드 경로가 무한에 가까운 수천 줄에 걸친 함수
- 20개가 넘는 다른 클래스에 의존하는 클래스 또는 모듈
- "이것을 건드리지 마시오. 그렇지 않으면 모든 것이 무너질 것이니!"라고 어딘가 써놓은 주석
- 또 다른 주석, "이 코드를 바꾸기 전에 밥Bob에게 물어보시오." 밥은 10년 전 회사를 떠난 프로그래머다.
- 그리고 수많은 것들

가끔 이런 코드에서 버그를 고쳐야 할 때 저항이 가장 적은 방법이 (즉, 어떠한 청소도 하지 않고 그냥 변화를 만들어 내는 것이) 가장 신중한 방법이 될 수도 있다. 그렇지만 "구멍에 들어가 있다면 삽질을 그만두는 것이 옳다"라는 격언을 되새겨 본다면, 언젠가 유지 보수할 필요가 있는 코드라면 하는 김에 상태를 개선하는 것이 가장 옳은 일일 것이다.

이음매 찾기

레거시 코드 청소의 가장 큰 문제는 어디서부터 시작하냐는 것이다. 모든 것이 서로 얽혀서 의존하고 있다면 어떻게 작동하는 모듈로 분리해낼 수 있을까? 레거시 Win32 애플리케이션을 손보면서 이것을 POSIX로 이식하는 중이라고 해보자. 시스템 API가 좋은 출발점이다. 아마 파일 I/O에서 시작해서 다음과 같은 것을 찾아낼 것이다.

```
HANDLE hFile;
if (CreateFile(hFile, GENERIC_READ, 0, 0                OPEN_EXISTING, 0,
0)) ==
                INVALID_HANDLE_VALUE) {
    // ...에러 처리...
}
```

회사의 시각: 레거시 코드에 침투하라

레거시 프로젝트를 시작했을 때 아주 사소한 것을 선택해서 매우 사소한 변화를 만들고 영향을 관찰한다. 이 레거시 코드 베이스가 종합적인 테스트 스위트를 갖고 있다면 좋겠지만 그렇지 않을 것이다. 더 끔찍하게는 테스트가 거의 불가능한 방식으로 설계되어 있을지도 모른다.

테스트 케이스를 추가하기도 어려울 것이다. 코드는 복잡하고 강하게 결합되어 있을 것이고 테스트를 위해 코드를 아주 조금이라도 분리하는 일은 별로 중요하지 않은 부분들을 테스트하게 만들 것이다. 정말 중요한 부분은 테스트 가능하게 만들도록 하는 일이 매우 어려울 것이다.

이것이 이 전쟁의 가장 어려운 부분이다. 진격의 깃발을 꽂아놓고 시스템의 각 부분이 하는 행위를 온전하고 분명하게 제어하는 테스트를 만들어 용감하게 방어할 곳을 찾아내야 한다. 일단 한 번 침투해 들어가면 길을 넓힐 방향을 찾고 끈질기게 밀고 들어가라.

- 리치 렉터, 엔지니어링 매니저, 스펙트라 로직 Spectra Logic

Win32 API를 100번 호출하는 것을 100번의 POSIX 호출로 바꾸는 것보다 별도 모듈로 파일 I/O를 빼내는 기회로 삼으라(또는 아파치 포터블 런타임[15]같이 공개된 크로스 플랫폼 라이브러리를 이용하라). Win32와 POSIX 모두 지원하는 모듈로 구현하라. 이것은 양쪽 플랫폼에서 프로그램 행위를 검증할 수 있기 때문이다.

기능을 조금씩 뜯어내는 일은 레거시 코드를 떼어내 버려도 될 만한 자연스러운 위치를 찾기 때문에 때론 이음매 찾기라고 부르기도 한다. 처음에는 이음매가 많이 보이지 않겠지만 상황은 점점 좋아질 것이다. 새롭게 내장된 각 모듈은 모듈화되고 잘 테스트되었기 때문에 더욱 큰 이음매를 뜯어야 할 상황이 올 때 더욱 큰 안전망을 만들어주게 된다.

새로운 플랫폼과 언어로 전환

컴퓨팅 세상은 절대 멈춰 있지 않고 때론 레거시 시스템의 기능을 유지하기 위해 이전할 필요도 있다. 아마 아주 오래된 윈도 버전에서 현재 버전으로 이식하는 것이 될 수도 있다. 더 큰 프로젝트에서는 PC에서 웹으로 옮기는 것이 될 수도 있겠다.

가능하다면 이전 프로그램의 부속을 재사용해 마이그레이션 위험을 억제하라. 다음 예를 살펴보자.

- 이전 프로그램이 C 같은 일반적인 언어로 만들어졌다면 다른 많은 프로그래밍 언어에는 C 코드와의 인터페이싱을 위한 옵션이 있다(JNI, 루비 확장 등).
- 이전 프로그램이 네트워크나 콘솔 인터페이스를 갖고 있다면 화면 긁어오기 screen-scraping로 상호 작용하도록 그 사이에 레이어를 만들 수 있

---

15 http://apr.apache.org/

다. 웃을지 모르겠지만 이것은 오래된 메인프레임 시스템에 새로운 프런트엔드를 갖추려고 할 때 사용하는 매우 일반적인 작업이다.

유지 가능한 시스템을 만드는 최고의 해법은 아닐 수 있겠지만 시간을 벌 수는 있다. 다른 시나리오를 고려해 보자. 여러분의 회사 레거시 시스템은 알려진 보안 결함이 1000개도 넘는 윈도 버전에 얹혀져 있다. 당장 시스템을 이전한다고 하면 모두 공황에 빠져 어떻게든 그 상황에서 도망가려고 할 것이다. 중간 단계를 밟게 되면 제대로 일할 시간을 벌게 되고 다시 도전해볼 마음이 생기기도 할 것이다.

버그 또는 형편없는 사양

뉴비 프로그래머를 위한 일반적인 과제는 버그 감시다. 너무나 행복해 죽을(?) 지경일 것이다. 레거시 코드의 버그를 수정할 때는 버그(정말 잘못된 것을 의미한다)와 그냥 이상한 것들을 분리할 줄 알아야 한다. 그냥 이상한 것들을 고치려고 시도했다가 예상하지 못하게 당할 수 있다.

웹 브라우저를 만드는 중이라고 해보자. 일정한 HTTP 헤더 필드를 만들어내려고 하면 브라우저가 충돌을 일으킨다. 당연히 수정해야 하는 버그로 보인다. 그런데 버그를 수정하는 동안, 이 브라우저가 철자가 틀린 "Referer,"로 레이블이 붙은 HTTP 헤더를 만들려고 한다는 것을 확인할 수 있었다. 이걸 수정해야 할까?

이 경우엔 수정하면 안 된다. 수많은 웹 서버가 이 틀린 철자에 기대고 있다. 이 틀린 철자의 역사는 1990년대 중반 RFC 1945까지 거슬러 올라간다. 헤더를 '수정'하면 전부 망칠 수 있다.

이상한 것들을 수정하려고 해선 안 된다고 하는 것은 아니다. 그렇지만 어떤 분명한 이유 때문에 코드가 이상할 수도 있다고 의식하고 있어야 한다. 멘토나 선임 프로그래머에게 물어보라. 최소한, 체크인 코멘트에 변경 사항을 기록해 두라. 그것이 버그가 아니라 단지 형편없는 기능이었을 경우 다른 사람들이 수정 사항을 빨리 찾을 수 있을 것이다.

참고 도서 목록

프로그래밍 책은 대부분 새로운 코드를 작성하는 데 초점을 맞추고 있다. 새로 시작하는 프로그래밍이 확실히 더 재미있기 때문에 지은이와 책을 사는 프로그래머들을 비난할 수는 없다. 그렇지만 '재개발' 프로그래밍에 맞춰진 책이 몇 권 있다.

마이클 페더스Michael Feathers의 『Working Effectively with Legacy Code』[Fea04]는 레거시 코드 처리에 대한 최고의 텍스트다. 아주 큰 레거시 프로젝트에서 일한다면 이 책은 여러분을 위한 것이다.

좀 더 전술적인 수준에서는 마틴 파울러의 『Refactoring: Improving the Design of Existing Code』[FBBO99]는 시간이 지나면서 코드를 유지 보수하게 되는 모든 사람에게 도움이 된다.

실천하기

어떤 오픈 소스 프로젝트는 역사가 길지만, 그럼에도 얽히고설킨 스파게티 같은 레거시 코드로 넘어가지는 않았다. 1995년 첫 릴리스된 아파치 HTTP 서버[16]나 1993년 첫 릴리스된 FreeBSD[17]를 생각해 보라. 이 글을 쓰는 지금도 두 프로젝트 모두 활발하게 개발되고 있다.

이 두 프로젝트의 특징은 깨끗한 코드 베이스다. C에 대한 지식이 있다고 가정할 때, 아무 파일이나 골라 봐도 코드가 무엇을 하는 것인지 쉽게 이해할 수 있다. 한번 그 방향으로 따라가보자.

---

16 http://projects.apache.org/projects/http_server.html
17 http://www.freebsd.org/

- 두 프로젝트 중 하나의 소스 코드를 다운로드하거나 온라인 소스 브라우저를 이용해 코드를 살펴보라.
- 단일 코딩 스타일을 향한 그들의 고집이 어떤지, 그것이 어떻게 소스 코드를 훑어보기 쉽게 하는지 관찰하라.
- 일반적인 패턴을 별개의 라이브러리들로 분리하는 방법에 주목하라. 아파치 포터블 런타임 같은 경우 핵심 코드를 훨씬 쉽게 살펴볼 수 있다.
- 생각해 보라. 이 프로젝트는 오래되었을지 몰라도, 레거시 프로젝트와는 달리 새로운 것으로 교체해 달라는 요구는 적다. 어떻게 시간에 뒤떨어지지 않게 유지할 수 있었을까?
- 생각해 보라. 이 프로젝트에서 사용된 프로그래밍 기법이나 표준을 여러분 회사에 적용해 볼 수 있는가?

TIP 8
처음부터 코드 검토를 자주 하라

 여러분의 코드는 당장 동료 검토의 대상이 되진 않겠지만 적어도 몇 달이 지나면 검토받게 될 것이다.

많은 프로그래머들은 코드 검토를 몹시 싫어하고, 혐오하고, 너무 너무 꺼리지만 사실 미워할 이유가 전혀 없다. 사실 경험 있는 프로그래머는 코드 검토를 기다리기도 한다. 그 이유를 살펴볼 것이다.

사람과 관점
코드 검토가 잘 안 되는 이유는 프로그래머가 코드의 가치와 자신의 가치를 연결 짓기 때문이다. 검토자들이 코드의 문제점을 지적하면 프로그래머는 모욕으로 여기고 방어적으로 변하기 때문에 상황은 빠르게 악화된다.

분명히 알아두라. 검토자들은 여러분의 코드에서 결함을 찾을 것이다. 반드시 일어나는 일이다. 내가 보장한다. 그렇다고 여러분이 형편없다는 뜻은 아니다. 개선 여지는 항상 있으며 적어도 코드를 작성하는 방법에 대한 다른 관점인 것이다. 피고인이 되는 재판이 아니라 공개 토론처럼 코드 검토를 받아들이라.

'결함'이라는 것은 버그부터 스타일 문제에 이르기까지 다양하다. 버그는 해결이 쉽다. 수정하면 된다. 초보자나 전문가나 잘못할 때가 있기 때문에 여러분을 멍청이라고 생각하는 사람은 아무도 없을 것이다. 그냥 메모를 해둔 뒤 일을 진행하라.

그러나 스타일 문제일 경우에는 해결이 그렇게 단순하지 않다. 선임 프로그래머가 여러분의 작업을 검토하면서 카운터가 있는 루프 대신 이터레이터를 사용하라고 제안할 수도 있다. 여러분의 코드는 잘못된 것이고 제안이 옳은 것일까? 아니다. 스타일 문제는 절대적이지 않다.

이것은 아직 결론이 나지 않은 사항이므로 제안의 장점에 관해 서로 이야기해 보라. 아마 검토자는 "이터레이터를 사용하면 off-by-one 문제[18]의 가능성이 제거됩니다"라고 말할 것이다. 방어적으로 "하지만 제 루프는 off-by-one 문제가 없습니다!"라고 우기지 말라. 검토자는 이미 알고 있다. 다른 접근을 통해 문제를 일으킬 가능성을 제거하려는 좋은 스타일을 만들려고 했다는 것이 핵심이다.

일단 검토자가 지적한 요점을 이해했으면 그의 제안에 감사하며 메모해 놓고서 다음 일로 넘어가자. 우선 코드 검토 시간의 긴장을 가라앉히고 나서 다음 행동에 대해 생각해 보자. 스타일에 관련한 의견 충돌은 개인적으로 받아들이기 때문에 싸움으로 번지기 쉽다. 당사자가 없는 곳에서 다른 의견의 장점에 대해 생각해 본다면, 검토자가 낸 의견의 타당한 점을 발견할 수도 있을 것이다.

관점은 매우 중요하다. 여러분이 옳고 검토자가 틀렸다는 그런 문제가 아니다. 좋은 코드와 더 나은 코드에 대한 이야기다.

포맷

코드 검토를 하면서 본 몇 가지 포맷을 설명하고 각 포맷을 위한 팁을 줄 것이다.

---

[18] 루프를 끝내는 조건의 판단 실수로 논리적 오류를 만들어낼 수 있다. http://en.wikipedia.org/wiki/Off-by-one_error

임시 검토

혼란스러워 도와줄 누군가가 필요할 때가 자주 있을 것이다. 아니면 좋은 해결책을 찾은 것 같은데 확신하진 못하고 있을 때도 있을 것이다. 경험이 더 많은 프로그래머를 붙잡고 물어보라. 심지어 심술궂은 사람들도 보통 자신의 나쁜 성격을 뒤로 미뤄 놓는다. 그들의 의견을 듣기 위해 하는 아첨은 아주 못된 사람조차 부드럽게 한다.

짝 시스템

어떤 프로젝트는 소스 저장소에 들어가는 모든 코드에 '짝'의 확인을 요구하기도 한다. 코드를 수정하고 테스트를 마쳤으면 체크인하기 전 마지막으로 검토할 사람이 필요하다. 자신이 만든 코드를 언제든지 통과시켜줄 친한 친구는 찾지 말라. 여러분이 변경한 부분의 전문가를 찾아가라. 전문가를 찾지 못하면 한동안 어울리지 않았던 사람을 찾으라.

여러분의 작업에 익숙한 사람을 많이 찾는 방법으로 짝 시스템을 이용하라. 특히 여러분이 신입일 때 코드에 대한 신뢰를 얻는 데 이보다 더 좋은 방법은 없다. 멋지고 죽여주는 코드일 필요가 없다. 단지 견고한 코드면 된다. 사람들이 정기적으로 코드를 보는지 확인하라.

높은 수준의 검토

이것은 프로젝터 한 대를 놓고 많은 사람이 앉아 있는 연좌 회의가 되기도 한다. 몇 주간 한 일을 검토받기도 할 것이지만 높은 수준에서 이뤄진다. 여러분은 설계와 그 설계를 코드로 어떻게 구현했는지 설명한다. 그리고 코드의 주요 부분들을 검토한다. 이것은 설계와 스타일에 관해 토론할 기회다. 검토 중에 받을 것 같은 비판에 대해 준비하고 내가 사람과 관점에 대해 언급한 문제들을 염두에 두라.

검토자로서 가장 좋아하는 질문은 "테스트를 보여주세요"다. 어떤 프로젝트가 됐든 난 자동화된 테스트를 요구한다. 고작 멍한 표정만 되돌아온다면 우리는 검토를 거기서 그냥 끝내고 다음 주로 일정을 다시 잡는다. 그러나 경험 많은 프로그래머는 테스트를 점검하면서 검토를 시작할 것이다. 테스트를 보여주는 것보다 코드에 자신감을 심어줄 수 있는 것은 없다.

한 줄 한 줄 검토

영혼을 잠식할 정도로 지루한 코드 검토는 모두가 코드를 한 줄 한 줄씩 살피는 것이다. 실제로 이미 재앙이 되어 버린 코드를 위해 이런 종류의 검토가 벌어지는 경향이 있다(여러분의 코드가 아니길 빈다). 버그 사냥 중인 것을 감안하고 코드의 각 줄에 대해 물어본다. 이 줄의 가정은 무엇인가? 어떻게 실패하나? 실패 케이스에선 어떤 일이 일어나나?

어떻게 하면 한 줄 한 줄 검토를 피할 수 있을까? 쉽다. 코드를 일찍 자주 검토하라. 임시 검토나 짝 시스템을 이용하거나 그룹 검토 일정을 잡는다. 앞서 경험 많은 프로그래머는 코드 검토를 기다린다는 말을 한 적 있다. 초기에 피드백을 얻어 한 줄 한 줄 검토가 필요한 난장판에 들어가는 것을 피하려고 하기 때문이다.

감사

다른 사람으로부터 감사^{監査}에 대해 들어보긴 했지만 나조차도 감사는 낯선 주제다. 감사에서 선임 프로그래머는 여러분의 프로젝트 전체를 가져다가 특정 주제들을 갖고 파고드는데, 정말로 끝까지 파고들 것이다. 왜 이러저러한 설계를 선택했나? 이 가정을 증명하기 위해 어떤 데이터를 갖고 있는가? 구현이 올바른지 어떻게 증명(테스트)할 것인가? 실전에서 얼마나 효율을 낼 수 있을 것인가? 무슨 얘기인지 짐작할 수 있을 것이다.

감사 준비는 큰 일이다. 감사관이 무엇을 물어볼지 모르기 때문이다. 거의 모든 것에 대해 준비해야 한다. 유일한 조언이 있다면 프로그램을 짜면서 같은 질문을 자신에게 해보라는 것이다. 스스로에게 물어보라. 프로그램이 파일에서 데이터를 읽는다면, 파일 포맷을 만든 자신의 가정은 무엇인지 스스로에게 물어보는 것이다. 이 가정들을 어떻게 테스트할까? 파일은 얼마나 커질 수 있을까? 이것을 증명할 수 있을까?

물론 혼자서는 끝까지 파고들지 못할 것이다. 이런 방식으로 사고하는 것에는 한계가 있을 것이며, 그 한계 시점은 프로젝트 종류와 프로젝트의 생명 주기 단계에 따라 달라질 수 있다. 제품 코드는 지나치다 싶을 정도로 주의해야 한다. 개념을 증명할 때에도 지나칠 정도로 완벽해야 한다.

코드 검토 정책

코드 검토를 둘러싼 정책들은 아예 없을 수도 있지만 제도화되었을 수도 있을 정도로 다양하다. 팀의 개발 스타일이 혼란 그 자체라면 절대적으로 필요하지 않는 한 코드 검토는 하지 않을 것이다. 그렇게 되면 삶의 의지를 빨아먹는 한 줄 한 줄 검토를 하게 될 것이다. 팀이 익스트림 프로그래밍 같은 개발 실천 방법을 사용한다면 코드 검토는 지속될 것이다. 익스트림 프로그래밍의 짝 프로그래밍에서는 코드를 써나가면서 검토한다.

어떤 산업에서는 인증을 취득하기 위해 코드 검토가 필요하다. 항공 전자 기기나 원자력 발전소를 위한 소프트웨어를 만든다면 출하하기 전에 엄격한 검토 과정이 있다. 소프트웨어는 대부분 제품에 대한 보장을 하지 않으며 언제든지 잘못되어도 괜찮다는 최종 사용자 사용권 계약이 따라온다는 것을 알고 있나? 그렇지만 항공 전자 기기 분야에서는 그렇게 일이 쉽지 않다. 정말로 여러분의 코드에 사람들의 목숨이 달려 있는 것이다.

그러나 나머지 프로그래머들에게는 단 하나의 정답 같은 검토 방법은 없다. 가장 좋은 정책은 코드를 최선의 시점에 검토하는 것이고 그 시점은 팀과 프로젝트에 따라 다르다("한 번도 하지 않는다"는 오답이다). 필요에 따라 경험 많은 관리자나 기술 리더가 정책을 결정해야 한다.

개의치 않고 항상 검토를 요청할 수 있다. 코드를 다른 사람이 봐주기를 원할 때 부끄러워 말고 요청하라. 경험 많은 개발자는 언제나 검토해 준다. 신입 프로그래머가 검토를 요청하지 않는다면 문제가 자라나고 있다는 확실한 신호다.

실천하기

다음 코드 검토를 위해 계획을 잡아보라. 팀 코드 베이스에 체크인하고 싶은 사항들을 작업하는 동안 짝을 해줄 사람을 찾아보라. 그러나 동료를 낚으러 가기 전에, 미리 작업을 좀 해 둘 것들이 있다.

- 수정한 파일 목록을 생성하라. 소스 제어 시스템이 쉽게 만들어준다. 보통 status 명령어다.
- 각 파일의 변경 사항을 강조하라. 원본과 여러분의 사본 사이에서 바뀐 부분을 강조해 보여줄 수 있는, 그래픽으로 시각화해 주는 도구가 좋다.
- 이번 단계는 건너뛰면 안 된다. 변경 사항을 스스로 살펴보고 모든 것을 설명할 수 있는지 확인하라. 한 줄 한 줄의 이유에 대해 감사 수준

으로 깊게 파라는 얘기는 아니지만 드러나는 실수를 찾아내라. 또한 아마 실수로 쓸데없는 것들을 남겨두었을 확률이 높다. 수정하고 다시 적용하라.

이제 짝을 잡아오라. 짝 프로그래밍이 팀 정책이 아니라면, 그냥 다른 개발자에게 부탁을 해보라(선임 개발자가 낫다). "체크인하기 전에 변경 사항들을 살펴봐주지 않으시겠습니까?"

여러분의 짝과 함께 화면에 변경 사항을 띄워 놓은 후 수정한 목적을 설명하고 각 파일의 변경 사항을 하나씩 살펴보라. 자신이 주도해도 되고 짝이 해도 된다. 가장 편한 방법을 선택하라. 여러분이 깔끔한 스타일로 개발하는 사람이라면(왜 그렇지 않겠는가) 짝은 수정 사항을 빠르게 훑을 수 있을 것이다.

코드를 설명하면서 어떻게 테스트했는지도 설명하라. 자동화된 단위 테스트 스위트를 갖고 있다면 이 코드도 검토한다. 그렇지 않다면 여러분이 직접 한 테스트를 설명하거나 코드가 정확한 이유를 대라.

아마 짝을 부르기 전에 몇 가지 실수를 잡을 수도 있을 것이다. 그뿐 아니라 여러분이 생각하지 못했을 한두 가지 질문을 짝이 할 것이다. 여러분은 커밋할 때마다 체크인 동료를 원하게 될 것이다.

2장
도구를 제대로 정리하라

비싼 기타를 갖고 있다고 해서 훌륭한 기타리스트가 되지 않듯이, 도구 덕에 더 훌륭한 프로그래머가 되지는 않는다. 제일 비싼 기타를 가져다 연주하더라도 고양이로 가득 찬 빨래통 같은 소리만 낼 수 있다. 하지만 훌륭한 기타리스트들의 기타 역시 고가라는 사실을 아는가?

이처럼 훌륭한 프로그래머들도 자기 도구에 대해 열정적이다. 올바른 도구를 쓰면 훌륭한 프로그래머의 생산성은 '배'가 된다. 도구를 사용할 수 있는 기술을 갖고서 작은 노력만으로도 결과를 배 이상 만들어낼 수 있다면 당연히 사용하지 않을 이유가 없다. 그렇지 않나?

이번 장은 소프트웨어 작업에 일반적인 도구를 소개한다. 여기서 다룬 각 도구를 검토해 보는 시간을 자신에 대한 투자로 생각해 보라. 앞으로 경력이 계속되는 한 그만큼 다시 되돌려 줄 것이다. 또 몇 년 앞을 내다보며 마음을 열어두기 바란다. 새로운 도구가 나와서 일에 더 도움이 되거나, 다른 도구가 더 적합할 정도로 특화된 분야로 경력이 바뀔 수 있기 때문이다.

- 일상적으로 사용하는 대부분의 도구를 다루는 '팁 9. 환경을 최적화하라'부터 시작한다.

- 그다음에는 되돌아가서 소스 코드 자체에 대해 고려해 보겠다. '팁 10. 유창하게 말하라'는 프로그래밍 언어 사용을 연마하는 데 집중한다.
- 한 번 더 되돌아보자. '팁 11. 플랫폼을 잘 알라'에서는 (하드웨어를 포함한) 전체 소프트웨어 스택에 대해 알아본다.
- 게으름 피우는 것이 좋을 때도 있다. '팁 12. 어려운 작업은 자동화하라'에서 컴퓨터가 우리를 돕도록 한다.
- '팁 13. 버전 관리를 사용하라'는 코드 관리에 도움이 될 버전 관리 시스템을 소개한다.
- 스스로 작업하지 않는 편이 최선인 경우도 있다. '팁 14. 소스를 사용해, 루크'는 상용 프로젝트와 오픈 소스 소프트웨어의 통합에 대해 논의한다.

생산성을 올려주는 것과 떨어뜨리는 것

도구를 더 잘 사용하여 생산성을 배가하는 것에 대한 얘기를 많이 하지만, 프로그래머들이 빠질 수 있는 함정이 있다. 일의 완수보다 도구에 빠져드는 것이다. 가상 데스크톱, 통합 개발 환경, 원격 파일 복제 등 온갖 종류의 작업이 완벽하게 돌아가는 일은 없다. 하지만 그렇다고 해서 도구 설정에 계속 매달리면 안 된다. 차라리 vi를 켜고 '프로그래밍을 바로 시작'하는 편이 훨씬 낫기 때문이다.

생산성을 높이려면 일단 한계선을 정해 놓을 필요가 있다. 생산성이 오르지 않으면 해당 도구를 접고 그냥 코드를 짜는 편이 나을 수도 있다. 항상 염두에 두어야 할 부분이 있다. 생산성을 높여주는 멋진 솔루션은 무엇일까? 작업을 할 수 있는 제일 간단한 도구는 무엇일까? 일단 시간을 정해 놓고 멋진 솔루션을 시도해 본 다음, 그 시간까지도 잘 되지 않으면 간단한 도구로 돌아가라.

> TIP 9
> # 환경을 최적화하라

 날마다 개발 도구를 사용할 것이다. 잠시 마음을 가다듬고 몇 년 전에 했던 선택이 더는 좋은 선택이 아닐 수도 있지 않을까 생각해 보자.

일단 이렇게 시작해 보자. 일할 때 어떤 프로그램부터 켜는가? 비주얼 스튜디오, 이맥스, 터미널 창인가? 코드 작성에 들어가기에 앞서 프로그램을 짜는 환경을 갖고 있을 것이다. 그 환경에는 컴퓨터와 텍스트 편집기, 컴파일러, 디버거 등이 모두 포함된다.

이러한 도구가 제공하는 기능 중 일부만 사용해도, 약간의 투자로 능률을 상당히 올릴 수 있다.

텍스트 편집기

프로그래머를 조롱하는 동료 한 명이 있었다. "프로그래머는 세상에서 제일 쉬운 직업이지. 타자만 하면 되잖아." 실제로 그렇다. 우리는 타자에 엄청나게 많은 시간을 소비한다. 물론 여기서 말하는 타자에는 관련 있는 다른 세부 사항도 들어가 있다. 모음^{母音}을 혐오하는 기벽이 있고 세미콜론을 특별히 좋아하는 프로그래머들도 있다. 다만 문자를 화면에 타자하는 것 때문에 정말 병목 현상이 생길 때도 있다.

모든 시간을 타자에 쏟는다고 해 보자. 텍스트 편집기가 지루한 작업을 스스로 처리할 수 있게 해놓는다면 수고를 10%는 절약할 수 있다. 1년간 이렇게 절약한다면 얼마나 아낄 수 있을지 상상이 가는가?

달인 수준의 프로그래머가 일하는 광경을 보다 보면, 제일 먼저 알아차리게 되는 건 그들의 마법 같은 코드가 아니다. 코드를 '조작하는' 마법이다. 컴퓨터보다도 빠르게 타자하는 것처럼 보인다. 코드를 이곳에서 저곳으로 순간 이동시킬 때조차 그들은 다섯 단계 너머를 생각하고 움직인다. 문자 그대로 그들은 몇 초간 눈 감고도 타자가 가능하다.

> **통합 개발 환경**
>
> 비주얼 스튜디오나 이클립스 같은 제품은 단일한 사용자 인터페이스 아래 수많은 도구를 통합해 놓았다. 통합 개발 환경^{IDE}은 사용하기 쉽다는 장점이 있지만 IDE에 얽매여서는 안 된다. 텍스트 편집을 위한 vim 같은 도구를 별도로 즐겨 사용하는 이유는 강력함 때문이다. 이 장에서 소개하는 팁은 IDE를 사용하든, 별도의 도구를 사용하든 상관없이 적용된다.

프로그래머의 편집기

코드 사이를 휘젓고 다니려면 일단 프로그래머가 쓸 만한 편집기가 필요하다. vi 같은 원시적인 모습의 편집기부터 화려한 텍스트메이트^{TextMate}에 이르기까지 선택 폭은 대단히 넓다. 어느 세대의 편집기를 고르든지 좋은 편집기라면 다음과 같은 특성이 있게 마련이다.

- 키보드 위주 작동: 마우스 사용은 선택적이다. 일반적인 작동을 위해 키보드 단축키를 숙지하라. 마우스에 계속 손을 뻗는 것보다 훨씬 더 빠르기 때문이다. 바로 이런 이유 때문에 옛날 방식의 유닉스 편집기가 지금도 많이 쓰인다(프로그래머만을 위한 기능이라고 생각한다면, 숙련된 디자이너는 어도비 포토샵과 일러스트레이터의 키보드 단축키를 외우고 있다는 점을 떠올려 보라. 그래픽 디자이너들은 보통 한 손에 키보드를, 다른 한 손에는 그래픽용 태블릿을 놓고서 작업한다).

- 복잡한 이동 및 선택 도구: 프로그래머 편집기라면 행과 열, 코드의 논리 블록$^{logical\ block}$도 이동시킬 수 있을 정도로 똑똑해야 한다. 블록 안에 커서를 가져다 놓고 키를 몇 번만 누르면 블록을 선택하고 이동까지 할 수 있어야 한다. 다시 말하지만 마우스에서 손을 떼어야 한다.
- 언어에 따른 문법 강조: 화면 위 코드의 '큰 그림'을 볼 때 도움이 된다. 그 외에는 신경 쓰지 말라. 사실 문법 강조가 들어가 있으면 코드가 훨씬 더 화려해 보이기 때문에 제아무리 오만한 사람이라도 여러분이 타자만 한다고 생각하지 못할 것이다.
- 언어에 따른 들여쓰기: 코드의 줄마다 들여쓰기를 굳이 해야 할 이유는 없지만 좋은 편집기라면 사용하는 프로그래밍 언어와 좋아하는 스타일에 맞는 들여쓰기 규칙으로 여러분을 도와줄 것이다.
- 텍스트 완성: 긴 변수나 함수 이름을 타자할 때 반복해서 타자해야 할 이유는 없다. 프로그래머 편집기라면 일부만 치더라도 나머지를 자동으로 완성시켜 줘야 한다(모호하게 일부분만 타자해도 대개 자동 완성 키를 누르면 가능한 완성 형태를 반복해 보여준다).

두 번째로 필요한 것은 단순하다. 자신의 시간이다. 기능 많은 화려한 편집기는 학습 시간이 오래 걸리므로 새로운 기능을 배울 시간을 매주 따로 마련하는 편이 좋다. 몸$^{muscle\ memory}$이 익혀야 하므로 단번에 배울 수는 없다. 즉, 의식하지 않은 채 손가락이 자동으로 움직일 수 있도록 체화하라는 얘기다. 의식은 어떤 키를 치느냐가 아니라 코드 자체에 집중할 수 있어야 한다.

마지막으로, 선배들이 편집기를 어떻게 다루는지 지켜보기 바란다. 짝 프로그래밍을 하다 보면, '그렇게 할 수 있는지 미처 몰랐다'는 생각이 바로 들 것이다. 선배들이 어떻게 했는지 메모해 놓으라.

SSH를 통한 편집

단순한 SSH, 직렬 포트 또는 텍스트 전용 콘솔을 통해 원격 장비에 접근하는 일은 프로그래머에게 일상적이다. 텍스트 전용 모드에서만 돌아가는 편집기의 기본 기능들을 배울 필요가 있다. 콘솔 프롬프트를 통해 다른 장비에서 작업할 때는 GUI 편집기에 얼마나 많은 기능이 있는지는 별로 중요하지 않다.

이런 목적을 위해 vi[1]를 추천한다. 모든 유닉스 계열 장비에는 vi가 내장되어 있지만 이맥스 같은 다른 편집기는 없을 수도 있다. 따라서 간단한 수정을 위해서는 한 시간 정도 투자해 vi 사용법을 익히는 편이 좋다. 반쯤 죽어서 단일 사용자 콘솔로만 부팅이 가능한 서버가 있을 때 잘 활용할 수 있을 것이다.

언어 도구

프로그래밍 언어에 대해서는 '팁 10. 유창하게 말하라'에서 다루겠지만 지금으로서는 개발 환경의 일부를 이루는 도구로 짤막하게 언급하겠다. 개발 환경은 보통 컴파일러와 디버거, 인터프리터를 포함한다. 일반적으로 IDE에는 시스템을 빌드하거나 코드를 컴파일하는 빌드 버튼이 있다. 일단 키보드 단축키부터 익히기 바란다. 빌드할 때마다 손을 움직여 마우스를 찾으러 다니지 말아야 한다.

인터프리터 방식 언어도 있다. 이런 언어는 보통 표현을 쳐서 넣으면 결과를 바로 출력하는 REPL을 갖고 있다. REPL은 읽기read와 평가하기evaluate, 프린트 루프print loop를 뜻한다. 본질적으로 REPL은 프로그램 전체를 돌릴 필요 없이 질문에 대한 결과를 빠르게 얻을 수 있어서 시간이 줄어든다. 가령 데이터에 변환을 가하고 싶으면 REPL을 열고 샘플 데이

---

1 현대적 시스템에 들어 있는 vi는 사실 vim(vi improved)이며 추가 기능이 있다.

터로 시도해 보면 된다.

기발한 방식으로 개발 도구를 통합한 환경도 있다. 첫째, REPL을 텍스트 편집기에 집어넣어서, 사용하는 언어 인터프리터를 통해 현재 코드 라인을 바로 평가한 다음, 그 결과를 같은 창에 곧바로 출력하는 식이다. 그 즉시 만족하게 된다.

둘째, 언어에 특화된 리팩터링 기능을 포함시킨 환경이 있다. 예를 들어 메서드 이름을 변경하면 메서드를 호출하는 모든 곳도 변경한 이름으로 바꿔주는 식이다. 이 환경은 여러분이 모르게 뒤에서 프로그램을 끊임없이 컴파일하거나 해석하여 정말 똑똑하게 리팩터링한다. 그저 단순한 전역 검색global search과 치환replace이 아닌 것이다.

디버거

많은 환경이 소스 수준의 디버거를 갖고 있다. 디버거는 프로그램이 충돌했거나 사용자가 원할 때 프로그램 실행을 멈추고, 콜 스택이나 변수의 값 등 프로그램 상태를 살펴볼 수 있도록 해준다. C 언어의 경우 충돌이 일어나봤자 'segmentation fault' 같이 쓸데없는 메시지만 나오는 것이 보통이다. 디버거가 있으면 충돌에 대한 기본적인 정보를 모을 수 있다. 더 화려한 언어의 경우 보통 콜 스택을 덤프한다. 그것만으로도 문제점을 파악할 수 있다.

디버거에는 대가가 따른다. 프로그램 실행 속도가 느려지기 때문이다. 속도가 떨어지면 타이밍 관련 문제점이 나타나거나 사라질 수 있다. 하이젠버그Heisenbug로 알려진 이런 버그를 경험하거나 디버깅할 수 있지만, 재현과 디버깅을 동시에 할 수는 없다.

플랫폼에 따라 디버거가 사후 분석에 도움이 될 수 있기도 하다. 가령 리눅스에서 C 프로그램이 충돌하면 시스템 메모리 덤프가 포함된 코어 파일$^{core\ file}$이 만들어진다. 그러면 디버거가 코어 파일을 읽어서 충돌시 스레드와 변수 상황이 어땠는지 알려준다(코어는 1970년대 이후로 쓰이지 않은 초기형 램을 가리키는 전지기 코어 메모리를 가리키는 말이다. 일반적으로 램을 가리키는 데 아직까지 쓰는 낱말이다).

   단위 테스트 작성을 잘 해놓는다면 디버거가 많이 필요하지 않을 수도 있다. 테스트만으로 버그를 대부분 잡을 수 있기 때문이다. 테스트로 쉽게 잡을 수 있는 버그는 다양하다. 하지만 I/O나 스레드 타이밍과 관련 있는 버그의 경우에는 자동화된 테스트로 검출하기가 대단히 어렵다. 좋은 코어 파일이나 스택 트레이스가 있기를 바랄 수밖에 없다.

프로파일링

프로그램이 기술적으로는 옳지만 너무 느린 상황은 어떨까? 커누스$^{Donald\ Knuth}$는 "섣부른 최적화가 만악의 근원"이라 말한 바 있다. 이를 위해, 일단 코드를 '올바르게' 작성하는 것이 먼저다. 성능 문제가 있다면 고치려고 하기 전에 성능 문제를 '측정'해 보라.

   프로파일러가 이때 필요하다. 프로파일러가 있으면 각 함수를 몇 번이나 호출했는지, 각 함수를 얼마나 오랫동안 썼는지 알 수 있다. 그 결과가 놀라울 때도 있다. 예를 들어 수도쿠 해결사라는 프로그램을 만들어 프로파일링으로 돌렸더니 대부분의 시간을 셀 목록을 반복^{iterating}하는 데 사용한 것으로 확인됐다. 이걸 작은 조각의 캐시로 만드니 속도가 무려 3000배가 더 빨라졌다.

   제일 당황스러운 성능 문제는 프로그램이 돌고 있기는 한데 아무 일도 하지 않는 경우일 것이다. 자원을 두고 경쟁이 일어날 때 그럴 수 있다. 프로파일러가 있으면 프로그램이 자원을 점유하려고 사용하는 함수에 시간을 많이 쓴다는 사실을 보여줄 것이다. 또는 프로그램 문제가 전혀 아닐지도 모른다. 네트워크가 느릴 수도 있기 때문이다. 프로파일러는 프로그램이 네트워크 리시브 함수에서 계속 대기하는 중임을 보여줄 수도 있다.

실천하기

다행히 날마다 사용하는 개발 환경에 별 문제가 없을지도 모른다. 하지만 개발 환경을 더 잘 쓰는 데 집중해 연습하면 도움이 된다.

텍스트 편집기 요령

언급한 대로 손가락이 기억할 수 있도록 반복 연습할 필요가 있다. 매주 하나씩 새로운 기능을 연습하라.

- 키보드만으로 파일들을 오가는 연습을 하라. 개발 환경이 애플리케이션 코드와 단위 테스트 같은 파일 간의 관계를 알려줄 정도로 영리하다면 더 좋다. 그러고 나서 페이지, 코드 블록이나 함수에 따라 파일 안에서 빠르게 움직이는 방법을 배우라. 그다음에는 한 줄에서 처음과 끝, 단어별로 이동하는 방법을 배워야 한다.
- 현재 줄과 코드 블록을 선택할 줄 알아야 한다. 다중 클립보드가 있는 편집기라면 한 번에 하나 이상 잘라내기/붙여넣기 하는 방법을 알면 좋다(이맥스에서는 킬 링kill ring으로 알려져 있다).
- 보통 자동 완성 기능으로 타자를 한 번이라도 줄일 수 있다. 언어 특화적인 기능도 있다. 가령 표준 라이브러리 함수를 편집기가 미리 알고 있으면 타자를 할 때 일치하는 목록을 보여줄 수 있을 것이다. 파일 안에서 텍스트에 따라 단어를 완성해주는 편집기도 있다. 단축키를 알면 시간을 대단히 많이 아낄 수 있다.

- 편집기 대부분은 코드를 자동으로 들여쓴다. 이 기능을 켜고 자기 스타일에 맞게 조정하면 탭 키와 작별할 수 있다.

컴파일러/인터프리터 요령
- 첫 번째 기능은 경고 켜기다. 경고 기능은 대다수 컴파일러와 인터프리터가 제공하며, 경고가 항상 버그가 되지는 않지만 일단 확인해서 경고를 없애도록 코드를 고쳐야 한다(레거시 코드에서는 항상 경고를 켤 수 있는 것은 아니지만 할 수 있다면 해 보기 바란다. 경고를 무시하는 경우에는 뭔가 중요한 것을 놓칠 수 있다).
- 빌드/컴파일 단계가 있는 프로젝트에서는 빌드를 실행하는 단축키부터 익히라.
- 컴파일 경고나 에러가 생기면 파일과 줄 번호가 같이 나오게 마련이다. 현재 에러가 가리키는 소스 코드로 바로 가는 키보드 단축키를 익히라.
- 언어에 REPL이 있으면 REPL을 시작하는 단축키를 익히라.
- 개발 환경에 리팩터링 기능이 있다면 메서드·클래스 이름 고치기와 코드 블록을 메서드로 추출하는 단축키를 익히라.

디버거 요령
- 디버그 상태로 프로그램을 시작하는 키보드 단축키를 익히라.
- 프로그램 충돌 지점의 스택 트레이스를 꺼내보라. 그러면 어떤 함수의 내부 상태를 보여주고 "어떻게 해서 이렇게 됐지?"란 핵심 질문에 답을 해준다.
- 소스 코드에 중단점^{breakpoint}을 설정하고 디버거를 돌린다. 프로그램이 충돌을 일으키기 전에 문제를 찾아내려 할 때 중단점은 필수다.

- 자신의 플랫폼이 코어 파일을 지원한다면 해당 기능을 어떻게 켜는지 알아야 한다. 코어 파일을 만들어내도록 강제 종료를 해본 다음, 디버거로 코어 파일을 읽어보기 바란다.

프로파일러 요령

프로파일러가 자주 필요하진 않지만 이 도구를 돌리는 방법과 결과를 해석하는 방법은 알아야 한다.

- 프로그래머는 정렬 알고리즘을 좋아한다. 몇 가지 리스트 정렬(보고소트[2]를 잊지 말라)을 구현해 보고 프로파일러에서 10개, 100개, 1000개(그 이상) 엘리먼트를 가지고 구현체를 돌려 보라. 엘리먼트 수가 늘어날 수록 알고리즘 간 실행 시간 차이를 분명히 알 수 있다(엘리먼트 수 대 실행 시간 데이터에 바탕을 둔 각 알고리즘의 성장 순서, Big-O를 알아내면 더 좋다).

2 http://en.wikipedia.org/wiki/Bogosort

TIP 10
프로그래밍 언어를 유창하게 쓰라

 여러분은 해야 할 일을 컴퓨터에 시키는 것으로 급여를 받기 때문에 최대한 효율적으로 시키는 편이 좋다.

어떻게 보면 프로그래머란 곧 번역자다. 인간의 언어로 쓴 프로그램에 대한 설명을 가져다가 프로그래밍 언어를 사용해 번역한 결과물이 바로 프로그램이다. 번역가라면 이 두 언어 모두 유창하게 해야 한다.

하지만 프로그래밍에서 유창함의 정의는 좀 잘못되어 있다. 가령 '21일 만에 자바 배우기' 같은 책이 있는데, 24시간 안에 자바를 가르칠 수 있다는 주장도 봤다. 자바 문법과 몇 가지 라이브러리 호출을 배울 수는 있겠지만 24시간이나 21일 후에 스스로 유창하다고 할 수 있겠는가? 전혀 아니올시다.

지름길은 없다

언어 또는 언어 관련 기술을 진정 잘 쓸 수 있을 수준이 되려면 1만 시간 정도는 들여야 한다. 1만 시간의 원칙을 잘 보여준 사례로 말콤 글래드웰[3]과 피터 노빅[4]을 들 수 있다. 일반적인 사람들에게는 10년치에 해당하는 시간이다.

10년이면 '그림 2. 언어/플랫폼 학습 곡선'의 그래프와 비슷한 곡선이 나올 것이다. 이 곡선 그래프에서 주목할 부분이 몇 가지 있다. 첫째, 많은 좌절을 겪지 않고선 "Hello World" 이상 나아가기 어렵다. 그게 정상

---

3 『Outliers: The Story of Success』[Gla08]
4 http://norvig.com/21-days.html

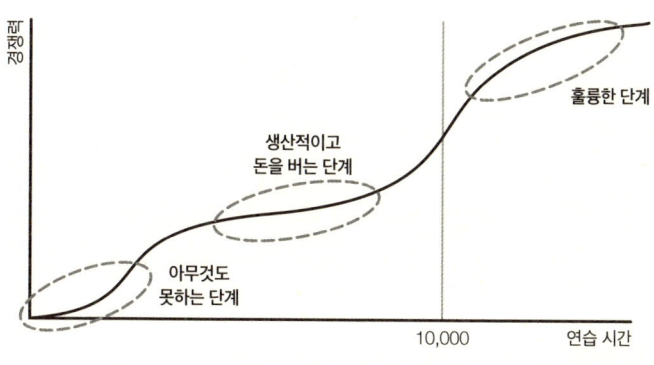

그림 2. 언어/플랫폼 학습 곡선

이다. 생산성 향상을 위해 문법이나 라이브러리 같이 익혀야 할 기반 지식이 있으며, 그러한 지식을 숙지해서 돈도 벌 수 있어야 어떤 경지에 이를 수 있다. 정말 그 언어로 '생각'할 수 있을 정도가 되려면 오랜 시간이 필요하다. 그 정도가 되면 유창함은 진정 달인의 경지로 올라가기 시작한다.

1만 시간을 거쳐 언어 한 가지 익히기, 또는 여러 가지 익히기는 장단점이 다 있다. 언어를 추가로 익힐 때마다 프로그래머로서 기술을 늘릴 수 있겠지만, 적어도 언어 한 가지만은 1만 시간 넘게 익혀야 한다. 물론 언어 열 개를 하나마다 1000시간씩만 해도 되겠지만, 초심자 수준의 열 가지 언어로 얼마나 일을 효율적으로 할 수 있을까?

같은 맥락으로 1만 시간을 투자하려면 스스로가 그만큼 도전을 계속해야 한다. 처음에야 그 도전은 쉽다. 처음에는 모든 것이 도전이다. 하지만 첫 단계에서 더 나아가지 못 하는 사람이 너무 많다. 장바구니가 있는 사이트를 만드는 웹 프로그래머를 생각해 보자. 하나둘, 하나둘 만들다 보니 웹 사이트를 스무 개 정도 만들었고 벌이도 괜찮다고 해 보자. 하지만 그가 정말 배운 게 있을까?

앤디 헌트의 『Pragmatic Thinking and Learning』[Hun08]이라는 책에 따르면 연습에 필요한 것은, 도전적이지만 해볼 만한 잘 정의된 작업과 작업(또는 비슷한 일)을 반복하고 더 잘할 수 있는 기회라고 한다. 내가 일해봤던 여러 곳은 좋은 곳이긴 했지만 피드백 부분이 좀 부족했다. '팁 8. 처음부터 코드 검토를 자주 하라'에 나와 있듯이 선배 프로그래머들로부터 피드백을 미리 받으면 지속적인 학습이 가능하다.

> **관련 언어**
>
> 한 언어에서 다른 언어로 이어지는 기술들이 있다. 가령 C++와 자바는 객체 지향 프로그래밍으로 접근법이 비슷하다. 따라서 객체 지향 프로그래밍 기술을 위한 1만 시간 목표를 달성하는 데 필요한 시간을 절약할 수 있다. 그렇지만 '포인터 모험' 기술을 향상시켜줄 언어는 C++뿐이다.
>
> 프로그래밍 언어 학습에는 많은 자잘한 기술이 관련되어 있으니 1만 시간 원칙은 듣기보다 실제로 더 불분명할 것이다.

자연스러운 프로그래밍

언어 문법 학습의 첫 단계를 넘어섰다면 이제 그 스타일과 관용구를 익혀야 할 때다. "괜찮은 C 프로그래머라면 어느 언어로도 C를 작성할 수 있다"라는 격언이 있다. 젊었을 때 실제로 그럴 수 있음을 본 적도 있다. 격언 그 자체는 맞는 말이지만, C 프로그래밍 관점으로만 생각하다 보면 다른 언어가 제공하는 방식을 그냥 지나치게 마련이다.

예를 들어 목록의 모든 숫자를 더하는 다음 코드를 보자. 처음에는 C와 고전적인 for 루프가 있다.

SumArray.c

```
int a[ ] = {1, 2, 3, 4, 5};
```

```
int sum = 0;

for (int i = 0; i < sizeof(a) / sizeof(int); i++) {
  sum += a[i];
}
```

루비로도 비슷하게 작성할 수 있지만 자연스런 방식은 아니다. 루비에선 블록을 사용할 수 있기 때문이다.

SumArray.rb

```
sum = 0

[1, 2, 3, 4, 5].each do |i|
  sum += i
end
```

사실 이런 방식도 루비에서는 자연스럽지 않다. 더 좋은 방식은 컬렉션의 모든 엘리먼트를 결합하는 개념을 추상화한 Enumerable.inject을 사용하는 것이다.

SumArray.rb

```
sum = [1, 2, 3, 4, 5].inject(:+)
```

같은 방식으로 C 프로그래머라면 for 루프 배열을 생각하겠지만, 루비 프로그래머라면 블록을 생각하고, 리스프나 스킴 프로그래머라면 재귀 호출을 생각할 것이다. 똑같은 코드를 스킴으로는 어떻게 쓰는지 보여주겠다(축약을 빼지 않고).

SumArray.scheme

```
(define (sum-array a)
  (if (null? a)
      0
      (+ (car a) (sum-array (cdr a)))))

(sum-array (list 1 2 3 4 5))
```

언어의 관용구를 사용하면 언어 디자이너들이 의도한 방식으로 프로그램에 대해 사고하게 된다. C++와 자바처럼 개념적으로 비슷한 언어는 기능이 중첩되는 곳에서 관용구도 공유한다. C와 앞에서 언급한 스킴처럼 완전히 다른 언어인 경우에는 사고방식 자체를 바꿔야 한다.

프로그래밍 언어별로 관용구를 배우는 방법이 몇 가지 있다. 첫째, 한 언어에 대한 좋은 책이 있다면 어떻게든 그 책부터 시작하라. C 언어라면 『The C Programming Language』[KR98]가 있고, 내가 읽었던 스킴 책은 『Structure and Interpretation of Computer Programs』[AS96]였다. 사례를 공부하고 지은이가 '왜' 코드를 그렇게 썼는지 연구해 보라.

둘째, 해당 언어로 작성된 오픈 소스 프로젝트를 찾아 공부하라. 이런 경우엔 코드 품질이 천차만별이기 때문에 좀 어려울 수도 있다. 정말 바보 같은 코드가 있는 반면 마술과 같은 코드도 있기 때문이다. 소규모이면서 직관적인 코드 예시가 많은 곳은 로제타 코드[5] 웹 사이트다.

장비와 자신의 생산성 사이에서 균형을 맞추라

프로그래머는 코드 크기를 얼마나 작게 만들 수 있는지, 또는 얼마나 빠르게 프로그램을 만들 수 있는지를 갖고 능력을 측정할 때가 가끔 있다. 1983년 앤디 허츠펠드가 6000바이트짜리 파스칼 프로그램을 600바이트짜리 어셈블리 프로그램[6]으로 재작성한 퍼즐 게임이 자주 등장하는 사례다. 제법 재미있다(긱^{geek} 세계에서 통하는 재미로서). 그리고 때론 일에서도 필수다.

하지만 작은 크기로 빠르게 모든 프로그램을 작성해야 할 때 문제가 시작된다. 컴퓨터의 효율성이 개발자의 효율성보다 중요하지 않을 때가 있다. 컴퓨터는 저렴하지만 프로그래머는 비싸다. 따라서 프로그래밍을

---

5 http://rosettacode.org
6 http://www.folklore.org/StoryView.py?story=Puzzle.txt

하려면 고수준 언어를 깔끔하고 직관적으로 사용하는 편이 더 낫다.

　루비와 파이썬 같은 언어가 왜 유명해졌을까? 프로그래머들이 프로그램을 빠르게 작성할 수 있어서였다. 프로그램이 적당히 빠르게 돌아가기만 하면 어셈블리 언어로 된 프로그램보다 실행 시간이 더 걸린다고 해도 누가 신경이나 쓰겠는가?

　앤디 허츠펠드의 이야기도 이와 같은 모델을 따른다. 그는 일단 파스칼로 자신의 퍼즐 게임을 작성했다. 파스칼은 당시 매킨토시에서 사용할 수 있는 고수준 언어였다. 그는 더 작은 프로그램이 필요할 때만 어셈블리 버전을 작성했다.

　하지만 컴퓨터의 생산성이 더 중요할 때도 있다.

- 너무 느려서 장비를 추가해도 해결할 수 없는 프로그램이 있다. 이때 장비를 병렬로 실행하면 해결할 수도 있다(대다수 웹 애플리케이션이 이런 문제를 겪게 된다). 하지만 순차적으로 문제가 발생할 수 있으며, 그 경우에는 아예 새로 작성해야 더 빠르게 돌릴 수 있다.
- 데이터 세트는 끝없이 커질 수 있다. 프로그램을 개발할 때는 보통 메모리(아마도 캐시)에 다 넣을 수 있을 정도로 적은 데이터 세트만으로 테스트하고 성능도 괜찮게 나올 것이다. 그러나 실제로 사용할 경우에는 대규모 데이터 세트를 다루므로 디자인도 상황에 맞춰야 한다.
- 어느 것이든 운영 체제는 끊임없이 호출을 주고 받으며 개입한다. 빠르게 동작하고 제어권을 애플리케이션에 돌려주는 것이 운영 체제의 역할이다.

마지막으로 프로그램 중 일부가 컴퓨터 효율성에 따라 제한받는다고 해보자. 사실 여러분의 모든 프로그램을 똑같은 언어로 작성하라고 강제

할 사람은 없다. 하이브리드 디자인은 점차 각광받고 있다. 가령 게임은 그래픽과 물리 엔진, 오디오를 극도로 많이 사용하므로 그런 부분들은 보통 C로 작성한다. 또 게임은 플레이어의 입력에 따라 반응을 바꿔야 하는 '월드 로직world logic'이 매우 많으며, 그런 것을 C로 작성할 이유는 없다. 월드 로직에 대해서는 루아Lua 같은 언어를 사용해 시작하는 게임이 많다. 게임 디자이너들과 일하기에 더 효율적이기 때문이다.[7]

경쟁 이익

아마 다음과 같은 요즘 추세를 느꼈을 것이다. 프로그래밍 언어 한 가지를 완벽하게 터득하고 싶기는 하겠지만, 사실 한 가지 이상을 배워야 한다. 세상은 늘 변하기 때문이다. 일반적으로 사용하는 언어가 바뀔 것이고 일의 효율을 위해서라도 따라가야 할 것이다. 물론 여러분 스스로도 다양하게 배워야 한다. 여러 언어로 작업할 수 있는 프로그래머라면 한 언어에 특화된 프로그래머보다 더 많은 일을 찾을 수 있다.

저수준 언어와 고수준 언어를 적어도 한 가지씩 터득하면 유연성이 아주 커진다. 기기가 제한적인 상태라면 프로그램이 충분히 효율적이 되도록 C 같은 언어의 기계적 효율성이 필요할 테고, 반대로 프로그래머가 제한적인 환경이라면 루비처럼 사람한테 효율적인 언어로 빠르게 프로그램을 작성할 수 있다.

물론 어떤 언어를 사용하든 상황에 맞는 올바른 언어를 사용해야 한다. 여러 가지 언어를 다룬다면, 어떤 문제든 처음에 배웠던 언어로 해결해 보려는 이들보다 우위에 설 수 있다. 이렇게 되려면 더 많이 따로 시간을 들여 공부해야 한다. 그렇게 하면 더욱 효율적인 프로그래머가 되어 보상이 따라올 것이다.

---

[7] http://lua-users.org/wiki/LuaUses

실천하기

1만 시간은 상당히 긴 시간이 맞다. 당장은 일단 알고 있는 프로그래밍 언어와 관심 있는 언어 한두 가지에 집중하자. 최고의 효과를 위해선 매우 다른 관용구를 갖춘 언어를 고르라.

"Hello World"를 넘어서

첫째, 콘솔에 "Hello World"를 출력하는 프로그램은 만들지 말자(물론 이미 작성했으리라고 본다). 다음과 같은 프로그램을 만들어 보자. 각 줄마다 정수^{integer}가 있는 파일을 읽어 들여 최소, 최대, 평균 및 데이터 세트의 중간값을 출력하는 형식이어야 한다. 왜인가? 이 연습은 I/O와 컬렉션 반복, 수식 등 여러 컴퓨팅 작업에서 공통적인 몇 가지 기본 원칙을 포함하고 있다.

핵심 목표는 코드를 작성하게 하는 것뿐 아니라 해당 언어의 관용구로 프로그램을 작성하는 데 있다. 두 번째 목표는 코드 작성을 테스트 주도 형식으로 진행하는 것이다. 가령 컬렉션의 중간값을 반환하는 함수가 필요할 것이다. 실제 함수를 작성하기 전에 샘플 테스트를 작성하라. 테스트 주도 개발은 '팁 2. 정확성을 고집하라'에서 설명했다.

수도쿠

벤 로리$^{Ben\ Laurie}$는 수도쿠는 "인간 지성에 가하는 서비스 거부 공격^{DOS}"[8] 이라 말한 바 있다. 그렇게 볼 수도 있지만 수도쿠는 재미있는 프로그래밍 퍼즐이기도 하다. 데이터와 제약, 휴리스틱 검색에 대해 생각해야 하기 때문이다.

임무는 수도쿠 좌표를 파일로부터 읽어낼 수 있는 프로그램 작성이

---

[8] http://norvig.com/sudoku.html 이 페이지에 가기 전에 스스로 먼저 풀어보라.

다. 해당 좌표에는 채워진 셀과 비어 있는 셀이 다 들어 있을 것이며, 퍼즐을 풀어서 결과를 출력해야 한다. 온라인에서도 퍼즐을 찾을 수 있다. easy sudoku 등으로 검색해 보면 된다. 쉬운 퍼즐부터 시작해 보라. 일반적으로 쉽다는 것은 별 생각 없이도 해결할 수 있는 문제를 의미한다. 게임 원칙을 적용하는 자신의 능력을 테스트할 수도 있다.

그다음에는 더 어려운 퍼즐로 나아가 보라. 퍼즐을 풀기 위해 생각과 검색을 해야 한다. 휴리스틱 검색의 선택은 문제 해결사의 능력에 큰 영향을 끼친다. 사실 더 어려운 수도쿠는 과학적인 방법을 적용해볼 좋은 기회이기도 하다. 휴리스틱에 대한 가정을 해 보고 성능을 측정할 수 있기 때문이다.

이 연습의 주안점은 두뇌 훈련뿐 아니라 해당 언어의 관용구를 충분히 사용할 기회를 주는 데 있다. 올바른 길에 들어섰다면 언어도 올바르게 사용하고 있다는 느낌이 올 것이다. 그렇지 않다면 오히려 언어와 싸우고 있다는 느낌이 들 것이다. 후자의 느낌이라면 온라인이건 개인적이건 전문가의 도움을 구해보라.

TIP 11
플랫폼을 알라

 첫 작업을 위해서는 한 플랫폼에 집중하라. 하지만 시간이 흘러 다른 플랫폼을 택해야 할 필요가 생길 것이다.

개발 도구에 대해 생각해 보라고 하면 프로그래머들은 대부분 프로그래밍 언어에 대해 생각하게 마련이다. 하지만 이런 시각은 반쪽만 보는 것이다. 언어는 더 거대한 컴퓨팅 플랫폼의 일부다. 어셈블리 언어로만 프로그래밍이 가능했던 옛날을 생각해 보라. 컴퓨터마다 각자의 인스트럭션 세트를 갖고 있어서 애플리케이션은 인스트럭션 세트에 종속적이고 어떤 컴퓨터는 더 나은 인스트럭션을 제공하기도 했다.

사실 오늘날도 마찬가지다. 자바를 생각해보자. 자바는 프로그래밍 언어로 끝나지 않는다. 자바는 언어이자 표준 라이브러리 모음(집합)이고, '그림 3. 자바 소프트웨어 스택'에 나온 것처럼 애플리케이션을 돌리는 가상 기계이기도 하다. 이처럼 프로그램 밑에 깔려 있는 레이어를 플랫폼이라 부른다. 플랫폼은 집의 기초와 같다. 자바는 언어이면서도 플랫폼이기도 하다(사실 스칼라Scala와 클로저Clojure처럼 자바 플랫폼 위에서 돌아가는 언어도 있다).

플랫폼 스택은 하드웨어까지 이어지며 네트워크와 스토리지 인프라스트럭처와도 연결될 수 있다. 애플리케이션은 어느 정도까지 고려해야 할까? 가령 구글은 전 세계 데이터 센터로 배포할 방법에 대해 프로그램을 작성할 때부터 고려해야 한다. 구글은 화물 운송용 컨테이너에 레고 스타일의 데이터 센터를 지어 통신망과 전력이 충분하면 어디든 컨테이

너를 내려놓을 수 있게 해 놓았다.[9]

컴퓨터 수천 대로 채워진 컨테이너까지 고려할 필요는 없겠지만, 데이터를 저장하고서 나중에 꺼내야 한다면 어떻게 하겠는가? 사실 이것은 흔한 상황이며 인 메모리 자료 구조와 디스크의 파일flat file, 내장 데이터베이스, 네트워크로 연결된 외부 데이터베이스 등으로 해결할 수 있다. 대충 알아들었을 것 같다. 플랫폼에 또 다른 컴포넌트가 필요하다는 의미이며, 여러분의 결정은 프로그래밍 언어 선택만큼이나 제품에 영향을 끼친다.

플랫폼 투자

플랫폼은 프로그래밍 언어처럼 개별적이면서 조직적인 투자를 요구한다. 개인적인 수준에선 스택의 각 부분이 상호 작용하는 방법을 배워야 한다. 조직 수준에서는 재정적인 투자 가능성과 배포된 소프트웨어(현업이나 데이터 센터에), 플랫폼에 친숙한 프로그래머 모두를 고려해야 한다. 이 때문에 플랫폼의 경제적 관점에서 투자하게 된다. 플랫폼에 대한 일반적인 투자 조언은 연구를 먼저 한 다음에 다양화하라는 것이다.

연구 측면에서 보자면 단순히 몇 가지 웹 페이지를 읽었다고 결정을 내릴 순 없다. x라는 컴포넌트가 좋다는 페이지를 열 개 찾는다면 엉망이라는 페이지도 열 개를 찾을 수 있을 것이다. 따라서 일단 각 컴포넌트가 자신의 환경에서 얼마나 잘 돌아가는지부터 직접 확인해봐야 한다.

그다음에는 다양화다. 여러 옵션을 연구해 본 다음 디자인을 최대한 모듈화해야 한다. 결국은 데이터베이스를 교체하거나 언어를 바꾸거나 작업을 아예 다시 해야 할 일이 생길 수도 있다. 인터넷은 모듈 디자인과 다양화의 좋은 사례다. TCP와 IP, HTTP 같은 표준 프로토콜은 어떤

---

9 미국 특허 등록 번호 7,738,251

컴퓨터에서도 구현할 수 있도록 작성됐기에 모든 컴퓨터에서 구현됐다. 그 덕분에 인터넷 프로토콜은 번성했으며, 특정 기업의 고유 프로토콜은 사라졌다.

플랫폼을 고르는 실용적인 방법 몇 가지를 제안하겠다. 첫째, 가능한 선택 사항 중 세 가지를 고른 다음, 각 선택 사항별로 정해진 시간만큼 시도해 보라. 시간 배정은 꼭 필요하다. 처음부터 문제를 완벽하게 풀어 내야 한다는 압박을 없애주기 때문이다. 그렇게 하면 결국 나머지 두 가지는 포기하게 된다. 끝에 가서는 여러 가지 다른 방식으로 솔루션을 프로토타입으로 만든다. 이제 해당 문제에 대해 여러분은 아주 많이 알게 되며, 잘 알고 있는 상태에서 최고의 결정을 내릴 수 있다.

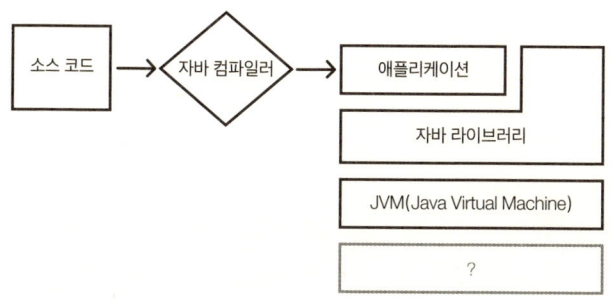

그림 3. 자바 소프트웨어 스택

둘째, 컴포넌트 간의 인터페이스를 가능한 한 일반적인 형태로 만들도록 한다. 예를 들어 컴포넌트 간에 데이터를 교환할 때는 고유 바이너리 포맷 대신 XML이나 JSON 같은 일반적인 포맷을 사용하는 것을 고려해 보라. 일반적인 포맷은 다양한 언어를 사용해 구문 분석하기가 더 쉽다. 그만큼 도중에 바꾸는 것도 더 쉬워진다.

실천하기

몇 가지 플랫폼과 각 플랫폼에서 어떻게 시작할지 생각해 보자. 각 플랫폼마다 요구하는 작업 흐름과 프로그래밍 스타일에 큰 차이가 있음을 알 수 있을 것이다. 가능하다면 플랫폼을 알면서 여러분의 프로그래밍을 도와줄 멘토를 찾으라.

준비 운동: 콘솔 인터페이스

우선 가장 간단한 플랫폼에서 콘솔 애플리케이션 형태로 프로그램 로직을 만들자. 즉, print() 외에 GUI 요소가 전혀 없는 프로그램 파일 하나만 있으면 된다. 언어가 뭐가 됐든 상관없지만 여기서는 C로 설명하겠다.

목표는 전통적인 섭씨/화씨 변환기다. 뭔가 더 화려한 것도 괜찮다. 여기 간단한 사양이 있다.

- 명령행 인자, 즉 -c(섭씨 온도)나 -f(화씨 온도)처럼 사용자가 단위를 지정할 수 있어야 한다.
- 사용자는 명령행 인자로 -c나 -f의 변환을 할 수 있어야 한다.
- 인자가 없다면 프로그램은 온도와 단위를 보여줘야 한다.
- 사용자가 올바르게 변환할 수 없는(범위를 벗어나거나 숫자가 아닌) 인자를 제공하면, 프로그램은 적절한 메시지를 출력해야 한다.

준비 운동이므로 플랫폼 자체를 신경 쓸 필요는 없지만 간단한 콘솔 애플리케이션이라 해도 플랫폼에서 만드는 것은 변함없다. 이 경우 C 컴파일러와 C 표준 라이브러리가 바로 플랫폼이다. 유닉스 계열 플랫폼에서는 애플리케이션 의존성을 다음 명령으로 볼 수 있다.

```
ldd [program]
```

명령을 실행해 보면 libc 같은 것들을 볼 텐데, 이것은 공유 라이브러리로 컴퓨터에서 돌아가는 모든 프로그램에 제공되는 C 표준 라이브러리다.

데스크톱 GUI

여기서부터는 자신이 선호하는 플랫폼에 따라 나뉠 수 있다. 윈도와 맥 OS, 리눅스, 그 외 OS는 별도의 GUI 프로그래밍 인터페이스가 있으므로 네이티브 애플리케이션을 만든다는 것은 운영 체제에 따라 별도 툴킷을 배워야 한다는 의미다(맥 OS의 경우 오브젝티브-C라는 프로그래밍 언어도 새로 배워야 한다).

Qt[10] 프레임워크나 자바 플랫폼을 사용해 크로스-플랫폼 GUI 프로그램을 만드는 방법도 있다.

GUI 온도 변환기 사양은 다음과 같다.

- 프로그램은 변환을 위한 텍스트 필드와 드롭 다운 박스, 변환 결과를 내는 두 번째 텍스트 필드를 갖춘 창을 표시한다.
- 첫 번째 텍스트 필드는 편집이 가능하되 숫자와 소수점, 양수/음수 표시만 입력할 수 있다.
- 두 번째 텍스트 필드는 편집이 불가능하며, 프로그램의 디스플레이 전용이다.
- 입력한 온도가 범위를 벗어나는 경우 가능한 온도를 집어넣어야 하는 이유를 띄우는 대화 창이 있어야 한다.
- 변환 결과가 나오는 텍스트 필드는 사용자가 숫자를 집어넣을 때마다 바로 업데이트된다(구현하면 더 좋다).

---

10 http://qt.digia.com/

- 코드 중 GUI 위젯과 이벤트를 다루는 코드에서 변환 코드를 분리해 낸다.

여기서 첫 번째로 주목해야 하는 것은 사용자가 키보드로 뭔가를 입력하는 것을 기다리는 부분에 main() 함수가 없다는 것이다. 그 대신 사용자가 클릭하거나 타자할 때 화면의 위젯에서 이벤트를 갖고 온다. 프로그램의 흐름을 여러분이 아니라 사용자가 주도하므로 아마 이런 방식의 프로그래밍 스타일이 좀 이상하게 느껴질 수 있을 것이다.

두 번째로 일단 GUI의 그래픽 부분을 먼저 빌드하고 그다음에 코드를 덧붙이는 2단계 방식을 주목하라. 긱 용어로 이야기하자면 모델에서 뷰를 분리하는 것이다(모델은 여러분의 '비즈니스 로직'이 전부지만 이 경우는 그렇지 않다).

모델은 많은 부분에서 자주 사용하는 것이므로 모델/뷰 분리[11]는 대규모 프로젝트에서 대단히 중요하다. 상거래 애플리케이션을 상상해 보자. POS$^{\text{point-of-sale}}$ 터미널에서 주문이 들어오는 것 하나, 주문을 선적하는 것 하나, 회계 처리를 통해 보고서를 내는 것이 하나다. 여기서 뷰는 세 가지이지만 필요한 모델은 하나다.

웹

서버(HTTP)와 통신하는 표준 수단과 표준 프레젠테이션 레이어(HTML이나 CSS, 자바스크립트)가 있다는 것이 바로 웹 애플리케이션의 아름다움이다. 단 이 기술이 원래는 애플리케이션이 아니라 웹 페이지를 위해 만들어졌다는 점을 감안해야 한다. 따라서 화려한 웹 앱 만들기는 다른 앱과는 달리 많이 어색하다.

---

11 http://en.wikipedia.org/wiki/Model-view-controller

웹 애플리케이션의 기반은 당연히 페이지다. 페이지에 기본 폼을 만들고 백엔드 서버를 만들어 폼 입력을 받고 페이지를 보여주기는 쉽다. 이것이 우리가 할 일이다.

이전의 데스크톱 GUI와 대단히 비슷한 사양이지만 몇 가지를 추가했다.

- 폼은 한 페이지에만 있어야 하고 그 페이지에서 최초 상태와 변환 후 상태를 모두 보여줘야 한다.
- 온도 변환은 웹 브라우저의 자바스크립트를 사용하지 않고 서버에서 이뤄진다.
- 폼과 입력 버튼을 사용해 본다.
- 폼을 입력하는 대신 자바스크립트와 XMLHttpRequest(XHR이나 Ajax라고 알려진)를 사용하여 사용자가 입력할 때 바로 변환된 수치로 업데이트되도록 한다. 다시 말하지만 변환 작업 자체는 서버에서 이뤄진다 (구현하면 더 좋다).

사람들이 웹 애플리케이션에 뛰어들 때 부딪히는 첫 번째 벽은 '모든 요청이 독립적'이라는 것이다. 즉 웹 서버로 오는 후속 요청이 같은 사용자로부터 온다고 가정할 수 없다는 의미다. 마찬가지로 사용자가 여러분이 보내려고 하는 페이지로 간다고 가정할 수도 없다. 브라우저 주소 창에는 원한다면 무엇이든지 입력할 수 있으며, 그냥 여러분의 사이트를 떠날 수도 있다.

그다음으로 보통 부딪히는 문제는 복잡성이다. 페이지 하나 정도라면 쉽지만 수백 페이지라면 구조화를 잘 해 놓지 않았을 경우 정말 혼란스러워진다. 이때 루비온레일스$^{Ruby\ on\ Rails}$ 같은 프레임워크가 큰 도움이 되지만, 학습 시간이 좀 필요하다. 단, 익혀 두면 복잡도가 증가하고 큰 트래픽 부하를 해결할 수 있는 모듈형 시스템을 만들 수 있다.

이 모든 시나리오에서 우리가 다룬 것은 각 플랫폼이 할 수 있는 일의 일부분에 불과하다. 더 배우려면 각 플랫폼에 대한 책을 수집할 수도 있겠다. 일단 각 플랫폼을 한 번씩 맛보고 어디에서 더 배워야 할지 찾아보기 바란다.

TIP 12
어려운 작업은 자동화하라

 자신의 역할이 무엇이든, 프로젝트가 어떻게 구조화됐든 간에 스스로를 위하여 작업을 자동화할 수 있다(게다가 신참이어서 지루한 작업을 받았을 경우 자동화가 정말 필요해진다).

어떤 업계 프로젝트에서든 프로그램 빌드는 자동화됐기 때문에 make를 타자하거나 버튼만 클릭하면 된다. 그런데 소스 코드를 컴파일하는 데 쓰는 도구는 최소한의 자동화 도구다. 자동화 도구는 컴파일러를 돌리는 것 이상으로 많은 부분에서 사용할 수 있다. 우리가 다룬 여러 주제와 마찬가지로 자동화는 생산성을 높인다. 잘 활용하고 적절히 시간을 투자하면 나중에 그 결실을 보게 될 것이다.

Despair.com에는 동기를 떨어뜨리는 유명한 포스터가 하나 있다. "재미있는 포스트와 멋진 말만으로 일에 대한 동기가 생긴다면 그 일은 매우 쉬운 일일 것이다. 친절한 로봇이 곧 그 일을 대신할 것이다."[12] 사람이 하는 일을 로봇이 할 수 있다면 여러분이 로봇을 만들어야지, 그렇지 않으면 다른 사람이 로봇을 먼저 만들 것이다. 프로그래머로서 여러분의 가치는 아이디어에 있지, 타자에 있지 않다.

자동화와 반복 작업

자동화의 목적은 두 가지다. 지루함을 없애고 반복적인 결과를 제공한다. 지루함이라는 면에서 프로그래머의 작업 흐름에는 매우 많은 단계

---

[12] http://despair.com/motivation.html

가 있을 것이다. 가령 다음과 같다.

- 비전 관리 시스템('팁 13. 버전 관리를 사용하라'를 참조하라)의 파일에 변화가 생기면 인스톨러 패키지를 다시 빌드해야 한다.
- 패키지가 바뀌면 테스트 서버에 배포해야 한다.
- 테스트 서버에 새로운 패키지가 들어가면 현재 실행 중인 애플리케이션 프로세스를 죽이고 새로운 패키지로 시작해야 한다.
- 기타 등등

머리를 쥐어뜯기 전까지 저런 명령들을 손수 얼마나 실행해야 할까? 익히 알려졌듯 컴퓨터는 저런 종류의 일을 매우 잘 처리한다. 패키지 빌드를 시작하도록 소스 컨트롤 시스템의 훅[hook]을 사용할 수 있다. 네트워크 저장소로 복사하는 것처럼 패키지 배포는 될 수 있는 한 단순하게 만들고 저장소 스스로 업데이트하도록 알려주라. 각 서버별로 애플리케이션을 재시작하는 것은 패키지의 설치 후처리의 한 단계로 만들 수 있겠다.

어느 때이든 자연스럽게 연속적인 액션이 있을 때 자동화하는 법이다. 자동화를 활용해 타자할 시간을 절약하라.

실수를 줄여주는 자동화

자동화는 지루한 작업을 대신 해 주는 것뿐 아니라 실수도 줄인다. 기회가 있을 때마다 중복된 코드를 줄여야 한다는 원칙이 프로그래밍에 있다. 누군가 중복된 코드의 일부를 바꾸면서 다른 곳에 있는 나머지 코드도 바꾸는 것을 잊는 일이 반드시 생기기 때문이다. 프로세스에서도 마찬가지다. 패키지를 빌드할 때마다 버전 번호를 올려야 한다고 해 보자. 누군가 패키지를 빌드해 놓고 버전 번호 올리는 것을 잊는 일이 생긴다.

그러면 버전은 같지만 속이 다른 패키지 두 개가 생겨나는 꼴이다.

이러한 실수를 줄이는 방법은 분명히 자동화다. 패키지를 빌드할 때마다 버전을 올려야 한다고 명령을 내리면 컴퓨터는 지속적으로 그 명령을 따른다.

실천하기

최고의 자동화 도구는 자동화하려는 일이 무엇이냐에 달려 있다. 그런데 모든 프로그래머가 번거로워 하는 작업 몇 가지가 있다.

빌드

(예: ant, maven, make, rake) 코드를 컴파일할 때 주로 사용하는 의존성 기반 도구다. 일반적으로 C 프로그램은 make를 사용하고, 자바는 ant나 메이븐을 사용하지만 정해진 원칙 같은 것은 없다. 도구도 범용이다.

일단 회사에서 사용하는 도구부터 시작해 보고, 간단한 프로젝트를 처음부터 새로 하나 만든 다음 몇 가지 작업을 자동화해 보면서 익히면 좋겠다. 가령 C나 자바에서 파일 변화가 있을 때 자동으로 컴파일하는 의존성 규칙을 만들어 보자. 컴파일되는 파일에 따라 해당하는 단위 테스트까지 돌리는 테스트 타깃(make test나 이와 비슷한)을 만들라. 마지막으로 doc 파일을 생성하는 JavaDoc 또는 적절한 다른 것을 만드는 문서화 타깃을 만들어 본다.

타깃은 의존성이 있음을 알 것이다. 예를 들어 단위 테스트는 모든 소스 파일이 컴파일된 상태여야 한다. 그리고 올바른 순서로 실행하기 위해 필요한 경우 도구를 재귀 호출할 것이다.

패키징

(예: RPM, APT, InstallShield) 각 운영 체제마다 선호하는 패키징 시스템이 따로 있으며, 보통 여러분의 작업에는 어울리지 않으니 쓸 일이 별로 없을 것이다. 패키징은 지루한 작업이지만 코드 배포를 해야 한다면 상당히 시간이 절약된다. 더구나 자동으로 패키지 간 의존성 문제를 해결하면 실수도 크게 줄어든다.

패키징 시스템 하나를 골라 간단한 "Hello World" 애플리케이션을 만들어 본다. 그 후 애플리케이션을 배포용으로 패키징한다. 리눅스를 사용한다면 앱이 /usr/bin/hello에 설치되게 패키지를 만들라. 재미(매우 너드nerd다운 의미로)를 느껴보려면 일단 패키지를 설치, 제거해 본다. 패키지를 제거할 때 애플리케이션도 삭제돼야 한다.

다시 애플리케이션을 설치한다. 그다음으로 패키지 버전을 올리고 설치 타깃을 /usr/local/bin/hello로 바꾼다. 이제 패키지의 새 버전으로 업그레이드한다. 예전 애플리케이션은 사라지고 바뀐 장소에 새 버전이 설치돼야 한다.

마지막으로 패키지를 만드는 자동화 도구를 빌드해 본다. 이제 소스 코드에서 배포용 패키지까지 명령어 하나로 만들 수 있다. 멋지지 않은가?

시스템 관리

(예: 너무 많아 적을 수 없다) 시스템 관리에 대한 책을 한 권 사라. 운영 체제가 부담을 덜어줄 수 있는 부분이 대단히 많다는 사실을 알 수 있다. 유닉스에서 cron은 일정 시간마다 작업을 돌리고, ssh는 원격 시스템에서 명령을 실행할 수 있고, find는 새 파일이나 예전 파일을 찾을 수 있으며 그 밖에도 엄청 많다. 다음 2주간은 새로운 명령 열 가지를 배워보라.

TIP 13
버전 관리를 사용하라

 좋은 버전 관리는 좋은 작업 흐름의 핵심이다. 그것은 필수적인 조직화 도구이며 더 좋은 점은 끊임없이 나오는 질문인 "도대체 어디에서 나온 코드인가?"에 대한 답도 줄 수 있다.

버전 관리 시스템의 목표는 간단하다. 주로 파일이 될 테지만, 콘텐츠를 시간대별로 추적하여 콘텐츠의 새로운 버전을 커밋하거나 이전 버전으로 돌아가는 것이다. 괜찮은 시스템이라면 여러 타임라인을 추적하여 콘텐츠 간 병합도 도와줄 수 있다. 어떻게 이런 일이 일어나는지 기본적으로 이해한다면, 버전 관리 시스템 없이 어떻게 살았는지 궁금해질 정도로 엄청나게 유용한 도구다.

시간대별로 움직이기

소스 코드와 콘텐츠를 시간을 거슬러 뒤로 되돌려야 할 이유가 몇 가지 있다. 첫째, 이제까지 하던 작업을 접고 이전 버전으로 되돌아가서 다시 시작해야 할 때가 있다. 실제로 그런 일은 일어나며 가끔은 작업 전체가 혼란스러워질 수도 있다. 제일 쉬운 방법은 마지막 날에 한 작업을 다 날리고 새로 시작하는 것이다. 바로 버전 관리 시스템으로 이 작업을 쉽게 할 수 있다.

둘째, 코드를 릴리스할 때 예전에 릴리스했던 코드로 되돌아가서 돌아봐야 할 때가 있다. 개발 중인 코드는 아무것도 바꾸지 않고 릴리스한 상태의 코드를 고쳐야 하는 문제가 나타나는 것은 흔한 일이다. 따라서 현재 작업을 잠시 접어두고 릴리스된 코드를 체크아웃해서, 해당 복사본을 대상으로 수정할 필요가 있다. 그러면 수정한 부분을 현재 작업 중인 코드와 병합하고 싶을 것이다.

시간대별로 움직이려면 버전 관리 시스템이 해당 시간대의 작업에 대한 스냅샷을 뜨도록 명령을 내릴 필요가 있다. 이 명령이 커밋^{commit}이다. 변화가 계속 이어질 경우 보통은 한 버전으로 커밋하게 되며, 필요하다면 원래대로 되돌아가거나 단순하게 이전 버전 소스 코드의 복제본을 들여올 수 있다.

예를 들어 버전이 나중에 참고하려는 제품 릴리스 같은 마일스톤을 가리킬 때 버전에 태그^{tag}를 붙인다. 태그는 나중에 참고할 수 있는 편리한 이름일 뿐이다. 코드의 릴리스된 버전을 체크아웃할 때 숫자로 된 버전보다 태그 이름을 지정할 수 있다.

남들과 협동하기

프로그래밍은 그룹 활동이며 버전 관리 시스템은 공유 코드를 기반으로 하는 협력의 허브다. 다른 프로그래머가 코드를 커밋하면 여러분은 변경 사항을 반영하기 위해 버전을 업데이트할 것이다. 이를 병합^{merge} 작업이라고 하는데 파일의 두 변종을 갖고 모든 변경 사항을 포함하는 새 버전을 만드는 것이다. 동료가 바꾼 사항을 내 작업으로 병합하는 일을 버전 관리 시스템은 대부분 자동으로 처리한다.

프로그래머 두 명이 같은 코드를 작업하면 겹치는 영역이 가끔 생길 것이다. 운이 좋으면 프로그래머가 충돌이 나는 부분을 수동으로 병합할 수도 있겠지만, 버전 관리 시스템이 충돌이 나는 부분을 표시해줄 것이다. 업스트림에 반영된 변경 부분과 여러분이 바꾼 부분을 별도로 표시해 파일을 제대로 편집할 수 있도록 해준다.

다중 타임라인

다중 타임라인 관리가 버전 관리에 대한 마지막 기본 연습이다. 예를 들면 이렇다. 버전 1.0의 제품을 출시하고 2.0에 집어넣을 기능을 작업하기 시작할 것이다. 고객들이 버그를 제출하면 일단 2.0의 변경 사항을 알리지 않으면서 1.0의 버그 수정 버전을 만들어야 할 때가 있다. 따라서 버전 관리 시스템에서 두 가지 버전을 동시에 진행해야 한다. 1.0 버그 수정 버전과 2.0 버전이다.

전통적으로 기능 개발용 타임라인을 트렁크trunk라 부르며, 버그 수정용 타임라인을 브랜치branches라 부른다. 트렁크는 끝없이 이어지지만 브랜치의 수명은 일정 기간뿐이기 때문이다. 시간에 따른 관계도를 그려 본다면 중앙에서 자라나는 트렁크를 위주로, 나무 비슷한 그래프가 나올 것이다.

브랜치를 사용하는 전통적인 방법은 두 가지다. 첫 번째 방법은 이미 언급했듯 코드의 출시 버전에 들어갈 변경 사항을 제어하는 방식이다. 당연히 이 방법을 릴리스 브랜치release branch라 부른다. 두 번째 방법은 트렁크에서 하기엔 위험이 많은 과감한 기능 개발을 할 때 사용된다. 기능 브랜치feature branch라 부르는 이 방식은 일단 브랜치에서 개발하다가 안정성이 좋아지면 트렁크에 병합한다.

중앙화 대 분산화

누가 콘텐츠를 통제하느냐에 따라 버전 관리 시스템의 철학은 두 가지로 나뉜다. 전통적으로 시스템은 클라이언트/서버이고 서버는 모든 콘텐츠와 콘텐츠 이력의 최종 복제본이다. 클라이언트는 복제본을 확인하고 새 버전을 커밋할 수 있지만 그 자체를 통제하는 것은 서버다. 중앙 집중

모델을 따르는 대중적인 버전 관리 시스템은 서브버전^{Subversion}과 퍼포스^{Perforce} 등이 있다.

다른 접근 방식도 있다. 최종 복제본이 없는 개념이다. 그 대신 모든 클라이언트가 버전 이력을 전부 갖고 있어서 모두가 최종 소스다. 분산화 모델을 따르는 대중적인 버전 관리 시스템은 깃^{Git}과 머큐리얼^{Mercurial} 등이 있다.

그 자체로 책 한 권이 필요할 정도이므로 각 접근법에 대해 여기에서 장단점을 모두 다룰 수는 없다. 하지만 당장 업계를 보면 중앙 집중 모델이 가장 많이 보인다고 말할 수 있으며, 앞으로도 한동안은 마찬가지리라 생각한다. 이유는 간단하다. 브랜치와 병합을 꾸준하게 하는 방식을 불편하게 여기는 프로그래머가 많기 때문이다(분산화 버전 관리는 어느 정도 모든 프로그래머가 각자 프라이빗 브랜치를 갖는다는 의미다). 하지만 잘 활용하는 팀이 있다면 분산화 시스템의 장점이 많다.

회사에서 어느 시스템을 사용하든 일단 브랜치와 병합, 태그 작업을 포함해 버전 관리 시스템을 터득하라. 그다음에 다른 종류의 시스템도 시도해 보기를 권한다. 배우면서 각 시스템의 디자인이 나오게 된 동기를 고민해 보라. 각 시스템이 모두 다 정확히 똑같은 문제를 풀려고 하지는 않는다.

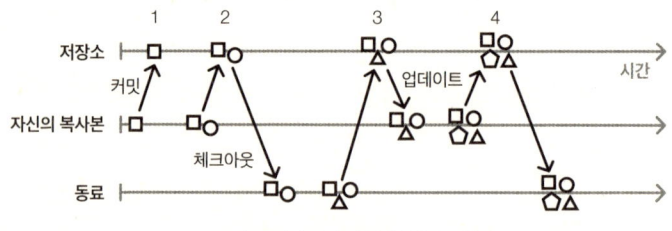

그림 4. 버전 관리: 타임라인에 따른 협력

실천하기

버전 관리를 배우기는 어렵지 않지만, 실제 업무에 들어가기 전에 앞서 간단한 프로젝트를 하나 만들어 어떤 개념인지 알아보기 바란다. 일단 회사에서 이미 사용하는 시스템부터 시작하라. 시스템을 고를 수 있다면 문서가 충실한 무료 버전 관리 시스템을 고르기 바란다. 『Pragmatic Version Control Using Subversion』[Mas06]이나 『Pragmatic Version Control Using Git』[Swi08]이 시작하기에 좋다!

터미널 창을 열어 간단한 코드를 가지고 다음 예제를 따라 해보자.

저장소 만들기

우선 저장소를 만들고 파일을 몇 개 집어넣는다. 이 저장소가 마스터 저장소가 될 것이고 트렁크나 기본 브랜치에서 작업한다. 첫 번째 커밋은 '그림 4. 버전 관리: 타임라인에 따른 협력'의 왼쪽 부분처럼 보일 것이다.

트렁크

수정을 좀 해서 커밋해 보자. 이제 몇 가지 커밋을 더 해 본다. 로그를 열어보면 수정 사항(또는 리비전)의 숫자와 요약 메시지가 들어 있을 것이다. 버전 관리를 연습해 보기 위해 이전 버전으로 업데이트해 보자.

동료와 협력하기

동료를 데려오거나 작업 트리 working tree를 두 개 사용하라. 둘 다 수정해서 커밋해 보라. 분산형 시스템을 사용한다면 각 수정 사항을 모두 다 끌어낼 것이다. 그러면 '그림 4. 버전 관리: 타임라인에 따른 협력'의 오른쪽 부분이 된다. 서로 다른 파일을 변경하고 버전 관리 시스템이 자동으로 병합하는 것을 보라. 여러분과 동료가 파일의 같은 부분을 동시에 변경하고 커밋할 때 무슨 일이 일어나는지 보라. 병합 충돌이 일어나고 해결해야 할 것이다.

브랜치 만들기

고객에게 제품을 출시할 때라고 해 보자. 버전 1.0 태그를 만들어 '그림 5. 버전 관리: 브랜치와 병합'처럼 브랜치를 출시하라. 프로젝트 실행본을 두 개 만들어 서로 간에 브랜치로 작동하도록 하거나 브랜치와 트렁크 사이를 돌아다닐 수 있는 복사본을 하나만 만드는 것 중에서 고를 수 있다.

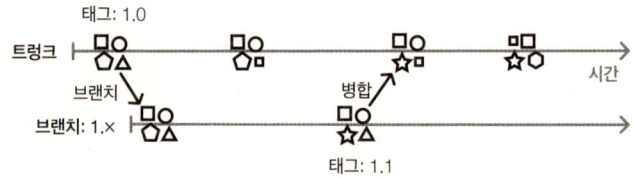

그림 5. 버전 관리: 브랜치와 병합

브랜치를 트렁크로 병합하기

이제 브랜치의 파일을 수정해 본다. 그렇게 해서 만들어진 파일에 1.1 태그를 붙인다. 그런 다음 버전 관리 시스템을 사용하여 트렁크에 병합한다. 복사와 붙여넣기를 할 필요가 없다.

TIP 14
소스를 사용해, 루크[13]

 적합한 회사에 있다면 흰 띠일 수도 있을 항목이다. 그렇지 않다면 외부 소프트웨어를 가져오기 전에 신뢰부터 쌓아야 할 일이다.

오픈 소스 소프트웨어는 현대적인 시스템에 필수일 정도로 중요한 위치를 차지하고 있다. 여러분은 오픈 소스 개발 도구로 프로그래밍을 배웠을지도 모른다. 여러분의 휴대 전화도 오픈 소스 커널을 사용하여 만든 것일 수 있다. 스타트업들은 보통 오픈 소스로 사업을 구축하며 IBM 같은 오래된 기술 기업들도 오픈 소스 프로젝트에 상당한 투자를 한다.

하지만 어느 기업이라면 오픈 소스에 함부로 손대지 않는다. 오픈 소스가 법적 문제의 온상이기 때문이다. 게다가 오픈 소스 대부분은 법원에서 시험을 받아본 적도 없다.

여러분의 회사는 최고의 결과를 내기 위해 오픈 소스와 사유proprietary 소프트웨어를 적당히 섞어서 쓰려는 중간 어디쯤에 있을 것이다. 일개 프로그래머로서 여러분은 회사 내에서 여러 가지 방법으로 신뢰를 쌓아 올려 가치를 높여야 한다.

- 오픈 소스를 둘러싼 법적 문제를 인식해야 하고, 상사가 법적 위험을 줄이고 현명한 결정을 내리는 데 필요한 라이선스 정보를 전부 알려 줘야 한다.
- 동시에 회사가 법적 문제에 휘말리지 않고, 회사의 사유 코드를 포기

---

13 영화 스타워즈에서 마스터 요다의 대사인 "포스를 사용해, 루크"를 패러디했다.

하지도 않는다는 확신을 줘야 한다.
- 오픈 소스 프로젝트 개선에 기여하면, 회사의 지속적인 코드 관리 부담을 줄이고 오픈 소스 커뮤니티에서 신뢰를 쌓을 수 있다.
- 많은 오픈 소스 프로젝트가 최고의 사유 코드에 견줄 만한 품질을 지니고 있다. 그 정도 수준의 오픈 소스를 사용하면 그만큼 많은 것을 배울 수 있다.

이 팁의 초점은 두 부분이다. 우선 문제에 휘말리지 않도록 기초적인 법 지식을 알아야 한다. 그런 다음 오픈 소스 소프트웨어와 사유 제품을 통합하려는 프로젝트의 작업 흐름을 논의하겠다.

개방 대 사유

회사가 소스 코드를 스스로 만들고 유지하기로 결정할 때, 다시 말해 코드의 외부 사용을 제한할 때 코드는 사유 코드가 된다. 회사는 소스 코드를 비밀로 간주하고 소프트웨어 사용자는 컴파일된 코드만 받게 된다.

일반적인 고용 계약을 맺었다고 할 때, 여러분이 작성한 모든 코드는 회사 소유다. 특별히 규정되어 있지 않다면 여러분이 작성한 코드가 바로 사유 코드다. 고용 기간 동안 작성된 '모든' 코드를 사유 코드로 간주하는 곳도 있고, 개인 시간에 개인 컴퓨터로 작성한 코드까지도 사유 코드로 간주하는 곳도 있다.

이와 달리 오픈 소스 코드는 확실하게 개방되어 있지만 일부는 자격이 모호하다. 퍼블릭 도메인 코드만이 소유주가 없는 오픈 소스 코드다. 다시 말해 퍼블릭 도메인은 작성자가 공식적으로 코드 소유권을 포기한 코드다.

그러나 대부분 오픈 소스 코드에는 개인이나 기업에 저작권^{copyright}이 있다. 보통 각 파일의 최상단 블록에는 저작권자가 누구인지 나와 있으며, FreeBSD의 사례를 보면 다음과 같다.

```
/*
Copyright (c) 1989, 1993, 1994
 * The Regents of the University of California.
 * All rights reserved.
 *
Redistribution and use in source and binary forms
with or without modification, are permitted provided
that the following conditions are met:
...
*/
```

여기서 보면 캘리포니아 대학교가 파일 저작권을 갖고 있으며, 파일을 어떻게 복제할지(또는 사용할지)에 대한 규칙을 결정할 독점권을 지니고 있음을 알 수 있다. 그들이 결정한 규칙을 즉시 따라야 하며, 그 규칙을 파일의 라이선스라고 한다.

(주의: 카피레프트[14]라는 말을 들어봤을 텐데, 카피레프트는 저작권 형태가 아니며 라이선스의 철학 중 한 형태다.)

라이선스

시간이 흐르면서 특정 라이선스는 변화하고 라이선스에 대한 해석도 변화한다. 법원에서 다루지 않은 부분이 많아서 특별한 조언을 할 수는 없다. 상사와 상담해 볼 필요가 있고, 아무래도 법무 관련 부서와 함께 어떤 라이선스가 회사에 적합한지 알아봐야 할 것이다.

어떤 라이선스가 됐든 다음과 같은 질문에 대해 답해야 한다.

· 라이선스가 있는 파일을 수정했을 경우, 수정한 파일을 라이선스에

---

14 http://www.gnu.org/copyleft/

따라 공개해야 하는가?
- 새로운 파일에 기능을 추가할 경우, 해당 파일을 라이선스에 따라 공개해야 하는가?
- 라이선스가 있는 코드에 특허 기술이 들어 있다면, 해당 특허에 대한 라이선스를 얻어야 하는가?
- 제품이나 문서에 저작권 관련 공지를 라이선스에 따라 집어넣어야 하는가?

다행히도 많은 오픈 소스 프로젝트가 공통으로 사용하는 라이선스가 있다. 프로젝트에 10여 가지 오픈 소스 컴포넌트를 넣고 싶다면 서너 가지 라이선스만 알아봐도 충분할 것이다.

GNU 일반 공중 사용 허가서GPL: General Public License는 특히 상용 프로젝트에 문제가 된다. GPL 코드와 연결된 모든 코드도 GPL이 되도록 요구하기 때문이다. GPL 코드에 사유 코드를 넣어 수정한 경우에 이를 오픈 소스로 공개하고 싶지 않을 수 있다. 그러므로 GPL 코드를 어떻게 사용할지 '대단히' 주의해야 한다. 실제로 'GPL 코드를 전혀 사용하지 않음'이라는 정책으로 이 문제를 피하는 기업이 많다.

> **경고: 복사/붙여넣기를 하지 말라**
>
> GPL 코드를 건드리지 않으면서 사유 코드를 작업하고 있을 경우에 적용하고 싶은 GPL 코드가 있을 수 있다. 몇 가지 코드 조각만 복제하고 싶을 것이다.
>
> 하지 말라.
>
> 제품 안에 GPL 코드를 조금이라도 복제했다면, GPL 코드와 여러분의 코드를 비교하는 감사에 걸려 여러분과 회사가 곤경에 처할 수 있다.

그러나 GNU 약소 일반 공중 사용 허가서$^{\text{LGPL: Lesser General Public License}}$는 GPL과 비슷하지만 LGPL 코드에 연결하는 다른 코드에 가하는 제한을 줄인다. 예를 들어 GNU C 라이브러리^{glibc}는 LGPL이라서 glibc에 링크된 프로그램을 만든다 해도 프로그램에 어떤 라이선스 요구 사항도 부과하지 않는다.

아파치^{Apache}와 MIT, BSD 같은 라이선스는 관대하다. 이 라이선스가 있는 코드를 제품에 집어넣어도 별 문제를 일으키지 않을 것이다. 그래도 여전히 변호사들의 승인이 필요하지만 GPL보다는 훨씬 쉽다.

법적 문제가 생길 수 있다는 점을 염두에 두고 작업 흐름을 살펴보자.

업스트림 프로젝트 추적하기

회사의 루비 기반 제품을 위해 XML 파서가 별도로 필요하다고 하자. 기존 내장 파서로는 안 되는 일이다. 이때 오픈 소스 XML 파서를 하나 찾아냈고, 라이선스가 있긴 하지만 완벽해 보인다고 하자.

기쁜 마음에 현재 버전인 1.0을 다운로드해서 코드를 작성한 다음, 버전 관리에 모두 집어넣는다. 훌륭하다. 오늘 문제가 해결됐다. 한 달 후, 버그가 생겨 확인해 봤더니 최신판(1.2)에서 이미 고쳐졌음을 알아냈다. 그래서 최신판을 다운로드했는데, 이전 버전을 커스터마이즈한 상태라 새 버전을 덮어 씌우면 커스터마이즈한 부분이 모두 날아가는 상황이기 때문에 병합해야 한다.

여기서 문제는 양방향$^{\text{two-way}}$ 병합만 할 수 있다는 것이다. 1.0을 기반으로 별도의 수정을 가했고 새로운 1.2 버전이 나왔다. 여러분의 병합 도구는 서로 다른 줄이 무엇인지만 식별 가능하며, 어디서 어떻게 나온 차이인지는 알려줄 수 없다. 즉, 그 차이점을 이해하는 것은 여러분 몫이다.

올바르게 사용했다면 버전 관리 시스템이 도와줄 수 있다. 기본적인 내용은 '팁 13. 버전 관리를 사용하라'를 보기 바란다. 외부 코드 추적의 핵심은 오픈 소스 프로젝트에서 나오는 업스트림 코드를 항상 정확히 추적하는 벤더 브랜치vendor branch를 만드는 것이다.

'그림 6. 벤더 브랜치로 외부 코드 추적하기'를 보면 작업이 어떻게 이뤄지는지 알 수 있다. 여러분의 수정분이 들어 있는 버전(1.0a)과 업스트림 버전(1.2)을 병합하면, 버전 관리 시스템은 이 병합을 삼방향three-way 병합으로 할 수 있다. 공통 부분을 합치기 때문이다. 버전 관리 시스템이 있으면 이와 같이 손수 해야 할 일을 해주고 시간도 상당 부분 절약된다. 물론 수동으로 병합하는 것보다 오류도 훨씬 적다.

오픈 소스 프로젝트에 기여하기

지금까지 우리는 오픈 소스 컴포넌트에서 뭔가를 가져오는 문제만 얘기했다. 다시 되돌려주는 것은 어떤가? 버그를 발견해서 여러분이 쓰려고 스스로 고친 후, 커뮤니티로 되돌려주고 싶다고 하자. 말로만 들으면 쉬운 일 같지만, 회사는 여러분의 작업 모두를 회사 자산으로 여길 수 있다. 즉, 상사의 결재가 필요할 수 있다는 말이다.

일단 수정한 부분을 정리해 본다. 프로젝트에 따라 검사 항목이 달라질 수 있지만 여러분이 다음과 같은 것들을 해야 한다고 가정한다. 상세하게 변경 내역을 작성하고 프로젝트 표준에 기반을 둔 품질을 보여준다. 그리고 변경 사항이 컴파일되고 다른 타깃 장비에서도 잘 돌아간다고 보장한다.

그다음에는 제출이다. 역시 프로젝트에 따라 다르겠지만 보통의 경우 다음과 같다.

- 패치 세트를 생성해 프로젝트 메일링 리스트에 이메일로 보낸다. 여러분의 버전 관리 도구를 사용해 패치를 만들고, 프로젝트 메인테이너들은 패치를 검토하고 괜찮다면 프로젝트 저장소에 여러분의 패치를 커밋할 것이다.
- 깃허브[15]처럼 호스팅되는 버전 관리 시스템을 사용하는 프로젝트라면, 프로젝트 저장소를 포크해서 여러분의 수정 사항을 적용해 놓고, 프로젝트 관리자에게 풀 요청pull request을 보내고 싶을 것이다. 이메일로 패치를 보내는 것보다 더 자동으로 기여할 수 있으며, 결과는 이메일과 같다.
- 수정 사항을 직접 제출할 수 있도록 프로젝트의 소스 코드 저장소에 커밋할 수 있는 권한을 받고 싶을 것이다. 하지만 일단은 탄탄한 경력부터 세우기 바란다.

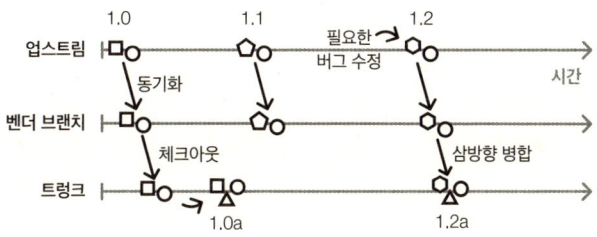

그림 6. 벤더 브랜치로 외부 코드 추적하기

기여하기: 실용적이어야 한다

오픈 소스 프로젝트에 기여하는 것에 대해 상사가 확신이 있는가? 제일 좋은 설득은 "하는 것이 올바르다" 같은 철학적인 이유가 아니다. 듣기 좋은 말로 천 냥 빚을 갚을 수는 없다.

그 대신 실용적이어야 한다. 프로젝트를 수정했다면 선택은 두 가지다.

15 http://github.com/

- 수정 사항을 스스로 유지하라. 커뮤니티에서 새로운 버전이 나올 때마다 일일이 자신의 변화분에 병합해야 한다.
- 바꾼 부분을 기여하라. 그러면 따로 패치 세트를 유지하거나 병합할 필요가 없다.

장기적으로는 후자가 승리한다. 수정한 부분은 영업 비밀이 아니니 커뮤니티에 기여하는 편이 덜 번거롭다는 것을 관리자에게 확신시키라.

프로젝트 운영자는 기여자를 원하며, 기여를 독려하고 도움을 주고 싶어 하지만 제출본을 거절할 수도 있다. 품질 문제(매일 하는 코드 검토와 비슷하다) 때문이거나 장기적인 계획에 맞지 않아서일 것이다.

그렇다면 프로젝트 목표에 맞게 코드를 바꿀 것인지, 자기 저장소에만 유지할 것인지 선택해야 한다. 가능하다면 여러분의 기여를 프로젝트 운영자에게서 한 수 배울 기회로 활용하라(또 오픈 소스 기여자라는 기록이 있으면 이력서도 더 근사해 보인다).

프로젝트에 변화를 일으키면 버그 보고도 받을 텐데, 일단은 매일 하는 일처럼 버그를 조사해 수정본을 제출하면 된다. 보고된 버그는 회사의 제품도 갖고 있을 수 있다.

실천하기

좋아하는 오픈 소스 프로젝트를 하나 골라 다음과 같이 해 보라.

- 라이선스를 찾아서 앞의 '라이선스' 단락에 있는 질문에 대답하라.
- 업데이트를 추적하여 수정 사항을 유지할 수 있도록 프로젝트 복사본을 하나 만들기 바란다. 깃허브에서는 복사와 함께 자신만의 브랜치를 만들기가 간단하니 일단 한 번 해 보자. 다른 프로젝트로 한다면

벤더 브랜치를 생성하고 업스트림 변경 사항을 동기화하기가 조금 더 번거롭다.
- 프로젝트에 수정 사항을 제출하는 과정을 알아보라(해볼 만한 일: 프로젝트 버그 목록을 찾아 보고 그중 하나를 수정해 제출해 보라).

2부

인간관계술

3장

그대 자신을 관리하라

일하는 동안 수많은 관리자를 겪을 것이다. 그 긴 기간 동안 여러분의 성공에 가장 관심 있어 할 관리자는, 다름 아닌 '여러분 자신'일 것이다.

그러나 자기 스스로 완전한 관리의 주체가 되기는 어려우며, 회사에서 임명한 관리자는 다른 주장을 내세울 것이다. 관리자가 멋진 사람이라서 여러분의 성공을 적극 도와주고 여러분이 경력을 쌓을 수 있도록 도와줄지도 모른다. 적어도 관리자가 원래 나쁜 사람은 아니라고 가정해 보자. 그러나 그는 바쁠 것이고 여러분에게 정말 도움을 주고 싶어 하겠지만 아마도 시간 대부분을 쌓여가는 회의와 이메일에 치여 살고 있을 것이다.

그렇기 때문에 모두 자신의 책임이 되는 것이다. 모든 것을 혼자 할 필요는 없다. 관리자와 일대일로 만나는 정기적인 시간을 내려고 노력하고, 조언을 구하는 데 부끄러워하지 말라. 다른 사람이 책임지지 않았다고 해서 절대로 일과 행복을 놓치진 말라.

- 우리는 또 다른 조언을 구할 만한 곳을 만들어보는 것으로 시작한다. '팁 15. 멘토를 찾으라'에서는 개발에 관련된 일과 회사 사정에 대해 물어볼 수 있는 믿음직한 사람을 찾게 도와준다.
- 개발자와 복장 규정이라는 것은 먼 얘기일지도 모르지만, '팁 16. 자

신의 이미지를 지배하라'에서는 자신을 내보이는 일이 생각보다 많이 중요하다는 점에 대해 이야기해볼 것이다.
- 그다음으로 시간이 지나면서 생기는 이미지에 대해 짚어 볼 것이다. '팁 17. 주목을 받으라'는 회사 내에서 이미지 관리를 어떻게 할지를 다룬다.
- 회사 생활 1년쯤 되면, 관리자가 여러분을 어떻게 생각하는지에 대해 아주 관심이 갈 것이다. '팁 18. 연말 평가에서 A 받기'는 평가 기간에 도움이 될 것이다.
- 입사 후 첫 몇 년은 활기와 열정으로 가득할 것이다. 그 열정이 식는 시점에 '팁 19. 스트레스를 관리하라'는 건강을 유지하는 방법을 알려 준다.
- 마지막으로 '팁 20. 몸을 소홀히 하지 말라'는 작업 능률을 높이는 인체 공학적인 실천 조언들을 준다(쇼핑할 핑계도 덩달아서 생길 것이다).

TIP 15
멘토를 찾으라

 멘토는 입사 첫날부터 회사를 다니는 내내 여러분을 도와줄 사람이다.

이 책은 가상의 가이드이지만, 최고로 성공한 개발자들은 실존하는 가이드도 갖고 있다. 그런 가이드 또는 멘토는 여러분이 첫 개발 작업에 착수할 때 지혜를 전해줄 것이며 여러분 편이 돼줄 것이다.

멘토의 역할은 다음과 같다.

- 여러분이 일하는 동안 막혔을 때 도와주는 것. 그들은 멋진 문제 해결 방법과 디버깅 요령을 쌓았을 만큼 오랫동안 개발을 해 온 사람들이다. 따라서 모든 답을 알고 있지는 않지만, 여러분이 밟아야 하는 다음 단계를 짚어줄 수 있다.
- 여러분이 배우고 싶어하는 태도와 능력 면에서 모범이 되는 것. 선배들의 어깨 넘어 관찰하는 동안 여러분은 새로운 개발 요령을 배우고 싶어 할 것이며 여러분이 다루는 영역에 대해 새로운 방법으로 고민하는 동기가 될 것이다.
- 경력을 올바른 방향으로 지시해주는 것. 그들은 회사 생활에서 앞서 가는 방법을 알고 있으며 승진할 기회가 왔을 때 조언해 줄 수 있다.
- 비슷한 얘기지만, 멘토들은 도끼로 자기 발등 찍는 것을 막아줄 수 있다. 특별히 여러분 회사에만 있는 위험에 대해 경고해줄 것이다. 예를 들어 적으로 만들면 안 되는 사람들이나 팀장이 특별히 싫어하는 개발 실수 같은 것들 말이다. 멘토는 이 구역을 충분히 알 정도로 회사

를 오래 다녔다.

여기서 멘토는 한 사람일 수도, 여러 명일 수도 있다. 예를 들면, 평소에는 팀 선배 개발자와 같이 다니지만 동시에 회사의 정치적인 상황은 팀장에게서 배울 수 있을 것이다. 이 글에서는 멘토가 한 명 있다는 가정으로 이야기하겠다. 그러나 멘토를 여러 명 둘 경우에도 이 조언은 유효할 것이다.

훌륭한 멘토의 자질
멘토를 찾아보기 전에, 멘토를 삼을 만한 사람의 자질을 먼저 고려해 보아야 한다.

여러분 입장에서
첫 번째 조건이며 가장 중요한 조건은, 훌륭한 멘토는 여러분의 개인적 성장에 관심이 있다는 것이다. 이 사람은 여러분 편이어야 하며 여러분의 성공을 위해 등을 떠밀어주는 사람이어야 한다. 동료들을 서로 경쟁하게 하는 정책 등을 시행하는 회사들도 있으나, 멘토는 여러분이 성공한다고 해도 아무것도 잃을 게 없는 사람이어야 한다.

기술적인 능력
당연하지만, 개발자에게 훌륭한 멘토는 훌륭한 개발자이어야 한다. 이 얘기를 조금 더 구체화해 본다면 다음과 같다. 여러분이 만드는 제품에 대해 광범위한 경험이 있고, 완결성 있는 코드를 제출한 실적이 있으며, 여러분이 얻고자 하는 숙련도를 보여줄 수 있는 사람을 찾아야 한다.

'프로그래밍'이라는 개념 안에는 어마어마한 수의 전문적 하위 부문들이 있다. 예를 들어 대형 웹 사이트에서 일하고 있다면, 확장 가능한 서버사이드 개발만 해도 경력 내내 공부해야 하는 만큼의 양이다. 이 영역에 대해 광범위한 전문성을 지닌 멘토를 원할 것이다.

멘토의 실적도 중요하다. 주머니 속 송곳 같은 재능을 지녔으나 한 가지에 집중하지 못해서 성과를 내놓지 못하는 천재 개발자들도 있다. 회사는 실질적인 것을 원한다. 빈틈없는 코드를 짤 줄 알아야 할 뿐 아니라 제품으로 출시할 수 있어야 한다. 두 가지 면을 다 보여줄 수 있는 멘토를 찾으라.

능력이 있는 사람을 찾되 조건이 있다. 훌륭한 개발자라고 해서 반드시 훌륭한 선생은 아니다. 어쩌면 그들은 자기 자신이 어떻게 작업하는지 잘 설명하지 못할지도 모른다. 정해진 프로세스를 따르는 것이 아니라 직관을 따라 작업할 경우에 그렇다. 아니면 신참 개발자와 같이 일할 정도의 인내력이 없는 사람일 수도 있다. 뭔가를 배워갈 수 있는 사람인지 반드시 확인하라.

회사에 대한 잡다한 지식

멘토의 핵심 역할은 기록되지 않은 지식을 알려주는 것이다. 회사 내에서 문서로 남겨지지 않은 채 사람과 사람 사이에서 전해지는 것들 말이다. 아마 개발 명세서, 스타일 가이드, 위키 등 개발자들이 일하는 데 도움이 된다는 문서들에 대해 들어봤을 것이다. 아무도 인정하지 않으려고 하겠지만, 그 문서들이 다 최신판으로 업데이트되어 있지는 않을 것이다. 따라서 해당 제품을 한동안 다룬 덕분에 이것저것 알려 줄 수 있는 사람을 필요로 할 것이다.

훌륭한 멘토는 그 조직에 오래 있어서, 회사 내 정치적인 관계에 대해 알며 팀과 회사 양쪽에서 인정을 받는 사람이어야 한다. '팁 22. 점들을 이으라'에서 다시 이야기하겠지만, 누구와 누가 한편인지 알기까지는 시간이 좀 걸린다. 그러나 멘토는 그런 면에서 여러분이 앞서 가게 도와줄 뿐 아니라 멀리하면 가장 좋을 정치적인 반목 상황에 대해서도 경고해줄 수 있을 것이다.

높은 기준

능력을 성장시키려면 현재 수준보다 더 높은 기준을 제시하는 사람이 필요하다. 훌륭한 멘토는 우선 제품을 만드는 데 가장 필요한 일부터 가르칠 것이다(그것이 바로 월급을 받게 하는 일이다). 그러나 공부가 더 필요한 부분들도 알려줄 것이다.

이 수직적이고 지시하는 듯한 관계에 굴욕감을 느낄 수도 있다. 그렇지만 이것만은 알아두라. 멘토의 이런 지도는 오늘 할 일만을 위한 것이 아니고 추후 선임 개발자로 성장하기 위한 것이기도 하다.

여러분을 높은 기준으로 평가해줄 사람을 찾는다면 스스로도 모범적인 생활을 하는 사람을 찾으라. 책장에 책이 많이 꽂힌 사람은 누구인가? 신기술을 연구하고 적용하는 것으로 알려진 사람은 누구인가?

멘토를 찾으라

이제 멘토를 찾아보자. 첫 단계는 상사에게 문의하는 것이다. 거창할 필요는 없다. "막히면 누구에게 물어봐야 하나요?"로 시작하면 된다. 아니면 좀 더 공식적으로 "제가 일을 시작하면서 멘토가 되어줄 만한 사람이 팀에 있나요?"라고 물어보라. 관리자가 누군가를 여러분의 멘토로 염두에 두고 있을 확률이 높다.

두 번째로 동료들에게 상담해 보라. 일정 회의에서 업무를 나눌 때 "이 업무에 대해 도움이 필요하면 거들어줄 분이 있나요?"라고 물어보거나 "이 분야에 대해 잘 아시는 것 같은데, 이 업무를 시작하기 전에 조언을 좀 주실 수 있나요?"라고 팀 선배에게 조언을 구하라.

모든 멘토링 관계가 반드시 공식적이고 장기적이지는 않다. 상사가 여러분에게 멘토를 배정해 준다면 꼭 수락하라. 그러나 일상적인 환경에서도 개발 업무를 도와줄 단기간의 비공식적 멘토링을 받을 수 있다. 이렇게 비공식적인 멘토가 되어줄 수 있는 사람은 상황에 따라 팀원 모두일 수도 있다.

장기 멘토가 배정되지 않는다면 스스로 찾으려고 노력하라. 여러분에게 필요한 것은 큰 그림을 그려주는 지도와 격려다. 멘토가 돼주었으면 하는 사람에게 "도움을 주셔서 정말 고맙습니다. 혹시 계속 제 멘토가 되어줄 생각은 없으신가요?"라고 물어보라. '멘토'라는 낱말을 꼭 언급해서 단지 다음 마감을 위한 도움만을 원하는 것이 아니라 큰 그림을 그려주는 조언이 필요하다는 점을 알리라.

멘토 대 관리자

멘토보다 관리자에게 더 적합한 질문들이 있다. 좀 더 공식적인 것들, 예를 들면 복지나 연봉에 관해 도움이 필요하다면 그것은 관리자의 영역이다. 또 잘못된 생산 시스템이나 심각한 버그를 찾았을 때와 같이 비즈니스 관련 이슈들이라면 반드시 관리자에게 알려야 한다.

관리자도 무척 도움이 되는 멘토가 될 수 있다. 좋은 관리자는 벌써 팀원 모두를 살피면서 단기적인 문제들을 해결해 주려고 하고 장기적인 경력 목표에 도움을 줄 것이다. 그러나 관리자는 회사를 위해 해야 하는 일들이 있고, 그것들이 멘토링과는 정반대 방향일 수도 있다. 예를 들면 관리자가 팀의 20%를 해고해야 하는 임무를 받았다면 여러분의 경력 계획에 도움을 줄 사람은 못 된다.

실천하기

우선 해야 하는 일은 명백하다. 멘토를 찾으라! 다른 방법이 없다면 비공식적으로 시작해도 괜찮다. 그러나 가급적이면 1년 넘게 공식적인 멘토 없이 지내지는 말라.

TIP 16
자신의 이미지를 지배하라

 첫인상이 중요하다. 첫 출근 전에 반드시 이 주제에 대해 고민해 보라.

우선 한 가지 말해두고 싶은 것이 있다. 세상에는 '회사 이미지 컨설턴트'라는 사람들이 있는데, 그들은 성공하고자 하는 사람들에게 옷 입는 방법을 알려주는 사람들이다. 나는 그런 사람은 아니다.

개발자들은 가령 영업직이나 간부들처럼 어떤 옷을 입었는지에 따라 평가받지 않는다. 그렇긴 하지만, 우리 주변 사람들은 각자 편견을 지니고 있다. 그 편견에 맞서거나 다른 방식으로 피해갈 것인지 고를 수 있다. 어떤 선택을 하든, 잘 생각해본 후 선택하라.

인식

인간들은 본능이라는 것을 잃지 않아서, 상황과 사람에 대해 1초가 지나기 전에 짧은 판단을 내린다. R-모드, 즉 우리 뇌에서 패턴을 인식하는 쪽은 의식적으로 생각하기도 전에 판단을 내릴 것이다. 말 한마디가 입 밖으로 나오기 전에도 머릿속으로는 '저 사람 좀 무서워 보여' 또는 '저 사람은 전문적으로 보이는데' 같은 생각이 지나갈 것이다.

이 가치 판단은 맞을 수도, 틀릴 수도 있다. 말콤 글래드웰은 그의 책 『Blink』[Gla06]에서 이런 식의 판단은 우리가 주변에 있는 많은 사람을 처리하게 해주는 방법이라고 한다. 우리가 만나는 모든 사람의 평가를 내리기 위해 깊고 개인적인 수준까지 알 수 있는 시간이 도저히 없는 것이다. 하지만 우리는 첫인상을 형성하는 꽤 쓸 만한 능력을 지니고 있다.

그 능력은 완벽하진 않지만, 몇 초 만에 판단한 것치고 꽤 괜찮은 확률을 보인다.

지금 거울을 보고 여러분이 옷을 어떻게 입었는지 살펴보라. 낯선 이가 여러분을 봤다면 2초 안에 어떤 판단을 할까(물론, '미친 듯이 매력적이다' 같은 말은 제외하고 말이다)? 그 인상이 바로 타인에게 정말 보여주고 싶은 이미지인가?

표준적인 모습

지금 우리가 있는 지역, 산업, 회사에서 '보통'이라는 것은 무엇일까? 사람들의 인식은 환경에 의해 만들어진다. 샌프란시스코의 디자인 회사와 뉴욕의 금융 회사는 근본적으로 다른 환경이며 거의 다른 우주다.

표준적인 모습으로 지내는 것이 좋은 시기가 있다. 회사에 들어온 처음 몇 주는 튀는 모습을 보여주기에 좋은 때가 아니다. (그런 기회가 온다면) 고객을 만날 때는 전문가처럼 보이는 편이 좋다. 회사를 대표해서 좋은 첫인상을 보여야 할 때가 있다.

전형적인 모습에서 벗어나는 것은 팀에서 신뢰를 좀 쌓은 뒤에 해도 된다. 미국 서부에 있는 회사들의 경우, 특별한 규범이 없다(동부 회사들과 다국적 기업들은, 문의를 하고 주변을 좀 살피라). 개발자들은 대다수 직군보다 자유도가 높다. 적어도 내가 일한 곳에서는 머리카락을 보라색으로 염색한다든지, 무릎까지 오는 부츠를 신는다든지 하는 일은 성별과 관계없이 눈길도 주지 않는 문화였다.

물론 옷은 평범하게 입고 다른 곳에서 튀는 사람일 수도 있다. 엄청 굵은 서체로 낱말 하나만 제시하는 다카하시 메서드로 프레젠테이션을 하는 여성일 수도, 회의 안건을 일본 정형시 하이쿠俳句 형식으로 보내오는 남성일 수도 있다.

스타일을 지배하라

어떤 스타일을 선택했든지 간에 그 스타일을 지배하라. 보이는 이미지에 자신감을 가져야 한다. 거울을 볼 때 '저게 난데'하고 생각할 수 없다면 고치라.

내 경험을 예로 들면 이렇다. '자신이 되고 싶은 사람처럼 옷을 입으라'는 조언을 듣고 전통적인 사무용 셔츠를 몇 장 샀다. 그러나 몇 달 후 그 셔츠들을 더는 입지 않게 되었다. 그 파란 줄무늬 셔츠들을 입으면 가짜처럼 느껴졌고, 그 느낌은 분명 내 몸짓에서 드러났을 것이기 때문이다.

변화를 원한다면 토요일에 새 스타일을 시도해 보라. 회사에 나가지 않는 며칠간 그 모습에 적응할 수 있는 시간이 생길 것이다. 월요일에 출근하면 동료들은 놀라겠지만 스스로가 놀라지 않는 것이 중요하다. 내가 화요일에 머리를 밀고 나서 얻은 팁이다. 실수였다. 다음날 아침 동료들이 나를 거의 알아보지 못했을 뿐 아니라 나도 자신을 거의 알아보지 못했다.

깔끔함이 중요하다

스타일이 어떻든 멋있게 다니라. 청바지, 드레스, 면바지, 어떤 것을 입든 깨끗하게 입어야 한다. 긴 머리든 대머리든 가끔 미용실에 가서 머리를 다듬도록 하라. 사람들은 외적인 깔끔함과 작업물의 완성도를 무의식적으로 연결시킨다.

또, 아침에 출근 준비를 하면서 신경을 쓰는 와중에는 심적인 변화도 동시에 이루어지게 된다. 일어난 그대로 헝클어지고 아직 잠이 다 깨지 않은 상태로 비틀거리며 출근한다면, 작업은 그것을 반영할 것이다. 하루를 진지하게 준비한다면 작업은 그것을 반영할 것이다.

실천하기

- 이 문제에 대해 진지하게 30분쯤 생각해 보라. 그리고 회사에서 보여주고 싶은 이미지를 적어보라. 지금 모습이 바라는 이미지가 아니라면 무엇을 바꿔야 하는가?
- 옷장에서 옷을 모두 꺼내라. 여전히 자기 스타일이라고 생각하는 옷들만 다시 넣으라. 나머지는 기부하거나 팔라.

TIP 17
주목을 받으라

 그냥 일을 잘하는 것으로 시작하면 된다. 그다음에 여러분이 해놓은 일로 눈에 띄도록 노력하라.

어떤 역할을 맡고 있든지 간에, 긍정적인 평판을 쌓도록 노력하라. 그 평판이 여러분의 역할을 돋보이게 한다. 남의 눈에 띈다는 것은 회사 사람들이 여러분의 이름을 알고 있음을 의미한다. "에마에 대해 들어 본 적이 있어. 일을 정말 잘한다면서." 이런 말들은 자존감에 힘을 실어줄 뿐 아니라 하고 싶어 하는 프로젝트들과 역할을 맡을 수 있도록 긍정적인 영향을 준다.

지명도는 화려한 직급을 필요로 하지 않는다. 그것보다는 훨씬 더 미묘한 것이다. 조직도 가장 아래에 있는 하급 개발자인 여러분의 이름을 CEO까지 알게 할 수도 있다. CEO가 개인적인 관심이 있는 프로젝트를 하고 있다면 여러분은 그의 눈에 띄게 될 것이다. 작업 중인 제품의 사용자 인터페이스 그래픽을 손보고 있던 내게 그런 일이 일어났고, 여러분에게도 그런 우연이 생길 수 있다. 그래픽 작업은 내 핵심 업무가 아닌 취미 정도의 일이었지만 CEO가 새로운 모양을 정말 좋아해준 덕에 나는 중심에 설 수 있었다.

항상 우연으로 지명도를 획득하는 것은 아니다. 무리하면 부작용이 올 수도 있다. 그것은 일종의 선불교 같은 것이다. 너무 대놓고 눈에 띄려고 하는 사람은 허풍쟁이처럼 보이게 마련이다. 회의 때 항상 똑똑한 것처럼 자기 주장을 반드시 펼치긴 하는데, 완전히 돌머리처럼 보이는 사람이 꼭 있지 않은가. 그런 사람은 되지 말라.

더 좋은 접근 방법은 여러분이 한 일이 회자되게 하는 것이다. 우선 초보일 때는 성공 사례를 빨리 보여주도록 노력하라. 작업 사항에 대해 뭔가 주장하고 싶다면, 확실하고 빠르게 완성할 수 있는 임무를 맡으라. 회사의 코딩 스타일을 완벽하게 따르며, 기능성을 증명할 단위 테스트를 짜고, 정말 잘 만들어서 빨리 전달하라.

청테이프는 버리라, 벨크로가 더 보기 좋다

1996년, 전화라는 것이 음성 통화 외에 다른 용도가 아무것도 없을 당시, 메트리콤 Metricom이라는 회사가 무선 모뎀을 팔며 비싸지 않은 데이터 서비스를 제공하고 있었다. 나는 하나를 구입해 여기저기 건드려 보다가 그 모뎀의 시리얼 인터페이스가 정말 간단하다는 사실을 알아냈다.

당시 나는 우리 회사의 휴대용 컴퓨터를 위한 네트워킹 스택 작업 중이었다. 그 컴퓨터에는 다이얼업 ISP에 연결하는 전화 잭이 있었다(당시에는 다이얼업이 표준이었다). 나는 우리 컴퓨터와 무선 모뎀을 번갈아 쳐다보았고, 그 둘이 서로를 위해 만들어졌다는 것을 바로 알아차렸다. 그래서 난 벨크로로 둘을 붙여버렸다.

얼마 지나지 않아 그것은 주목을 끌었다. 회사의 모든 사람이 사용해보고 싶어 했다. 몇 달 후 어느 컨퍼런스에서 나는 작은 웹 서버 애플리케이션을 만들어 사람들 앞에서 시연했다. 그 애플리케이션을 이용해 화면 상에서 웹 페이지를 바로 수정할 수 있었고 다른 사람들은 그 페이지를 실시간으로 브라우징할 수 있었다. 히트였다.

긱geek들이 참을 수 없는 게 하나 있다면 물건들을 서로 갖다 꽂는 일이다. 이 경우, 우리 휴대용 컴퓨터는 전화선에서 정말 떨어져 있어야 했기 때문에 긱이 아닌 사람들도 이 조합이 멋진 걸 인정할 수밖에 없었다. 나는 아직 하급 개발자였지만 그때부터 회사의 모든 사람이 내 이름을 알았다.

상사는 여러분의 결과물을 알아볼 것이고, 그는 좋은 사람을 데려왔다고 자신의 상사에게 자랑할 것이다. "우리 팀에 새로 온 개발자 에마는 아직 온 지 한 달밖에 안 됐는데, 그녀가 짠 코드가 테스트에서 결함 하나 없이 통과했어. 그녀를 고용한 나는 천재인가 봐."(조금 과장이긴 하다. 그렇지만 아주 조금이다.)

둘째, 다른 사람들의 눈에 띄는 작업을 제품에 남기라. 버그 잡는 일이 주어졌다고 치자. 새로 들어온 사람들에게 주로 주어지는 일이다. 코드 기반을 익히게 해주는 업무라고 얘기하긴 하나 사실은 다른 개발자들이 스스로 버그를 고치기 싫어서 여러분에게 맡기는 일이다. 첫 업무가 테스트를 제대로 통과하지 못한 GUI 텍스트 필드를 고치는 일이라고 하자. 수정하고 확인한 뒤에, 다른 GUI 위젯들도 코딩이 제대로 되어 있는지 쭉 확인해 보라. 쓸고 닦아서 여러분에게 넘겨졌을 때의 상태보다 인터페이스를 더 보기 좋게 만들라. "에마가 GUI에서 이 부분을 손봤는데, 훨씬 좋아 보여!"

회사의 시각: 인상을 남기는 것에 대해

신입/초보 개발자가 할 수 있는 가장 중요한 일은 몸을 낮추고 자신에게 주어진 일을 해내는 것이다. 회사 업무 방식이나 제품에 대한 의견, 아이디어, 건의 사항은 최소 한 번의 평가 주기를 겪은 후로 아껴두라.

갓 졸업한 사람이라면 그 누구라도 회사에 강렬한 인상을 남기고 싶어 한다. 회사에 밥값을 할 줄 아는 사람이고 회사가 여러분을 고용한 것이 정말 좋은 판단임을 보이고 싶어 한다. 거기까지는 괜찮다. 문제는 인상을 남기려다가 과도한 행동을 하는 모습을 보여주게 된다는 것이다. 특히 여러분이 경쟁적인 성격이면 더욱 그렇다.

신입 사원들은 멋지고 신선한 아이디어를 내놓을 수도 있고, 실제로 그렇기도 하다. 문제는 아직 회사 내에서 문제가 어떻게 터질지, 어떤 파벌이 회사 분위기에 저항하고 있는지도 모르고, 회사 문화를 충분히 느끼지 못한 데에 있다.

비유하자면, 구글에서 칭찬과 명성을 얻게 해줄 일이 넷플릭스에서는 해고 사유일지도 모른다.

주어진 일을 최대한 잘하는 것보다 그 어느 것도, 정말 그 어느 것도 여러분을 설명해주는 것은 없다.

- 마크 '더 레드' 할란, 엔지니어링 관리자

결국, 여러분에 대한 신뢰가 점점 더 쌓이고 업무를 고를 수 있는 자유가 늘어나면 회사 사람들이 열광할 만한 일을 몇 가지 고르라. 그것은 이메일 게이트웨이를 웹 애플리케이션에 추가하는 것과 같이 몇 가지 기능을 묶는 일처럼 간단한 일일 수도 있다. "에마가 이슈 트래킹 시스템에 로그인하지 않고도 이메일로 업데이트할 수 있게 해줬어! 멋진 아이디어야!" 불편해서 처리하고 싶은데 노력을 들이긴 싫은 일은 항상 있다.

지명도라는 것은 부끄럼 없이 스스로를 홍보하는 것처럼 들릴 수 있다. 그리고 어느 정도 맞는 말이기도 하다. 하지만 괜찮은 자리가 나거나 멋진 팀 프로젝트가 시작할 때 한 번 도전해보고 싶지 않은가? 여러분이 한 어떤 멋진 일 때문에 여러분 이름이 임원들 사이에 돌고 있다면, 그 기회를 잡을 수 있는 가능성이 훨씬 높다.

그리고 솔직히 말하면, 개발자들은 멋진 것들을 만드는 일을 정말 좋아한다. 그리고 뭔가 멋진 것을 만들었다면, 남들에게 자랑하는 것이 재미있다. 따라서 주목받는 그 순간을 즐기라.

실천하기

여러분에게 주어진 일을 고려하라. 성공 사례를 빨리 만들 수 있는 기회가 있는가? 그 임무를 가져가서 완벽하게 끝내라.

앞날을 생각해본다면, 제품을 만들면서 남들이 알아차릴 만큼 영향을 줄 수 있는가? 그것은 반짝반짝 빛나는 신기능일 수도 있지만, 정말 성가신 버그를 수정하는 일일 수도 있다.

TIP 18
연말 평가에서 A 받기

 연말 평가를 한 해만 하고 말 것이 아니니 성과를 미리미리 기록해 두라.

불쌍하고 불행한 소프트웨어 팀장을 상상해 보라. 자신의 팀원 모두가 하는 본질적으로 추상적인 일을 객관적으로 측정 가능한 표현으로 설명해야 한다.

개발자의 작업을 수치적으로 표현하려는 일은 번번히 실패했다. 예를 들면 초보 팀장이라면 개발자 한 명이 얼마나 많은 코드를 짜는지 측정하려고 할지도 모른다. 애플이 리사 컴퓨터를 출시하기 직전에 관리자들은 각 개발자가 매주 짠 코드의 줄 수를 세기로 했다. 빌 앳킨슨은 그래픽 쪽 코드를 다시 손봐서 더 단순하고 빨라지게 만들었을 뿐 아니라 줄 수가 더 줄기도 했다. 앳킨슨은 일주일간 2000줄을 줄이는 기록을 세웠다.[1] 관리자는 이 상황을 어떻게 해야 할까?

당연히 그게 관리자가 할 일이긴 하다. 거의 그렇다. 그렇지만 그들이 평가해야 하는 것이 여러분의 업적이고 월급이 달린 문제라면 그건 여러분 문제가 된다.

연말 평가를 받는 때가 오면 목표는 단 하나다. 상사에게 가능한 한 최고의 평가를 받기 위한 최고의 정보를 제공해야 한다. 그것은 탐욕과 아무 상관없다. 단순히 여러분이 한 해 동안 한 일들을 관리자가 알게 해 주는 일이다. 열심히 일했으니 그에 합당한 평가를 받도록 하라.

---

1 http://folklore.org/StoryView.py?story=Negative_2000_Lines_Of_Code.txt

성과 리뷰가 돌아가는 방법

회사에서 성과 평가를 하는 이유는 명확하다. 정말 잘하는 사람과 그렇지 않은 사람을 구분하려고 한다. 잘하는 사람에겐 포상을 주려고 하고, 그렇지 않은 사람들에게는…. 그 부분은 조금 뒤에 이야기하겠다.

> **회사의 시각: 성과 리뷰 준비**
>
> 해야 할 일을 미리 숙지하고 있으라. 평가 과정에는 어떤 것들이 있으며 누가 평가자들인지 알아두라. 평가 양식을 살펴보고 각 평가 항목을 확인하라.
>
> 평가 한 달 전쯤에는 평가하는 사람들에게 (여러분의 팀장을 포함해서) 가볍게 물어보라. "조금 있으면 평가가 다가오는데, 저 요즘 좀 어떤가요?" 이메일 말고 직접 하라. 가볍고 일상적인 질문이 되도록 하라. 심장마비가 온 것처럼 심각한 분위기는 안 된다. 부정적인 의견을 들으면 고치도록 반드시 노력하라.
>
> 자기 평가를 요구하는 회사라면, 각 평가 항목을 염두에 두고 평가서를 작성하라. 숫자와 생산성에 초점을 맞추도록 노력하라(예를 들면 "제가 만든 애플릿 덕분에 새 빌드 시스템이 두 배 빠르게 돌아갑니다."). 그러나 절대 과장하지는 말라.
>
> 모든 회사는 일정 관리와 작업 품질, 그리고 혼자서 일하는 능력과 팀으로 일하는 능력을 모두 본다. 그 분야들을 모두 다루라.
>
> 상사가 여러분의 일을 보는 방식으로 생각하라. 상사가 여러분이 하는 일의 중요성을 잘 모른다면, 반드시 자세히 언급하라.
>
> - 마크 '더 레드' 할란, 엔지니어링 관리자

월급 인상은 주로 성과 평가에 달려 있고, 인상 예산은 주로 전체 부서에 고정 금액이 할당된다. 사업이 잘된 해라면 해당 부서에는 월급 인상을 위한 예산이 할당된다. 모든 직원이 월급 3% 인상을 받을 수 있는 예산이라고 치자. 모든 사람에게 3% 인상을 주고 끝내버릴 수 있다. 그런데 회사에서는 잘하는 사람에게는 더 많이(5% 인상이라든지) 주고 싶어 하고, 못하는 사람들에게는 적게 주고 싶어 할 때도 있다(보너스 없음이라든지).

불행한 관리자 이야기로 다시 돌아가보자. 관리자는 누가 잘하는지, 못하는지 적어야 한다. 이 문서를 작성할 때 공통적인 접근법들을 확인해보자.

자기 평가

첫 번째 접근법은 평가서를 여러분에게 던지는 것이다. "최근에 회사를 위해 한 일이 무엇인가"라는 질문이 공적인 말로 표현된 양식을 받게 될 것이다. 이 평가에 대해 매우 진지하게 접근하라. 적어낸 내용 중 상당한 분량이 공식 평가서에 그대로 복사될 확률이 높다.

한 해를 보내는 동안 자기 평가를 위한 자료를 모아야 한다. 다섯 가지 미션이 있다.

품질

무엇보다 흠 없는 코드를 짤 수 있음을 보여야 한다. 코드 라인당 오류율, 버그 수정 수, 테스트 케이스 작성 수 등을 제시하면 된다. 정확한 숫자로 기록되지 않아도 괜찮다. 동료들의 긍정적인 반응, 여러분이 적용하기 시작한 설계 원칙, 팀의 테스트 인프라스트럭처에 기여한 개선 사항 등은 모두 다 도움이 된다.

예: "제품 결함 42개를 수정했고, 그중 5개는 심각한 것들이었다." "테스트 케이스 대 애플리케이션 코드 비율을 평균 2:1로 일관되게 단위 테스트된 코드를 작성했다."

양

다행히도 양은 측정하기 더 쉽다. 완성한 기능 개수, 릴리스한 제품 개수, 커밋한 소스 개수 등은 좋은 자료가 된다. 버전 관리 시스템도 꼭 챙기라. 여러분이 무엇을 변경했는지에 대해 많은 통계를 줄 수 있다.

또, 코딩은 여러분의 일 중 일부임을 명심하라. 사업에 기여한 모든 것을 추가해 보라.

예: "위젯 개발자로서 위젯 팩토리Widget Factory 1.2 버전을 출시" "고객 지원을 도와 티켓 네 개를 해결하기 위한 핵심 정보 전달"

일정 관리

업무는 항상 완성시켜야 하는 일정과 함께 온다. 여러분이 일정을 맞춘 횟수를 따져보고 그 결과가 봐줄 만하면 자기 평가에 포함시키라. 이것은 몇 주마다 한 번씩 진도를 검토하는 애자일한 개발 환경에서 실행하기가 더 쉬운 편이다.

예: "프로젝트 업무 중 82% 일정 성공률 달성" "원래 예정 일정 내에 마친 업무 70%"

회사 비용 절약

개발자들은 회사 비용을 절약하기보다 더 쓰는 것으로 알려져 있다. 그렇지만 관리자들은 예산을 늘리는 방법을 늘 찾고 있으므로 자랑할 거리가 있다면 자랑하라.

예: "메시지 처리 성능을 초당 메일 100개에서 150개로 향상시켜 회사 서버 사용 효율을 높임" "적게 사용하는 데이터베이스 칼럼 데이터를 압축해 성능에 거의 영향을

미치지 않고 저장소 사용 공간 42% 줄임"

팀을 돋보이게 하라

회사에서 여러분이 속한 팀의 가치는 수익 기여도 대 비용처럼 딱 떨어지지는 않는다. 사람들의 인식도 숫자만큼이나 중요하다. 여러분이 팀에(그리고 팀장에게) 가져다준 명성은 평가에 포함될 만하다.

> 예: "웹 서버 로그를 분석해서 고객 이탈이 많은 페이지를 찾아낸 후 개선, 방문자 사용 시간을 늘림" "중요한 전시회를 앞두고 GUI의 외관과 느낌을 개선, 전시회 참석자들로부터 긍정적 반응을 얻음"

마지막으로, 자기 평가에 낭비로 보일 수 있는 것들은 포함하지 말라. 즉, "회의 942번 참석" 같은 것은 빼라.

자기 평가 양식을 받으면 얼마나 자세히 써야 하는지 상사에게 물어보라. 한 해 동안 성과를 잘 기록해두었으면, 아마 쓸 것이 넘쳐날 테니 그중에서 가장 잘한 것들을 고르라. 기록이 불충분하다면 예전 메일을 살펴보거나 버전 관리 시스템에서 여러분이 한 커밋 사항을 살펴보며 기억을 더듬어 보라.

360도 평가

그다음 접근 방법은 여러분 동료들에게 평가를 맡기는 것이다. 관리자는 여러분이 그동안 같이 일한 개발자들과 회사의 기타 부서 사람들을 몇 명씩 고를 것이다.

상사가 누구에게 평가를 받고 싶은지 여러분에게 물어볼지도 모른다. 회사에서 여러분의 업무를 가장 좋게 생각해주는 사람은 누구인가? 회사 내에서 여러분 편이 누군지 미리미리 알고 있어야 한다.

그래서 '팁 26. 회사 조직과 구성원에 대해 알아보라'에서 얘기하겠지만 개발에만 내내 묻혀 있지 말아야 한다. 예를 들어 프로젝트 관리자와 제품 지원 리더를 포함해서 360도 평가자를 댈 수 있다면, 훌륭한 평가를 받는 지름길일 것이다.

관리자의 평가서

최대한 많은 사람의 평가를 받은 후, 결국 최종 평가를 작성하는 것은 관리자다. 내가 받은 평가의 대다수는 자기 평가 내용에 관리자가 주석을 달고 동료들의 평가 중 몇 개를 말미에 덧붙인 정도다. 관리자가 대단한 글을 작성할 의무는 없다.

관리자의 평가에 놀라면 안 된다. 합리적인 관리자는 한 해 동안 여러분에게 개선을 위한 칭찬과 팁을 계속 전달했을 것이다. 여러분이 받은 평가서는 그것들의 요약이어야 한다.

등급

규모가 있는 기업 중 많은 수가 관리자들에게 직원들의 등급을 매기도록 한다. 분포에 따라 등급을 매기게 되는 것과 같다. 인사 팀은 각 팀의 성과 기여 분포가 몇몇 스타와 몇몇 게으름뱅이, 중간에 대다수 평범한 사람들로 평균적인 모습을 하고 있을 것이라 주장한다.

여러분은 등급 1단계에서 4단계 정도 중 한 곳에 속해 있을 것이다. 그다지 좋지 않은 사람들과 같은 등급이라면, '성과 개선'(146쪽)을 보라. 그렇지 않다면 걱정하지 말라. 비밀을 하나 알려주겠다. 모든 관리자는 직원들의 등급을 매기는 것을 몹시 싫어한다. 관리자는 끝내주는 팀원들을 고용하려고 엄청나게 노력하는데 인사 팀에서 와서는 팀에 분명 게으름뱅이 몇 명이 있을 것이라고 주장하기 때문이다.

진급

어떤 팀에는 개발 리더 또는 다른 역할로 진급을 하더라도 여전히 날마다 개발할 수 있는 자리가 있다. 성과 평가는 진급에 대해 언급할 수 있는 시작점이 될 것이다.

거기에 영향을 줄 수 있는 한 가지가 있다면, 그것은 여러분이 그 역할을 얻기 전에 그 역할을 하고 있어야 한다는 것이다. 개발 리더의 역할은 지식의 넓은 폭과 일관된 디자인 결정, 다음 마일스톤까지 프로젝트 동료를 돕는 것 등을 의미한다.

관리자가 개발 리더를 찾고 있다면 그런 역할을 할 만한 사람을 가장 쉽게 상상할 수 있는 개발자를 떠올릴 것이다. 여러분이 개발 리더와 뭔가 비슷한 일을 하고 있다면, 누가 관리자의 후보 명단의 첫 번째가 될 것인가?

성과 개선

개선이 필요하다는 말을 들을 날이 올지도 모른다. '성과 개선 계획' 같은 문서를 받는다면, 일자리가 위태롭다는 직접적인 경고다. 이메일이나 문서로 전달된다면, 그것은 관리자들이 누군가를 해고해야 한다는 증거를 남기는 방법이다.

일을 부지런하게 하고 있는 상황이라면, 여러분이 하는 일과 회사에서 여러분이 해야 할 일이 단절되어 있다는 얘기다. 그 단절이 어디에서 생겨났는지 여러분과 관리자 모두 아는 것이 여러분이 해야 할 첫 단계다. 성과 개선 문서로 시작해보자. 이것은 개선이 필요한 분야와 현재 상황을 알려줄 것이다.

여러분이 버그가 가득한 코드를 내놓았다고 치자. 누구나 버그를 하나쯤은 놓칠 수 있다. 그러나 너무 짧은 시간에 너무 많은 버그를 내놓은 것이다. 관리자와 함께 앉아서 앞으로는 여러분이 짠 코드가 더는 의심 대상이 되지 않을 수 있는 계획을 만들라. 예를 들면 커밋 전 한 줄씩 해나가는 동료의 코드 검토, 단위 테스트의 커버리지를 100% 달성, 경계 조건에 관한 동료 검토, 정적 분석 도구를 이용한 코드 검사 등이 있다.

그런 다음 관리자에게 진행 사항을 계속 보고하라. 매주 이메일을 보내 성과 개선 계획에 있는 각 이슈의 발전 상황을 보고하라. 상사는 여러분이 이 문제를 진지하게 받아들이고 있고 가장 중요하게 생각하고 있음을 알아야만 한다.

실천하기

- 다음 평가를 위해 성과를 꾸준히 기록할 수 있는 문서(종이든 파일이든)를 만들라. 일정을 지켜 업무를 완성했다면 기록하고 저장하라. 못된 버그를 잡았다면 기록하라. 자기 평가서를 써야 할 때가 오면 이 파일을 뒤지도록 하라.
- 평가철이 오면 360도 평가를 받고자 하는 사람들을 생각해두었다가 그때가 오면 언급하라. 여러분 팀에서 두 사람, 다른 부서에서 두 사람을 고르라. 단지 친구라서 고르지 말라. 여러분과 함께 의미 있는 작업을 한 사람들을 고르라.
- 평가 한 달 전쯤, 상사에게 직접 물어보라. "평가가 다가오는데, 저 요즘 어떤가요? 제가 그때까지 좀 나아져야 하는 부분들이 있나요?"

TIP 19
스트레스를 관리하라

 이 주제 때문에 스트레스를 받기 전에 쉴 수 있는 시간이 좀 있기를 바란다.

여러분은 개발하는 것을 사랑하고, 자기 일을 좋아하는 사람이다. 대부분의 시간에 재미를 느낄 것이다. 그런데 모든 직업에는 좋은 일이 있으면 나쁜 일도 있으므로 장기적인 건강 유지를 위해 태풍이 닥쳐올 때를 잘 대비하는 것이 중요하다.

선불교 가르침 중에 '무심'이라는 개념이 있다. '물 같은 마음'으로 번역되기도 하는데 환경에서 오는 자극에 대해 딱 그만큼만 다시 반응하는 것이다. 무술에서는 상대방을 치거나 막을 때 너무 약하지도 않게(지게 되니까) 너무 강하지도 않게(과열되거나 분노를 일으키니까) 정확히 적당한 힘을 사용하는 것이다.

일에서 '무심'한 마음가짐은 일이 주는 압박에 대해 패배감이나 분노를 느끼는 대신 완전한 전문가처럼 행동하고 반응하는 것을 의미한다.

물론 말은 쉽다. 회사에서 냉정한 '무심' 전문가들도 무의식적인 부담은 갖고 있을 수 있다. 자신이 지고 있는 부담을 인지하고 건설적인 태도로 대응해야 한다.

스트레스를 알아차리기

스트레스에 대한 반응은 이 갈기, 지끈거리는 두통, 굳은 어깨 근육 등으로 나타날 수 있다. 긴장을 풀 수 있는 곳에서 몸 상태를 짚어보며 근육이 긴장된 곳을 찾아보라. 입을 크게 벌려 긴장을 풀라. 목을 천천히 돌려보라. 어깨를 귀에서 멀어지게 내리라. 몸을 하루에 몇 번씩 점검해본 다면, 시간이 지날수록 어느 부분이 유난히 긴장하는지 알게 될 것이다.

> **바이오피드백**
>
> 스스로 심박수를 조절하는 방법, 피부 체온을 변화시키는 방법, 거짓말 탐지기를 속이는 방법을 가르쳐줄 수 있다고 하면 나를 믿을 것인가?
>
> 바이오피드백 훈련에서는 전문가가 근육 움직임, 피부 전도율, 피부 온도, 날숨의 이산화탄소 압력 등을 측정하는 센서들을 달아서 사람이 의식적으로 느끼고 제어할 수 없는 자율신경계를 측정한다.
>
> 그 도구들의 실시간 피드백으로 자율신경계가 뭘 하는지 알 수 있다. 예를 들어, 어깨가 뻐근하다면 근전도기electromyograph로 어깨에 무슨 일이 일어나고 있는지 보지 않아도 알 수 있다. 훈련을 받으면, 몸의 문제들을 느끼고 나아가서 제어하는 방법을 알게 된다. (추가로, 거짓말 탐지기로도 자율신경계 반응을 잴 수 있다.)
>
> 스트레스로 고생하고 있다면, 지역에 바이오피드백 전문가가 있는지 알아보라. 큰 문제가 아니라면 몇 번 진료를 받아보라. 정말 신기하다. 마지막 팁이다. 바이오피드백 전문가가 외과 의사가 아닌 정신과 의사라고 해서 두려워하지 말라. 대개 정신과 의사들이다. 그 점은 고민하지 말라.

자신이 다른 사람들과 어떻게 지내는지 관찰하라. 보통 우울할 때 동료들한테 화를 빨리 내지 않는가? 다른 사람들이 여러분에게 화가 나 있지는 않는가? 보통은 친구들과 같이 하던 점심시간을 건너뛰는 자신을 발견할지도 모른다. 또는 낙관주의자였는데 최근 들어 회의 시간에 패배주의적인 소리를 하고 있을지도 모른다.

마지막으로 일과 패턴의 변화를 관찰하라. 개발자들은 습관적으로 하루를 보낸다. 아침에는 커피를 마시고, 점심 식사하러 갔다가, 오후에 블로그 몇 개를 구경한 후 좋아하는 게임을 좀 한다. 이런 하루에 달라진 부분이 있는가?

어느 정도 솔직함을 필요로 하는 자기 점검은 처음에 불편하거나 우습게 느껴질 수도 있다. 그렇지만 그렇게 느껴도 되는 감정이며, 스스로에게 솔직하다면 계속하라. 그리고 인정하라. 그리고 놓아버리라.

육체적인 스트레스 해결하기

육체적인 스트레스는 정신적인 스트레스의 한 증세이지만 그 자체가 문제가 되면 오히려 그 자체로 스트레스를 더 많이 유발한다. 그 악순환을 깰 수 있는 여러 가지 방법이 있다.

- 몸 상태에 따라 마사지 치료가 도움이 되고 효과가 매우 오래가기도 한다.
- 바이오피드백 테크닉(149쪽)은 긴장 상태를 알아차리고 긴장을 푸는 법을 알려준다.
- 운동을 하면 근육을 사용하고 긴장을 풀 수 있을 뿐 아니라 컴퓨터에서 벗어날 수 있다(체육관이 있거나 체육관 회원 할인 혜택을 주는 IT 기업이 많다).
- 컴퓨터로 일할 때 자세 문제를 바로잡으라('팁 20. 몸을 소홀히 하지 말라').

자신에게 맞는 것을 찾으려면 이것저것 시도해 봐야 할 것이다. 그러나 찾으려는 노력을 반드시 하라. 신체적인 스트레스는 그냥 두면 사라지지 않는다.

긴 업무 시간

월급을 받는 일을 한다면, 시간이 얼마나 걸리든 상관없이 자신이 맡은 일을 완성해야 한다. 합리적인 관리자는 여러분이 할 일을 대략 주당 40시간 업무에 맞출 것이다. 어떤 관리자들은 의자에 엉덩이를 붙이고 있는 시간 등 특정한 기준이 있을 것이고, 신경을 쓰지 않는 관리자도 있을 것이다.

나는 한 주에 최소 60시간의 업무 시간을 요구하는 스타트업에서도 일해봤다. 긴 업무 시간은 스타트업 기업의 특징이기도 하다. 그렇지 않다고 규정되어 있지 않는 한, 마음의 준비를 해야만 한다.

젊고, 미혼이고, 자기 일을 사랑한다면 긴 업무 시간은 문제가 되지 않는다. 나는 직장 생활을 시작하고 첫 몇 년은 미친 듯이 일했고, 정말 좋은 시간이었다고 생각한다. 하고 싶은 일이라면 정신없이 일하라. 그것이 바로 젊음의 에너지가 필요한 순간이다.

또 신입 사원은 일을 완성하는 데 경험이 많은 개발자보다 시간이 더 많이 필요함을 인정하라. 방향을 완전히 잘못 잡는 일도 더 많을 것이고, 더 많은 실수를 할 것이고, 디버깅하는 데 시간을 더 많이 쓸 것이다. 그렇게 배워가는 것이고, 시간이 걸릴 수밖에 없다.

시간이 지나면 일 말고도 책임을 져야 할 것들이 생긴다. 가족, 자녀, 수리해야 할 집 등이다. 그때는 긴 업무 시간이 문제가 되기 시작한다. 사용해볼 수 있는 몇 가지 방법이 있다.

- 책상 앞에 앉아 있는 시간을 최적화하라. 뽀모도로[2]나 GTD[3]같은 기법을 알아보라. 사무실에 있는 시간을 효율적으로 쓰고 일찍 퇴근하라.

2 『Pomodoro Technique Illustrated』 [No09]
3 『Getting Things Done : The Art of Stress-Free Productivity』 [All02]

- 점심 먹으러 나가지 말고 도시락을 싸오라. 도시락은 10분 만에 먹을 수 있지만, 나갔다 들어오면 한 시간은 걸린다(그렇지만 가끔은 동료들과 같이 점심 먹으러 나가서 바람을 쐬라).
- 마감 시간을 짧게, 자주 잡으라. 프로젝트 마일스톤이 매주 또는 2주마다 잡혀 있다면 몇 주에 하루 정도 일이 많은 날이 올 것이다. 그 반대로, 마일스톤이 6개월마다 잡혀 있다면, 프로젝트는 다른 길로 흐르게 마련이고, 마감하고 정리하는 기간이 수주에서 수개월까지 걸릴 수 있다.
- 일과 삶의 균형을 존중하는 문화가 있는 회사를 찾으라. 반드시 9시 출근, 5시 퇴근 문화가 있는 느릿느릿한 대기업에 취직하라는 이야기는 아니다. 창립자가 일에 미쳐 제품에 지친 작은 회사도 제법 많다.

40시간 동안 굉장히 많은 일을 할 수 있다. 종일 사무실에 있는 젊은 친구들이 항상 그렇게 생산적이지만은 않다. 그들에게 사무실은 일뿐 아니라 인맥 관리와 놀이의 장소가 된다. 60시간 근무가 60시간 코딩을 의미하지는 않는다.

탈진

사이클에서는 한계가 느껴지는 피로감의 상태가 있다. 몸은 근육을 계속 쓰기 위해 글리코겐을 사용하는데, 몇 시간의 페달질 후에는 바닥이 난다. 한계가 찾아오면 자전거에서 떨어져서 기절하고 싶은 생각이 정말 갑자기 든다.

일할 때 탈진하는 것도 비슷하다. 갑자기 회사를 때려치우고 대신 티베트에서 야크를 몰거나 땅이나 파는 일을 하고 싶은 느낌을 정말 강렬하게 느낄 것이다. 코딩만 하는 것이 아니라면 그 어떤 일을 해도 상관없다고 느낄 것이다.

대개 개발 그 자체가 탈진을 일으키지는 않는다. 그것보다는 주로 관리 잘못이다. 과도한 연장 업무, 죽음의 일정 등이 있다. 아마 어느 정도까지는 때때로 찾아오는 높은 스트레스 기간을 견딜 수 있을 것이다. 그러나 그 기간이 몇 달에서 몇 년으로 늘어난다면, 결국 탈진하게 될 것이다.

사이클에서는 자전거를 타면서 탄수화물을 먹는 것만으로도 한계 상태를 피할 수 있다. 이와 비슷하게 개발을 잠시 쉬고 재미있는 일을 찾는 것만으로도 탈진을 피할 수 있다(많은 IT 회사에서 테이블 축구를 비치하는 이유다). 그러나 탄수화물과 재미는 단지 쓰러지지 않는 시점을 연장해줄 뿐, 어느 순간에는 진짜 휴식이 필요하다. 단지 주말에 쉬는 정도를 이야기하는 것이 아니다. 몇 달간 1.0 버전을 내놓으려고 고생했다면, 회복을 위해 몇 주, 또는 그 이상의 휴가가 필요하다.

회복 시간을 갖지 못하고 탈진 상태가 된다 해도(그 순간이 온 것을 스스로 알아차릴 것이다) 그것이 계속되지 않는다는 것에 안심하라. 한 1년은 야크를 몰겠지만, 다시 개발을 하고 싶어 근질근질하게 될 것이다.

휴가를 가라

개발자들, 특히 미혼 개발자들은 휴가 내기를 정말 어려워한다. 항상 큰 프로젝트 중심에 있고 일주일 쉬면 뒤쳐질 것 같다는 생각이 든다. 솔직하게 얘기하면, 휴가 내기에 좋은 때는 없다. 그냥 가라.

명절 때 가족들을 방문해야 하는 '의무 휴가'만 가거나 하지 말라. 가서 뭔가 재미있는 걸 하라. 파도타기, 암벽 등반, 스쿠버 다이빙, 해외 여행 등 한동안 컴퓨터 앞을 벗어날 수 있는 일이라면 아무거나 하라. 좋은 생각이 떠오르지 않으면 Geek Atlas[4]를 참조하라. 나이가 들수록 이런 기회들은 잡기 어려우니, 지금 움직여야 한다.

귀찮은데 왜? 왜 시간과 돈을 써야 할까? 휴가는 자신의 시각을 다시 새롭게 할 수 있는 기회. 정체기 때는 자신이 정체되어 있음을 잘 느끼지 못한다. 외부 입장에서 볼 필요가 있다. 또한 과부하로 나가떨어지기 전에 미리 피하는 것이 훨씬 쉽다.

심각하게 생각하라

스트레스는 긍정적인 변화에 좋은 자극이 된다. 그러나 굉장히 파괴적일 수도 있다. 과부하처럼 우울증도 여러분을 바닥으로 끌어내리는데 벗어나기 정말 어렵다.

그렇게 하락하는 시기가 좀 오래간다면 믿을 만한 친구나 전문가에게서 도움을 받으라. 부끄러워하거나 문제가 아닌 것처럼 행동하지 말라. 도움을 받으면 훨씬 더 빨리 벗어날 수 있다.

실천하기

- 육체적인 스트레스에 대한 반응을 알아차리려고 노력하라. 육체적인 스트레스는 근육을 당기는 것처럼 직접 제어할 수 있는 일이고, 그것을 인식하려고 노력하는 습관을 들이라. 높아진 심장 박동수나 공황 발작처럼 자율신경적인 반응이라면 바이오피드백 치료를 받으라.
- 다음 주에 다음과 같은 것을 시도해 보라. 근무 시간을 40시간 채우는 순간, 집으로 가라. 그다음 월요일까지 회사에 돌아오지 말라. 회사 문화에 따라 이걸 정기적으로 할 수는 없겠지만 목표로 삼아보라.

[4] http://www.geekatlas.com

TIP 20
몸을 소홀히 하지 말라

 첫날부터 모든 것을 몸에 맞출 필요는 없다. 자신이 젊다면 말이다. 그렇지만 1~2년 이상은 미루지 말라.

어떻게 그렇게 많은 사람이 책상 앞에 앉아 일하다 몸을 다치게 되는 걸까? 엄청 어려운 코드를 짜다가 팔목을 삔다든지, 몹쓸 프로그램 오류를 파헤치다가 이마를 박는다든지 하지는 않는다. 대신 개발자들이 겪는 신체적인 부상은 시간이 지나면서 수천만 가지 작은 것들이 쌓인 결과다. 비교하자면 한 방에 죽는 게 아니라 오리들에게 쪼여서 죽는 것에 더 가까울 수 있겠다.

반복적인 긴장과 스트레스에서 오는 문제들은 해결할 수 있다. 대다수 문제처럼, 문제가 되기 전에 푸는 것이 가장 낫다. 문제가 되는 것에 신경을 '당장' 조금만 쓰면 나중에 큰 문제가 되는 것을 방지할 수 있다.

데스크톱 갈아치우기

컴퓨터 회사들은 속도, 메모리, 디스크 용량을 광고한다. 그러나 키보드에 신경 쓰는 법은 절대 없다. 그렇지만 싸구려 CPU를 쓴다 한들 자기 손에 맞는 키보드, 눈높이에 고정된 디스플레이, 움직임이 좋은 마우스에 돈을 투자하는 것이 낫다.

키보드 고르기

키보드들은 대부분 싸구려인 걸로 악명이 높다. 키 배열은 기계식 타자기 시절 이후 바뀌지 않았다. 키가 눌리는 깊이 key travel는 대부분 얕은데다가 키감은 물렁물렁하다. 더 좋지 않은 것은 이른바 인체 공학 키보드들의 모양이 기본형 키보드보다 더 말이 안 될 때도 있다는 것이다. 그것들에 관심도 갖지 말고 대신 자신에게 맞는 것을 사라. 대개 회사는 구입 비용을 되돌려주지만, 그렇지 않다면 사비로라도 구입하라.

좋은 키보드의 특징은 다음과 같다.

- 깊이와 키감이 적당하다. 키 깊이는 개인 취향에 달렸다. 사람들은 대부분 단단하고 바닥에 닿을 때 클릭을 손끝으로 느낄 수 있고 빨리 반동하는 것을 선호한다. 가능하다면 가게에서 키보드를 쳐보라.
- 키 배열이 합리적이다. 이상하게도 대다수 키보드는 비스듬하게 배열되어 있다. 그렇지 않은 것들을 찾으려면 공을 들여야 한다. 진짜 수직적인 키 배열이 손가락에 훨씬 자연스럽게 맞을 것이다. 또 개발자들은 다른 사람들보다 단축키를 많이 쓰기 때문에 이것들이 아래 구석에 배치되어 있으면 매우 불편하다.
- 키 베드 key bed가 손 크기에 맞아야 한다. 한 번 손바닥을 아래로 놓고 손가락을 자연스럽게 접어보라. 거기 키보드가 있고 상상했을 때 키에 손을 올려놓은 모양이 찻잔 모양인가? 그 반대 모양을 한 '인체 공학' 키보드를 피하라. 그런 키보드의 바깥 열에 닿으려면 손가락을 더 뻗어야 한다.

정말 내 손에 맞는 단 하나의 키보드는 키네시스 콘투어드 Kinesis Contoured다. 비싸고 우편 주문만 받는다. 또 키 배열이 전통적이긴 하지만 몇몇 세대 애플 키보드의 움직임도 좋아한다. 다른 사람들은 IBM 키보드 중

예전 세대들이 최고라고 한다. 아마 몇 가지를 써보고 좋아하는 제품을 찾아내야 할 것이다.

PS/2, USB 등 커넥터 걱정은 할 필요는 없다. 자신에게 맞는 키보드를 찾으면 자기 컴퓨터에 연결할 어댑터를 구입하면 된다.

모니터

최근 모니터는 '두 걸음 전진, 한 걸음 후퇴'하는 모습을 보였다. LCD 기술, 크기, 밝기, 대비에서는 조금 발전했지만 해상도와 완성도 면에서는 후퇴하기도 했다.

디스플레이 해상도와 생산성 향상이 관계 있다고 주장하는 논문이 한두 편이 아니다. 코드, 디버거, 애플리케이션을 한꺼번에 띄워놓는 개발 환경을 상상하기는 쉽다. 그렇지만 한 번에 한 개씩만 집중하는 것이 더 좋은 상황도 많다. 필요할 때만 고해상도 환경을 사용하라. 집중해야 한다면 나머지 프로그램들은 숨겨두라.

'고해상도'와 '크기'는 다른 것임을 기억하라. HDTV에 끌릴 수도 있겠지만, 20인치 1080p 디스플레이와 40인치 1080p 디스플레이는 화소 수가 '똑같다'는 사실을 염두에 두라. 눈이 나쁘지 않은 이상 화소가 크면 좋지 않다.

무반사antiglare 화면을 고르라. 반짝거리는glossy 코팅에 속지 말라. 화면 대비를 과장하려는 값싼 눈속임이다. 거울처럼 불빛뿐 아니라 모든 것을 반사시킨다.

마지막으로 모니터를 내려다보지 말라. 직선으로 쳐다볼 수 있도록 모니터를 높이 고정하라. 사무 가구 위치를 좀 바꿔보거나 마운팅 암을 구입해야 할지도 모른다.

마우스

대다수 사람들은 마우스나 트랙패드로 커서를 움직인다. 텍스트 편집 습관이 잘 들어 있으면, 개발 작업 도중에 커서를 움직일 일은 많지 않을 것이다('텍스트 편집기'(75쪽)에 상세히 나와 있다). 마우스와 그래픽 태블릿은 데스크톱에서 사용하기 좋다. 큰 근육들을 써서 조작할 수 있기 때문이다.

마우스 조작과는 달리 마우스에 달린 휠은 세심한 근육의 움직임이 필요하다. 작은 휠은 사용할 가치가 없다. 크기가 크고, 휙휙 돌아가는 휠이 있는 마우스가 훨씬 낫다. 무선 기능이나 옵티컬 트래킹 같은 추가 기능은 정말 좋다. 마우스 선이 꼬인다든지 먼지 때문에 휠이 뻑뻑했던 시절은 지나간 지 오래다. 아직도 그것 때문에 고생 중이라면 마우스를 업그레이드하라.

손목, 팔, 어깨가 한쪽만 아프다면, 마우스가 범인일 가능성이 높다. 마우스를 조작하는 손을 바꿔보라. 사무실과 집에서 각각 마우스를 다른 쪽으로 놓아둘 수도 있다. 왼손잡이 마우스를 살 필요는 없다. 왼손으로 마우스를 조작하는 것은 어렵지 않다.

책상과 의자

멋진 최신형 의자에 앉을 필요는 없다. 그냥 자신에게 맞는 의자를 찾으면 된다. 허먼 밀러 에어론Herman Miller Aeron 의자는 인체 공학 의자 중 최고 제품이다. 그렇지만 내 몸에 맞지는 않았고 여러분 몸에도 맞지 않을지도 모른다. 내게 완벽한 의자인 허먼 밀러 이쿠아Herman Miller Equa를 전에 다니던 회사 회의실에서 발견했다. 비교적 소박하고 뽐낼 만한 의자는 아니지만 내 몸에 딱 맞다.

어떤 사람들은 짐볼이나 니스툴 같은 이상한 물건들을 이용하기도 한다. 등이 적절한 곡선을 유지할 수만 있다면 어떤 것이라도 좋다. 적절한 정도를 잘 모르겠다면, 의사나 척추 교정사를 찾아가 보라.

마지막으로 의자가 아무리 좋아도 사람의 몸은 종일 책상 앞에 앉아 있도록 설계되지 않았다. 서서 일하는 것도 고려해 보라. 칸막이형 사무 공간은 모양을 바꾸기 쉬우니 책상을 높이는 것도 한 번 시도해 보라.

근육 활동을 측정하기

정말 인체 공학에 대해 깊이 파고들고 싶다면 바이오피드백 전문가나 SEMG^{surface} ^{electromyography}를 보유하고 있는 물리 치료사를 찾아보라. SEMG는 근육의 전기적 자극을 측정하는 기계로, 인식하기엔 너무 미묘한 근육 활동을 측정할 수 있다.

예를 들면 승모근에 센서를 부착하면, SEMG는 키보드와 의자 위치가 적절한지, 근육이 긴장되어 있지 않은지 측정해준다. 자세의 미세한 변동으로 근육이 몇 밀리 볼트로 이완되는지 아니면 수백만 볼트로 경련 중인지 알 수 있다. 잠깐 앉아 있는 동안은 느끼지 못할 것이다. 그러나 잘못된 자세가 쌓이면, 통증과 긴장성 두통이 일어나기도 한다.

완전 괴짜 같지만, 훈련 몇 번으로 앞으로 몇십 년간 효과를 볼 것이다.

스스로를 최적화하라

많은 수의 인체 공학 입문서는 작업 환경에만 주목하고 똑같이 중요한 부분인 '사람'을 무시한다. 긴장 상태를 최소화하기 위해 돈과 시간을 들여 작업 환경을 최적화하는 것도 중요하지만, 자신이 할 일을 위해 몸을 최적화하는 것도 똑같이 중요하다.

효율

배워야 할 최고의 기술이 한 가지 있다면 그것은 보지 않고 제대로 타자하는 기술이다. 바보 같은 이야기로 들릴 줄은 안다. 개발자인데 당연히 타자할 줄 알 것이다. 하지만 정말 제대로 타자하고 있는가? 키네시스 키보드로 바꿨을 때, 내가 제대로 타자하고 있지 않다는 것을 체험했다. 왼손은 한 단 밀려 들어와 있었고, 새끼 손가락은 전혀 쓰지 않았다. 재훈련후 정확성과 속도가 눈에 띄게 향상됐다.

보지 않고 타자하는 기술에는 비밀 같은 것은 없다. 반복된 훈련의 결과다. 낙담도 약간 뒤따른다. 한 가지 요령이 있다면, 키보드 키에 색칠을 하라. 난 모든 키에 다른 색을 칠했다. 사무실에서 주목을 좀 받긴 했다.

어떤 사람들은 다른 자판 배열을 사용한다. 쿼티^{QWERTY} 배열만 있는 것은 아니다. 그중에서 드보락^{Dvorak} 키보드는 영문 타자를 할 때 손가락을 최소로 움직일 수 있도록 배열되어 있다. 아마 거의 모든 컴퓨터에서 드보락 배열로 변경할 수 있을 것이다. 대부분 제어판 메뉴 중 키보드 설정에서 바꿀 수 있게 되어 있다.

나는 드보락 배열을 사용한다. 손가락 움직임이 줄고 긴 시간 타자하는 데 더 편하다. 그러나 드보락으로 바꾸기는 매우 어려웠다. 타자 속도가 돌아올 때까지 두 달이 걸렸다. 주로 랩톱을 사용해야 한다면 드보락을 고려해 보라. 데스크톱을 사용한다면, 먼저 좋은 키보드를 사라. 문제를 해결하기 위해 돈을 쓰는 것이, 두 달간 생산성이 떨어지는 것보다는 더 효율적이다.

근력

나는 근력 운동과 적절한 식단 관리로 엄청난 효과를 보았다. 허리 통증은 없어졌고, 타자 때문에 팔목이 아팠던 것은 멀리 사라졌으며, 모든 일상 생활을 위한 컨디션이 더 좋아졌다. 데드리프트^{deadlift5}가 허리 통증을, 케틀벨^{kettlebell6}이 팔목 통증을 줄여준다는 말은 모순적인 것처럼 들리지만 강한 근육은 덜 다치게 되어 있다.

힘을 기르는 데에는 특별한 비법 같은 것은 없다. 대신 근력 운동을 도와줄 깐깐한 코치를 찾아보라.

실천하기

근무 환경을 평가해 보라. 키보드가 얼마나 맞는가? 마우스는? 모니터는? 건강에 좋지 않는 것들을 개선하는 데 회사가 얼마나 돈을 대주는지 알아보라. 필요하다면 자기 돈을 얼마나 투자할지 결정하라.

보지 않고 타자하는 방법을 배우라. 진심이다. 표준 배열로 손가락을 배치하는 것에 신경을 쓰면, 한 달 후면 키보드를 볼 필요가 전혀 없어진다.

---

5   역도 바벨을 바닥에서 넓적다리 윗부분까지 바로 들어올리는 것
6   러시아에서 시작됐다고 알려진 손잡이가 달린 쇠공

4장

팀워크

세상에는 모든 일을 혼자서 해낼 줄 아는 개발자도 있다. 그러나 대다수 개발자는 다른 사람들과 어울려 지낼 필요가 있다.

회사에서 하는 많은 일에는 정기적으로 타인과 소통하는 것이 필요하다. 내향적인 개발자는 자기 작업 공간에서 코드만 짜고 싶어 할지도 모른다. 그런데 효율적으로 소통을 하는지 안 하는지가 자신의 멋진 비장의 코드에 영향을 끼칠 수 있다.

인간관계를 다루는 '소프트 스킬$^{soft\ skill}$'은 딱히 개발자들이 잘하는 분야는 아닌데다가, 이번 장을 읽는다고 해서 데일 카네기$^{Dale\ Carnegie}$[1]처럼 되지는 않을 것이다. 대신 이번 장은 사람들의 성향 특징을 인정하고 회사 내에서 교류하는 방법에 초점이 맞춰져 있다.

'남에게 대접을 받고자 하는 대로 너희도 남을 대접하라'는 황금률은 팀워크에도 해당된다. 그 황금률에 덧붙여 보자면 다음과 같다.

- '팁 21. 성격 유형을 이해하라'는 성격 유형을 객관적으로 측정하는 법을 알아본다. 스스로가 지닌 여러 성향에 대해 이해하고 자신과 다른 사람들이 어떻게 다른지 안다면 타인과 일하기 쉬워진다.
- '팁 22. 점들을 연결하라'는 사람들 간의 연결 고리를 살펴본다. 회사

---

[1] 『How to Win Friends and Influence People』의 지은이

조직도에 '권력관계'가 대충 나와 있기는 하지만, 단순히 보이는 것보다 사람들 간의 영향력 관계가 더 흥미롭기 때문이다.
- '팁 23. 함께 일하기'에서는 팀과 함께 개발하고 협업하는 법을 훨씬 더 구체적으로 설명할 것이다.
- 마지막으로 '팁 24. 회의는 효율적으로'에서는 개미지옥으로 빠지는 협업 상황, 모두가 기피하는 업무 회의에 대처할 수 있는 행동 지침을 준다.

TIP 21
성격 유형을 이해하라

 성격 차이를 인정하면 다른 사람들과 효율적으로 일하는 데 도움이 될 것이다.

성격과 관련해서 이것만은 명확하다. 모두가 자신 같지 않다. 그러나 도대체 얼마나 같지 않은지 측정할 수 있는 다양한 방법이 있다는 것은 잘 알려지지 않은 듯하다.

잘 알려진 측정 방법으로는 MBTI[2]가 있는데, 사람들이 세상을 어떻게 인식하고 판단하는지를 측정하는 방법이다. 자신의 MBTI 성격이 무엇인지 알아보려고 검사를 받을 수 있다. 그리고 같이 일하는 사람들의 MBTI가 뭔지 알면 편리하겠으나 아마 회사에서 제공하지 않을 것이다.

그것보다 더 중요한 것은 MBTI나 여타 성격 유형 검사들을 이해하고, 주변 사람들을 관찰할 때 그것들을 판단하는 도구로 사용하는 것이다. 사람들의 유형을 정확히 맞히지 못할지도 모르지만 근접할 수는 있을 것이다. 자신과 타인들이 어떻게 세상을 대하는지 방식을 대충 안다면, 다른 사람들과 의미 있는 방식으로 관계를 맺는 데 도움이 될 것이다.

기질: 내향성/외향성 Introversion/Extroversion

첫 번째 유형 검사는, 내향성과 외향성, 즉 세상을 보는 시선의 방향이 내부인지 외부인지 척도를 측정하는 것이다. 아마 내향성/외향성이라는 용어에 대해 들어본 적이 있어서 스스로 평가할 수 있을 것이다. 쉽게 설명하자면 다음과 같다.

---

[2] http://en.wikipedia.org/wiki/Myers-Briggs_Type_Indicator

- 내향적인 사람들은 혼자서만, 또는 1:1 상황에서만 자신을 충전할 수 있다. 사람을 여러 명 대하는 것은 그들의 에너지를 바닥내는 일이다. 그들은 지식을 깊게 탐구하며 행동하기 전에 생각하는 유형이다.
- 외향적인 사람들은 사람들과 함께 시간을 보내며 자신을 충전한다. 혼자 있는 상황에서는 침체된다. 그들은 폭넓은 지식을 알고자 하며 생각하기 전에 행동하는 유형이다.

내향적인 사람들과 외향적인 사람들은 서로의 장점을 인정할 경우에 같이 잘 지낼 수 있다. 예를 들면 개발자들과 영업 담당들은 주로 극과 극에 서 있는 사람들이지만, 서로를 존중하는 두 명을 함께 묶어 전선에 내세울 때 무시할 수 없는 강력한 연합이 된다. 사실 내 최고의 작업 중 몇 가지는 사업 개발 담당자와 협업에서 이루어졌다. 그는 사람들을 모으고 나는 기술적인 부분을 돌보았다.

내향/외향의 차이는 사람들과 얼마나 잘 지내는지 여부로 구분되는 것은 아니다. 내향적인 사람은 낯을 가리고 외향적인 사람은 사교적일 것이라 생각하지만, 항상 그렇지는 않다. 내향적인 사람도 활달하며 표현력이 풍부할 수 있으며 외향적인 사람도 낯을 가리기도 한다.

나는 내향형이다. MBTI 검사에서 거의 내향형의 극을 보여주긴 했지만 나이가 들면서 겉으로 표현을 잘 하는 사람이 되었다. 이것은 연습의 결과이기도 하다. 각종 전시회는 완전히 낯선 사람들과 대화를 시작하고 빨리 공통의 주제를 찾는 연습을 하기에 정말 좋은 곳이다.

인식: 감각/직관 Sensing/Intuition

다음 척도는 사람이 정보를 어떻게 모으는지 측정한다. 감각(또는 데이터) 지향적인가, 아니면 직관과 연상에 의지하는가? 이 측정 방법은 사고하는 방식[3]중 L-모드 및 R-모드와 비교할 수 있다. 이는 일반적으로 순차적이고 논리적인 '좌뇌' 방식과 패턴 인식과 예술적인 기술이 필요한 '우뇌' 방식으로 불리기도 한다. 쉽게 설명하자면 다음과 같다.

- 감각에 의존하는 사람들은 인식 대상에 따라 오감에서 전달되는 정보가 다 다르겠지만 그들이 보는 정보에서 의미를 뽑아낸다. 이것은 뇌의 순차적, 추론적인 부분을 이용해 무엇이 일어나는지에 대한 그림을 짜맞추는 L-모드 사고다.
- 직관에 의존하는 사람들은 정보에 의존하기보다는 그들이 가지고 있는 정보에 대한 본능적인 반응을 이용한다. 이것은 무작정 때려 맞히는 것과는 다르다. 그 '본능'이 뇌의 다른 부분에서 오는 것뿐이다. 이것이 바로 비동기적이고 패턴을 맞추는 부분이 작동되며 통찰력이 '번쩍'하고 오는 R-모드 사고다.

이런 사고방식의 차이는 말콤 글래드웰이 쓴 『Blink』[Gla06]에 잘 묘사되어 있는데, 그는 책에서 예술 전문가들이 가짜를 골라내는 능력에 대해 다룬다. 어떤 부류는 감각적인 접근 방법을 이용해 가짜로 의심되는 그림을 진품 레퍼런스와 비교해서 붓놀림 길이와 밀도를 분석해 통계를 내는 소프트웨어를 만들기도 한다. 충분한 정보만 주어진다면 그들은 화가의 스타일을 특징지어 눈으로 보기에 거의 비슷한 가짜들을 잡아낼 수 있다.

다른 부류의 예술 전문가들은 의심되는 그림을 보고 본능적으로 진짜인지 가짜인지 안다. 이것은 그냥 맞춰보는 것이 아니라 옳았든 틀렸든 그들은 패턴을 맞추는 뇌의 기능, 즉 수십 년간 경험으로 훈련된 그 기능

---

3 앤디 헌트가 쓴 『Pragmatic Thinking and Learning』[Hun08]을 보라.

을 사용하는 것이다. 결과적으로 그들은 스스로 자신만의 통계 모델을 만들어낸 것이다. 그것을 어떻게 하는지 합리적으로 설명할 수 없지만 그들은 가짜를 볼 때면 가짜인지 본능적으로 안다. 그리고 대개 그들이 옳다.

이런 것들이 다른 사람들과 관계에서 어떤 역할을 할까? 버그를 잡아내는 상황이라고 가정하자. 당신은 정보에 의존하는 유형이고, 직관에 의존하며 경험이 많은 동료와 작업 중이라고 해보자. 동료가 "음, 그거 말고 이 모듈에서 한 번 찾아볼까"라고 말은 하는데 이유를 설명하기 어려워한다면, 그의 의견을 밀쳐버리기보다 받아주려고 하라. 그가 설명할 수 없다고 해서 그가 정말 생각 없이 이야기한 것은 아니다. 뇌의 선형적이고 논리적인 사고를 하는 곳에서 온 생각이 아닐 뿐이다. 그의 예감이 잘 맞지 않는다면 정보를 더 모아보라.

그러나 사람들은 대부분 감각/직관의 척도 위에서 어느 한쪽으로 약간 쏠려 있으며, 날마다 감각과 직관 둘 다 사용한다는 점을 기억하라.

판단: 사고/감정 Thinking/Feeling

이제 주변에 있는 세계를 인식한 후에는 무엇을 하나? 그다음은 '행동'이다(TV를 보러 갈 수 있지만, 그 선택은 여기서 무시하자). 이 척도는 하려는 행동을 어떻게 결정하는지 검사한다. 논리적인 분석인가, 상황과 사람들에 대한 공감인가? 각 방식의 특징은 다음과 같다.

- 생각에 의지하는 사람은 외부에서 문제를 살펴보며 가장 좋은 행동을 이성적으로 찾아내려고 한다. 아주 친절하고 인정 많은 성격일 수 있지만, 최종 결론은 상황에 대한 그들의 느낌보다 논리에 더 근거한다.
- 감정에 의존하는 사람은 특정 상황에 감정적으로 자신을 넣어버린다.

사람들과 환경에 개인적인 차원에서 공감한다. 엄청나게 이성적일 수 있으나, 결국에는 근본적으로 옳다고 느끼는 것에 따라 행동하는 사람들이다.

개발을 하다 보면 꼭 판단을 내려야 하는 상황들과 자주 만나게 된다. 나는 그런 상황들을 얘기하는 것이 아니다. 이런 척도가 의미 있는, 애매모호한 상황들을 말하는 것이다. 예를 들면, 어떤 기능을 완성해야 하는데 누가 무엇을 해야 할지 나눠야 한다고 하자.

사고형의 사람의 판단은 이런 방식으로 진행될 것이다. 해야 할 일을 분석해 둘이서 똑같은 양의 작업을 하도록 나누고, 일을 쪼개 각각 잘하는 사람이 가져가고, 상대방 때문에 다른 사람이 일을 못하는 상황이 없게 해야 하고….

반면 감각형의 사람은 이런 방식으로 판단할 것이다. 그녀가 데이터베이스 작업을 하는 것을 좋아하고 더 하고 싶어 한다는 것을 아는데, 관리자들에게 진도가 나가는 것을 보여줘야 하고, 우리가 제대로 못할까봐 관리자들은 걱정하니 그녀가 데이터베이스 쪽을 하는 동안 내가 사용자 인터페이스 쪽을 대충 해 놓아야겠다.

어떤 면에서 판단 척도는 인식 척도의 뒷면일지도 모른다. 어떻게 세상을 보는지, 그리고 본 것을 기초로 어떻게 행동하는지 측정하는 것이다. 어쨌든 그 두 척도는 서로 교차된다. 감각형이며 감정형이거나, 직관형이면서 사고형인 사람들도 있다.

개발자들은 사고형인 경우가 많다. 어떻게 판단을 내릴지 컴퓨터가 데이터를 기반으로 종일 알려주기 때문에 그렇다. 분명히 그런 것들 일부가 우리의 개인 사고 과정에도 영향을 미칠 것이다. 그렇지만 감정형 사람들의 판단 방식을 열등한 것으로 치부하지는 말라. 넓게 보면 여러분은 날마다 '사람'들과 일하고 있으며, 약간의 공감 노력만으로도 그들과 함께 오래 일할 수 있을 것이다.

생활 방식: 인식/판단 Perception/Judgment

마지막 측정 방법은 인식 모드와 판단 모드 중 선호하는 방식을 가리킨다. 모든 사람이 똑같은 방법으로 인식과 판단을 하지는 않는다. 사람은 인식하기 전까지는 판단할 수 없다. 그러나 당장 판단할 필요가 없는 상황에서는 인식 모드에 머물러 있는가, 아니면 판단이 필요 없지만 바로 판단 모드로 이동하는가?

- 인식을 우선시하는 사람은 정보를 계속 모으기를 좋아하며(감각이나 직관을 이용해) 정말로 판단이 필요할 때까지 결론을 내리지 않는다. 선택지를 열어놓고 싶어 하며 인식을 위한 추가 기회를 닫아버릴 필요성을 느끼지 못한다.
- 판단 위주의 사람은 (사고나 감각을 이용해) 결론을 내리고 다음 일을 처리하기 원한다. 일단 결론을 내릴 만큼 상황을 충분히 인식했으면, 상황을 계속 열어두는 것은 그냥 스트레스의 원인일 뿐이다.

두 사람이 이 선호도의 양극단에 서 있음을 알아차리지 못할 경우, 이 차이는 엄청 짜증이 날 수 있다. 관리자는 판단형 사람이고, 여러분은 인식형의 사람이라고 해보자. 그는 제품에 도입할 기술에 대해 결정을 내리고 싶어 한다. 여러분은 아직 결론을 내리고 싶어 하지 않는다. 당장 고를 필요가 없는데다가, 더 많은 시간이 있어서 각 기술에 대해 더 많은 경험을 쌓을 수 있기 때문이다.

상사는 여러분이 왜 그런 얘기를 하는지 이해하지 못하며 짜증을 낼 것이다. 그는 여러분을 뒤떨어진 사람이라고 생각할 수 있을 것이다. 상사는 일부러 마감일을 정해버릴지도 모른다. 여러분도 만만치 않게 짜증이 날 것이다. 그가 점점 더 권위적으로 변한다고 생각할 것이다. 판단을 서두른다고 생각할 것이다.

그렇지만 이건 정말 생활 방식 척도 차이 때문에 벌어지는 일이다. 완벽한 세상에서는 관리자와 여러분은 각자 다른 성격을 인정하며 여러분에게 여러 가지를 고려할 수 있는 시간과 그가 너무 스트레스를 받기 전에 결론을 내릴 일정에 합의할 것이다.

일반적인 유형 조합들

개발자라고 하면 '논리적이기만 하고 감정이 없는'이라는 일반적인 인식은 내향적이고 감각적이고 사고하며 판단하는 ISTJ 유형을 말한다. 사실 이 유형은 14%~19%를 차지하며 미국 남성에게서 가장 흔한 유형이다.[4] 그다음으로 흔한 유형은 ESTJ다. 논리로 가득 차고 감성은 없는 외향적인 이 유형은 미국 남성의 10%~12%를 차지한다.

여성의 경우에도 크게 다르지 않다. ISFJ가 15%~20%를 차지하며 가장 흔한 유형이다. 남성들의 판단 방식인 사고를 느낌으로 바꾼다면 똑같다. 다음으로 흔한 유형은 12%~17%를 차지하는 ESFJ다. 감각형과 판단형은 성별 구분 없이 가장 흔하다.

자신이 흔한 유형 중 한 명이라면 잘된 일이다. 주변 사람과 관계를 맺는 데 큰 어려움을 겪지 않을 것이다. 반면 자신이 그런 유형이 사람이 아니라면, 빨리 그것을 깨닫고 다른 성격 유형과 관계를 맺는 데 노력을 특별히 더 기울여야 할 필요가 있다. 또 자신이 아주 특별한 시각을 지니고 있을지도 모르는 사람임을 깨달아야 한다. 어떤 상황에서 여러분처

---

[4] http://www.capt.org/mbti-assessment/estimated-frequencies.htm

럼 반응하는 사람은 여러분밖에 없을지도 모른다.

실천하기

MBTI 테스트를 해보라. 자격이 있는 사람에게 테스트를 받아야 한다. 인사부에서 비용 처리를 해줄지도 모른다. 상사에게 물어보라.

친구들한테 MBTI 테스트를 받아본 적이 있냐고 물어보라. 친구들이 자기 유형을 알려주기 전에 알아맞혀 보라. 친구들의 유형을 듣고 깜짝 놀랄지도 모른다. 놀랐다면 이전에 눈치챘을 만한 단서들이 있었는가? 예를 들면, 적극적인 내향성과 외향성을 구분해보는 방법을 찾아보라.

TIP 22
점들을 연결하라

 사람들 사이의 관계를 볼 수 있을 때까지는 시간이 걸린다. 처음 들어왔을 때 해야 할 일들에 집중하는 것만도 바쁠 것이다. 영향력은 시간이 지나면 따라오게 될 것이다.

'5장 회사 내부에서'에서는 공식적인 권력관계를 다룬다. 즉, 사람들의 관계가 회사 조직도 내에서 어떻게 구성되어 있는지 보게 될 것이다. 그러나 실질적인 영향력 관계는 조직도에 나타난 것과 다를 때가 많다. 사람들 간의 관계가 만들어내는 영향력은 팀에 새로 합류한 사람이 평가하기 어려운데다 인사부 홈페이지에도 나오지 않을 것이다.

그림 7의 도표를 살펴보자. 위에는 가상의 엔지니어링 부서의 공적인 관계, 아래에는 사적인 관계도를 그렸다. 공식적으로는 앨리스가 대장이고, 밥과 캐시가 일선 관리자들이며, 그리고 나머지는 개발자, 테스터 등이다.

시간이 지날수록 다음과 같은 사적인 관계들을 알게 될 것이다. 앨리스와 밥은 이전에 같이 일한 적이 두 번 있고 그 경험에 의해 서로 대단히 신뢰하고 있다. 홀리, 이언, 에마는 매주 같이 점심을 먹기 때문에 우정의 관계를 유지하고 있다.

카렌 스티븐슨Karen Stephenson 박사[5]는 회사 환경에서의 이러한 관계를 연구한다. 그는 회사 속에 파고 들어 직원 대상으로 취재를 진행하며 사적인 관계도를 그린다. 스티븐슨 박사는 사람들이 뭉치는 경향이 있다

5 http://www.drkaren.us

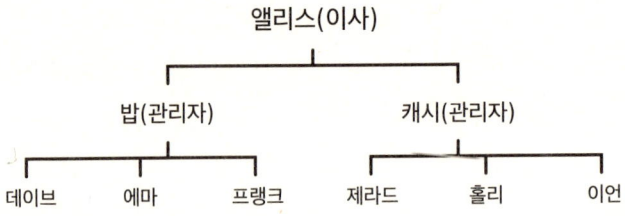

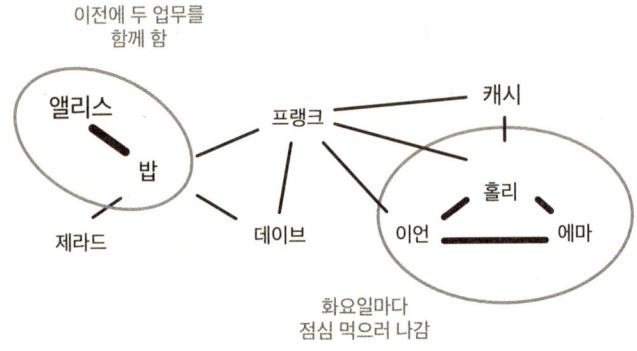

그림 7. 공적/사적 관계

는 것과, 그 모임들 사이에 핵심적인 연결 고리가 있음을 알아냈다.

어떤 사람은 많은 사람과 연결된 '허브'다. 이 예에서는 프랭크가 바로 그런 허브 역할을 한다. 평범한 개발자일 뿐이지만 그에게는 친구가 많다. 양쪽에 친구가 있는 프랭크는 허브이기 때문에 두 개 팀 사이에 중요한 연결 지점이 된다. 데이브가 골머리 앓고 있는 문제는 홀리가 지난 주 해결한 것과 같은 문제일지도 모른다. "홀리와 얘기해보세요. 도와줄 수 있을 것 같은데" 같은 얘기를 해줄 사람이 바로 프랭크인 것이다.

또 다른 관계 유형은 '문지기'가 있다. 핵심 인물과 돈독하고 특별한 관계를 유지하는 사람을 말한다. 밥은 앨리스에게 접근할 수 있는 문지

기다. 앨리스와 밥은 전문가로서 오래된 관계이기도 한데다 앨리스는 특별히 가까이 지내는 사람이 없기 때문에 밥은 조직도상의 직함에서 짐작할 수 있는 일보다 훨씬 더 앨리스와 사적으로 친하다. 캐시가 부서 내에서 새로운 프로젝트를 시작하고 싶지만, 돈이 많이 들 것을 아는 상황이라고 하자. 그럴 경우 캐시는 밥에게 그 프로젝트의 가치를 설득하는 편이 현명할 것이다. 밥이 앨리스에게 "캐시한테 괜찮은 아이디어가 하나 있던데…"라고 할 경우 꽤 영향이 있을 것이기 때문이다.

스티븐슨 박사가 말하는 마지막 유형은 '탐색자' 역할이다. 주변부에 있지만 일이 어떻게 돌아가는지 잘 아는 사람이다. 데이브가 그런 탐색자일 수 있다. 그는 문지기인 밥과 허브인 프랭크와 친구다. 밥, 프랭크와 대화를 나누며 데이브는 부서에서 돌아가는 일을 넓게, 밥과 프랭크에겐 없는 시각으로 볼 수 있다.

이런 것들이 고등학교에서 일어나는 일처럼 들릴 수 있다. 이런 관계들은 모든 모임에서 정상적인 사회적 역학이기 때문이다(다행히도 학교 축제에 데려갈 댄스 파트너를 걱정할 필요는 없다). 이 사실이 의미하는 것은 동료들의 모든 영향력을 출근 첫날에 다 알 수 없다는 것이다. 사람들의 비공식적인 관계에 대한 관심은 여러분에게 통찰력을 넘어선 영향력을 부여할 것이다. 여러분이 조직도 최하단에 있을지언정 말이다.

실천하기

스티븐슨 박사 놀이를 해보라. 공식 조직도부터 시작하라. 회사 인트라넷에 올라와 있을 수도 있고, 상사에게 화이트보드에 한 번 그려달라고 부탁해볼 수도 있다.

이제 그 조직도를 무시하고 관계 차트를 그려보라. 날마다 일어나는 다음과 같은 사람들의 교류들을 기억해 두라.

- 같이 점심 먹으러 가는 그룹
- 아침에 커피포트 앞에서 수다 떠는 사람들
- 커피포트 앞에서 수다 떠는 사람들 중 커피 한 잔을 들고 파티션에서 파티션으로 옮겨 다니며 이 사람, 저 사람과 수다 떠는 그 사람(모든 사무실에 그런 사람이 꼭 한 명씩 있다)
- 항상 기술적인 이슈로 화이트보드 앞에서 토론하는 그 개발자 두 명
- 관리자가 열 받아서 바람 좀 쐬어야 할 때 데리고 나가는 그 사람

이런 연결 고리를 기초로, 허브/문지기/탐색자들을 찾아내라. 그러나 그러한 지식을 통해 오히려 영향력을 가하는 것은 추천하지 않는다(그건 영업하는 사람들에게나 맡기라). 발전적인 쪽으로 사용하라. 예를 들어, 서버에 코드를 배포해야 하는데 어디서부터 시작해야 할지 모르겠다면, 여러분이 허브라고 생각하는 사람에게 물어보라. 그 사람이 답을 모를 수도 있지만, 그 답을 알고 있을 만한 사람을 아마도 알고 있을 것이고, 여러분에게 소개해줄 것이다.

> TIP 23
> # 함께 일하기

 개발자로 얼마나 효과적으로 일할 수 있는지는, 팀과 같이 일하는 능력에 어느 정도 달렸다.

대부분의 경우 여러분은 여러 개발자 중 한 명일 것이고, 그 여러 명의 성과는 노를 젓는 것처럼 모두가 같은 방향으로 노를 젓는지 여부에 달려 있다. 이것은 진부한 얘기이고 말은 쉽다. 실제로는 개발 업무를 진행하는 것은 노를 젓는 것보다 고양이를 한자리에 모으려는 것과 같다.

좋은 개발자는 의견이 뚜렷하고 의지가 강하다. 개발자 두 명에게 같은 문제를 풀라고 시킨다면, 각자 다른 방식으로 해결할 것이다. 그러나 제품은 몇 명의(또는 많은) 개발자들이 같이 일해서 응집력 있는 결과물을 완성하는 데 그 성패가 달려 있다.

나눠서 정복하라

보통 제품을 완성하기까지는 여러 사람의 다양한 재능을 필요로 하고, 모든 개발자는 자신만의 능력, 관심사, 전문 분야가 있다. 제품에 최대한 기여하려면 여러분이 할 수 있는 것이 무엇인지 아는 것이 가장 중요하다.

갓 시작하는 개발자라면 현업 프로그래밍 경험은 전혀 없을 테지만 열정이 있을 것이다. 거기서부터 시작해 보자. 꼭 해야 할 일 중에서 나머지 사람들이 별 경험이 없는 업무들이 있는가? 그것들은 대개 귀찮고 어려운 일들이다. 예를 들면 소프트웨어 패키징과 필드 업그레이드 작업들이 그렇다. 완전 엉망이고, 아무도 건드리고 싶어 하지 않는다. 그런 일이야말로 파고들어서 점수를 딸 수 있는 기회다.

    귀찮고 어려운 일들을 맡는다는 것은 자신의 전문성을 키우는 것과 동시에 팀에서 신뢰도를 높이는 방법이다. 프로젝트의 쉬운 일들만 처리한다면 할 수 없는 일이다(그러나 성공 사례를 빨리 내보이는 것과 균형을 맞추어야 한다. '팁 17. 눈에 띄라'를 보라). 팀이 일을 나눌 때 신뢰를 쌓을 수 있는 일들을 찾으라. 도전할 만한, 해결을 필요로 하는 일이 어디에 있는가? 다음과 같은 일정 회의를 상상해 보라.

팀장: 3D 아이콘 렌더링 도구를 맡을 사람?

데이브, 에마, 프랭크(동시에): 저요.

팀장: 그럼 1986년도 DXF 파일을 현재 사용하는 포맷으로 변환하는 작업은 누가 할래요?

(침묵)

당신: 제가 그 작업을 맡으면, 막힐 때 도와주실 분 있으신가요?

프랭크: 아주 오래 전에 DXF 파일을 좀 짠 적이 있었는데, 그 플로피 디스크 위에 고양이가 토해놓는 바람에, 아직도 화가 나 있지만 내가 도와줄 수 있을 것 같아.

당신: 예. 제가 할게요.

이제 풀기 어려운 프로젝트를 하게 되었고 여러분이 지원하지 않았더라면 그 일을 했을 프랭크도 구해주게 되었다. 프랭크는 아마 한 달간 자기 고양이에 대해 불평했을 것이다.

짝 프로그래밍

어느 문제에 도전했는데 도저히 풀 수 없을 때가 있다. 괜찮다. 누구한테나 일어나는 일이다. 다른 개발자와 짝을 이뤄 다시 시도해보라. 대부분의 경우에 다른 사람의 눈과 신선한 시각이 필요한 돌파구를 제공한다.

한 사람은 타자하고 한 사람은 관찰하면서 의견을 내놓는 짝 프로그래밍은 매우 효율적인 방법이라 항상 짝으로 작업하는 팀들도 있다. 어떤 팀들은 혼자 일하되, 누군가 막힐 때만 짝으로 일하기도 한다. 나는 가끔 두 가지 방법을 섞어 쓰기도 한다. 공동 공간에서 각자 랩톱을 가지고 작업하되 각자 문제의 다른 면을 공략하는 방법이다.

자신이 속한 팀에 짝 작업 문화가 정착하지 않았더라도, 동료의 시간을 빌려오는 것이 그렇게 어려운 일은 아니다. 몇 가지 팁을 제시한다.

- 하고 있는 일에 대해 경험이 있는 사람을 찾아보라("프랭크, DXF에 대해 좀 안다고 들었어요. 내가 까다로운 DXF 변환기 작업하는 것 좀 지켜봐 주고 조언을 좀 줄 수 있을까요?").
- 단지 몇 시간보다 더 많은 시간이 필요하다면 관리자의 확인을 받으라("프랭크의 시간을 좀 빌려도 될까요? 작업이 좀 어려운데 도움이 필요해요.").

단 하나 절대 하지 말아야 하는 것은 도움을 청하지 않고 혼자서 헤매는 일이다. 물론 오랫동안 끈질긴 연구가 필요한 문제들이 있긴 하다. 그러나 아무리 해도 풀리지 않는다면 그때는 다른 사람이 같이 봐줄 타이밍이다.

집중과 방해

협업을 하다 보면 필수적으로 개인 간에 일을 나누고 함께 일을 하게 된다. 대다수 팀에서 이것은 자연스러운 일이며, 개인 시간과 협동 시간은 섞이며 예측할 수 없다. 거기에서 간극이 일어날 수 있다.

개발자 언어로 '콘텍스트 스위치 오버헤드context switch overhead'라고 부르는데, 각 상태를 전환하는 것은 사람에 따라, 그리고 하는 일에 따라 매우 어려울 수 있다. 개발이라는 것은 주로 고도의 집중력을 필요로 하고, 그 상태까지 도달하려면 시간이 필요하다. 그렇기 때문에 방해를 최소화하려고 개발자들에게 개별 사무실을 내주는 회사도 있다.

반면 협동은 방해를 필요로 한다. 그렇기 때문에 협동을 최대화하려고 개발자들을 넓고 개방된 공간에 배치하는 회사도 있다. 양쪽 다 맞는 면이 있으나, 그 어떤 환경에서도 일을 잘 하려면 집중과 방해 사이를 잘 조절할 줄 알아야 한다.

우선, 동료가 집중하려고 노력하는 것처럼 보인다면 그를 귀찮게 하지 말라. 작업 공간 문이 닫혀 있고 헤드폰을 쓰고 있는 모습으로 그런 신호를 알아차릴 수 있을 것이다. 자신이 집중해야 하는 시간이 필요하다면 이메일, 메신저, 휴대 전화를 꺼라. 회사 문화가 허용한다면 집이나 카페에서 일해보라.

둘째, 방해받는 것에 익숙해지라. 공동 작업에는 엄청난 가치가 있고, 사무실 문을 닫아버리는 것은 자기 주변에서 일어나는 많은 대화에서 차단되는 것과 마찬가지다. 방해의 영향을 최소화하는 여러 가지 생산성 향상 기법이 있다. GTD Getting Things Done 부터 시작해보는 것도 좋은 방법이다.

모든 것의 가운데에서

내 가장 좋은 근무 환경은 거의 모든 개발자가 기피하는 그 자리였다. 사무실 한가운데 파티션이 낮은 자리 말이다. 회사를 다닌 지 몇 년 되었을 때 난 핵심 소프트웨어

> 팀과 앉고 싶었고, 빈 자리가 생겼을 때(정말 아무 자리라도 괜찮았다) 난 그 자리를 골랐다.
>
> 내 새로운 자리는 한가운데 공동 구역 근처에 있었다. 흥미로운 대화가 오갔고, 큰 노력 없이도 참여할 수 있었다. 나는 제품의 다양한 부분에 참여했고, 빠른 속도로 엄청난 전문성과 신뢰성을 얻게 되었다. 어떤 일의 중심에 다가가려면 '물리적으로' 중심에 위치하는 것이 좋다.
>
> 완전 반대의 일도 겪어보았다. 내가 속한 팀은 수천 마일 떨어진 채 우리 집 지하실에서 일했는데, 경력 중 최악의 일이었다. 내가 어떻게 하든지 간에 제품 설계에 참여할 수 있는 방법이 도저히 없었다.
>
> 미국인들은 창가 자리를 더 좋게 여기지만, 내 경험상 일본인들 말이 맞다. 가장 소중한 자리, 즉 가장 영향력이 큰 자리는 모든 것의 중앙이다.

실천하기

쉬운 일이 하나 있다. 사무실에서 근무한다면, 매일 다른 개발자와 수다를 떨라. 커피, 점심·저녁 식사 등은 수다를 떨기 충분한 기회다. 회사가 여러 곳에 흩어져 있는 경우에는 적어도 하루에 한 번씩 메신저나 전화를 이용하라.

또 한 가지는 일이 중단되는 상황을 다루는 법이다. 생산성 기법에 관해 알아보라. 동료들에게 물어보고, 블로그도 찾아보고, 데이비드 앨런 David Allen 책6[All02]도 읽어보고 필요한 방법을 고르라. 4주에서 6주간 그 방법을 시도해 보라. 새로운 습관을 만들려면 그 정도 기간은 필요하다. 그 이후에도 도움보다는 방해만 된다면 버리라.

---

6 『Getting Things Done: The Art of Stress-Free Productivity』

TIP 24
회의는 효율적으로

 출근 첫날부터 회의에 들어오라는 얘기를 들을 것이다. 그렇기 때문이 이 팁은 일찍 써먹을 수 있을 것이다(특히, 화장실 물 내리는 타이밍에 대한 팁).

많은 사람이 회의는 생산성의 적이라고 생각한다. 그 어느 것도 그 많은 사람의 시간을 그렇게 낭비할 수 없을 거라 한다. 완전히 틀린 말은 아니다. 그런데 회의는 필요하고, 어떤 때는 생산적이기도 하다.

회의에 대한 이론적인 면은 단순하다. 결정을 내려야 하니, 필요한 사람들을 한 공간에 모이게 하고, 안건을 얘기한 후 결정을 내리는 것이다. '커뮤니케이션 전송 대역' 관점에서 면대면 대화보다 더 효과적인 방법은 없다. 이메일은 전달력이 부족할 뿐 아니라 주고받는 데 시간이 오래 걸린다. 전화로는 좀 더 쉽게 전달할 수 있지만 사람들의 집중력이 떨어지기 쉽다. 난 화상 회의에 대해서는 여태 좋은 인상을 받아보지 못했다. 면대면 방법이 의사소통하기에 확실히 가장 좋은 방법이다.

그런데 사람들과 직접 대화하는 것이 그렇게 효과적이라면, 끝나지 않는 지겨운 회의는 도대체 어디에서 비롯되는 것인가? 직원 생산성을 높이는 TFT 조직 등에 대해 들어본 적이 있을 것이다. 한 번은 관리자 스무 명이 다음과 같은 심각한 문제에 대해 토론하는 회의에 참석한 적이 있다. '긁힌 자국이 있는 기계들을 할인가에 팔까, 아니면 그것들을 수리비를 들여 고칠까?' 그 스무 명이 그 이슈에 대해 15분간 토론하고 있는 동안의 그들의 월급을 생각해 보라. 페인트 가격이 얼마더라?

어쨌거나 여러분은 그런 바보 같은 회의에 참석하게 될 것이다. 그냥 받아들이라. 하지만 여러분은 회의를 효율적으로 진행하는 데 도움이 되며, 동시에 다른 사람들에게 모범을 보일 수 있다.

> **랩톱 없는 회의 원칙**
>
> 회의라는 것은 랩톱 대신 데스크톱 컴퓨터를 사용했던 1990년대에 훨씬 더 생산적이었다. 요즘은 회의실로 스무 명을 부를 경우 열아홉 명이 랩톱으로 이메일을 쓰거나 웹을 돌아다니고 있을 것이다. 주로 소수의 사람들만 형식을 지켜 회의를 지배하고 있을 것이고, 그들은 어차피 집중하지 않는 다른 사람들이 시간을 낭비하는 것까지 신경 쓸 필요는 없는 것이다.
>
> 몇몇 회사는 이를 깨닫고 '랩톱 없는 회의' 방침을 도입했다. 좋은 생각이다. 회의실에 스무 명을 넣어 놓았을 때 갖고 놀 수 있는 것이 종이와 펜뿐이라면, 회의를 빨리 끝내고 나갈 동기가 생기기 때문이다.
>
> 물론 예외도 있다. 코드 리뷰, 제품 시연 등이다. 랩톱을 사용해 회의가 더 효율적이 되느냐 아니냐에 따라 결정된다.

목적을 갖기

회의 참석 요청이 왔을 때, 회의를 주최하는 사람이 무엇을 얻어가려는지 알아내려고 하라. 이상적인 상황이라면 요청 메일에 명확하게 써 있을 것이다. 그런데 대부분은 그렇지 않을 것이다.

다른 부서들과 '프로젝트 우선순위를 정하는 협업 기획 회의'에 초대 받았다고 가정해 보자. 멋지게 들리기는 하나, 사람들이 그 회의에서 해야 할 일은 과연 무엇인가? 회의 주최자에게 직접 또는 이메일로 하나씩 문의해서 명확한 목적을 얻어낼 수 있다.

- 이 회의에서 얻어내려는 목적을 정확하게 얘기해주실 수 있나요?

• 사전 준비 사항이 있나요?

잘난 체하지 말고, 적극적인 태도를 보이라. 주최자가 이 괴물 같은 회의의 책임자가 아닐 수도 있다. 시켜서 하는 일일 수도 있다. 목적과 준비에 관련해 예의 바르게 문의하는 것은 그들이 진짜 아젠다를 말하도록 옆구리를 찌르는 일일지도 모른다.

자신이 회의를 주최하는 사람이라면 미리 스스로에게 그 질문을 던져서 얻는 답변을 아젠다의 기초로 활용하라.

적절한 참석자들을 부르기

목적이 주어졌다면, 또 다른 핵심 요건은 회의실에 적절한 사람들을 모으는 것이다. 정보를 알고자 하는 것이면 누가 그 정보를 갖고 있는가? 필요한 것이 결단이라면 그 결정을 내릴 만한 권리가 있는 사람은 누구인가? 여러 기능을 연동해야 하는 미션이라면 어떤 기능들을 생각하고 있는가?

다른 사람들이 주최하는 회의의 참석자들에 대해서는 별 권한이 없겠지만 참석 여부에 대해서는 자신이 어느 정도 조정할 수 있을 것이다. 그냥 빠지지는 말라. 예의 없는 일이다. 대신, 아무런 일이 없는 거대한 회의에 참석 요청을 받았다면 주최자에게(다시 말하지만 일대일로) 자신이 참석해야 할 필요가 있는지 직접 확인해 보라.

건설적인 회의를 하라

불만, 불평으로 흘러가는 회의에 참석했다면 그 대화를 건설적인 방향으로 유도할 방법은 없는지 고민해 보라. 다음과 같은 상황을 예로 들어보겠다.

데이브: 웹 서버들은 그런 부하를 처리하지 못해요. 완전 최악이에요.

에마: 장난 아니에요. 데이터베이스 서버도 그래요.

(주절주절... 불평은 계속되고)

당신: 그 문제를 해결하는 다른 방법은 없을까요? 부하를 줄이기 위해 더 많은 문서를 캐시에 올린다든지 하는 방법 같은?

뭔가 획기적인 아이디어를 꺼내지 않아도 된다. 오히려 문제 때문에 울기보다는 문제 해결 방법을 이야기하는 방향으로 대화를 끌어가면 된다. 개발자들은 문제 위에 앉아 있는 것은 잘한다. 쉽기 때문이다. 그것이 정답이 아니더라도, 해결 방법을 내놓는 자체가 재능이 필요한 일이다.

콘퍼런스 콜

회의 참석자들이 세계 여기저기에 흩어져 있을 경우, 일반적으로 콘퍼런스 콜을 이용해 만난다. 콘퍼런스 콜이라고 특별한 것은 없지만, 몇 가지 팁이 도움이 될지도 모르겠다. 첫째, 대부분 사람들이 제대로 집중하지 않고 있다는 점을 유념해야 한다. 누군가에게 직접적인 질문을 던져야 한다면, 그들의 집중력을 끄는 문구를 넣으라. "테스트 스위트에 대해 질문이 있어요. 밥, 이 부분 말이죠.…" 밥이 테스트 스위트 담당자라면, 이런 식으로 유도하면 질문으로 들어가기 전에 집중하게 된다.

둘째, 말하고 있지 않을 때는 마이크를 꺼두라. 특히 집중하지 않고 있을 때 변기 내리는 소리에 회의가 완전히 망가질 수 있다(난 한 번도 변기 내리는 소리를 들려주는 사고는 안 내봤지만, 욕조에 몸을 담근 채 지겨운 회의에 '참석'한 적은 있다).

실천하기

회의 주최자 입장에 한 번 있어 보라. 하고 있는 프로젝트에 관련해 회사 내 다른 사람들이 피드백을 줄 수 있는 부분이 분명히 있을 것이다. 회의를 주최할 정도로 가치가 있다고 하면, 이렇게 해보라.

1. 필요한 시간 이상으로 회의 시간을 잡지 말라. 단 15분일지라도 말이다.
2. 주소록을 털지 말고 꼭 필요한 사람들에게만 참석 요청을 보내라.
3. 회의 하루 전에 아젠다와 필요로 하는 결과를 메일로 보내라.
4. 회의 안건을 다 다루면 끝난 것이다. 예상보다 회의 시간이 남더라도 말이다. 참석해줘서 감사하다는 말을 전하고, 하던 일로 돌려보내라.
5. 적절하다면, 참석자들에게 회의를 진행했던 시간과 그들이 기여한 바를 언급하는 메일을 보내라. 이런 메일로 누가 무엇을 할 것이고, 회의 중에 어떤 얘기가 오갔는지 공유할 수 있게 될 것이다.

회의 참석자들이 처음에는 또 회의한다고 지겨워 했을지라도 그들은 여러분이 아젠다에 집중하고, 원하는 것에 대한 결론을 내리고, 바로 돌려보냈다는 사실에 놀라워할 것이다.

3부

회사라는 세계

5장
회사 내부에서

내 아이들이 가장 좋아하는 책은 그림책 작가 리처드 스캐리[Richard Scarry]의 『허둥지둥 바쁜 하루가 좋아』다. 나도 가끔 궁금하다. 내가 책을 쓰는 지금, 예를 들면 IBM에는 42만 6751명의 직원[1]들이 있다. 그 사람들은 종일 무엇을 하나?

조금 더 가까운 곳을 살펴보자. 솔직히 회사의 모든 사람을 알 필요는 없다. 많은 프로그래머들은 회사 건물의 다른 구역에 가는 모험을 해보지 않는다. '여기서부터 마케팅부, 술 두 잔은 기본' 표지판을 보고는 돌아서는 편이 낫다고 생각한다.

그렇지만 대가급 프로그래머와 그렇게 되고 싶은 프로그래머에게는 경험으로 얻은 넓은 시각이라는 것이 엄청난 혜택이다. 마케팅과 세일즈는 고객에 대한 모든 것과 제품이 팔리는 방식을 알려줄 수 있다. PR은 언론 반응을 알려줄 수 있다. 지원 부서는 고객 불만이 무엇인지 알려줄 수 있다.

이번 장에는 두 가지 팁밖에 없지만 알찬 것들이다.

- '팁 25. 동료들에 대해 알아보라'는 여러분 주변에서 시작한다. 엔지니어링 부서에서는 프로그래밍 말고도 많은 일을 한다. 이 팁은 일반

---

[1] http://www.ibm.com/ibm/us/en/

적인 역할에 대해 설명하고 어떻게 스스로 일을 맡을 수 있는지 알려준다.

- 그다음으로는 용기를 내서 낯선 곳을 탐험해볼 시간이다. '팁 26. 회사 조직과 구성원에 대해 알아보라'는 엔지니어링 세계 밖에 있는 주요 랜드마크들을 알려준다. 보도 자료는 어디에서 만들어지나? 사무실 조명을 켜놓는 사람은 누구인가? 왜 늘 세일즈 직원들만 재미를 본다는 것일까?

> TIP 25
> # 동료들에 대해 알아보라

 아주 일찍부터 동료들과 그들의 역할에 대해 전체적으로 볼 수 있어야 한다.

프로그래밍은 모든 총을 혼자 쏘는 코딩 카우보이처럼 혼자만 하는 일일 때도 있다. 그러나 정말 대부분의 시간은 프로그래머 여러 명으로 이루어진 팀에서 제품을 함께 만들게 되며, 효율적으로 일하려면 협동할 줄 알아야 한다.

역할의 종류

첫째, 팀에 어떤 사람들이 있는지, 그리고 그 사람들이 무엇을 하는지에 대해 얘기해본다. 회사에 따라 역할은 다를 수 있다. 여러분 회사에 내가 다루지 않는 특별한 역할들이 있을지도 모르지만 주로 이런 식이다.

프로그래머

많은 사람들이 프로그래머를 떠올릴 때, 두꺼운 안경을 쓴 너드들이 컴퓨터 앞에 앉아 뭔가를 열심히 타자하는 모습을 상상한다. 외모 부분은 다 맞는 얘기지만 타자에 관련된 것은 반만 맞다. 제품이 완성되기까지 프로그래밍을 하지 않는 시간도 많다. 버그 잡기, 테스트, 회의나 다른 업무들을 하게 된다. 회사 조직 구조나 제품 개발 단계에 따라 굉장히 많이 달라질 수 있다(힌트: 제품 출시 직전에 버그 잡는 일은 '늘' 최악이다).

    오버헤드가 최소인 조직, 즉 개발자들이 설계와 구현에 대부분의 시간을 보낼 수 있는 조직에서라면 프로그래머라는 역할은 꽤 재미있다.

이 책을 읽고 있는 독자들은 적어도 절반은 공감할 것이다. 사람들은 프로그래머로 경력을 끝까지 쌓을 수 있고 실제로 그러기도 한다. 진보적인 회사들은 경력이 엄청난 선임 프로그래머들에게 이사나 부사장만큼 월급을 지급하는 경우도 있다.

이 역할은 여러 가지로 부를 수 있다. 프로그래머, 개발자, 소프트웨어 엔지니어, 펌웨어 엔지니어 등 대부분 같은 의미다. 소프트웨어 세상에서는 '엔지니어'라는 호칭은 특별하지 않다. 엔지니어나 프로그래머가 되기 위해 각각 별도의 자격증을 취득해야 하는 것이 아니기 때문이다(도시 엔지니어링처럼 자격 요건이 필요한 분야는 얘기가 다르다). '펌웨어 엔지니어'는 주로 임베디드 시스템과 OS 컴포넌트를 다루는 사람들을 칭한다.

프로그래밍 하고 싶은데 자신에게 주어진 첫 역할이 프로그래머가 아니라고 해도 절망하지 말라. 할 수 있다. 신제품 개발은 경험을 필요로 하므로 다른 역할에서 자신을 증명해 보이는 것이 필요하다.

기술 선임(테크 리더)

기술 선임은 단지 기술적인 부분들을 결정할 수 있는 권한을 공식적으로 인정받은 프로그래머일 뿐이다. 개발자가 다섯 명 이상인 팀에는 해당 영역에 대한 전문성이 있거나 리더십이 증명된 사람으로 기술 선임이 있을 것이다. 그러나 그에게 사람을 고용하거나 해고할 수 있는 관리자 권한은 주어지지지 않는다.

이 역할은 외부에서 고용된 직책이라기보다는 조직 내에서 부여한 것이므로 기술 선임들은 빈틈없는 경험과 확고한 판단 능력을 보유하는 경향이 있다. 그에게 여러분의 멘토가 되어주기를 부탁할 수도 있을 것이다('팁 15. 멘토를 찾으라').

이 일을 하고 싶다면 자신에게 주어진 일들을 잘 해내야 한다. 대개

이 역할을 얻으려면 몇 년간 충실한 업무 능력과 비공식적인 팀 리더십을 보여주어야만 한다.

설계자(아키텍트)

설계자라는 이름은 두 가지 의미를 담고 있다. 어느 회사에서는 설계자는 분석가 역할로, 제품 요구 사항들을 수집하며 다른 개발자들이 구현할 세부 제품 설계 문서를 작성한다. 그런 다음에는 두둑한 컨설팅 요금과 휴가를 받는다.

다른 회사에서 설계자는 기술 선임 정도의 역할을 하는데, 리더십과 제품 디자인 과정에서 실력을 보여준 사람이다. 그는 제품이 개발되는 기간 내내 참여한다. 제품을 디자인만 해놓고 떠나버릴 수는 없다. 본인이 만든 것은 자기 스스로 처리해야 한다.

똑같은 의미의 다른 명칭도 있다. 수석 과학자chief scientist, 펠로우fellow 등이다. 이런 존칭은 주로 대기업에서 매우 적은 수의 사람에게 수여하는 것들이다.

관리자

이제 기술 리더 세계에서 벗어나서 관리자 계급을 살펴보자. 고용, 해고, 업무 평가를 하는 그 사람들 말이다.

관리자에는 두 부류가 있다. 원래 관리자였던 사람들, 즉 '조직 관리자'라고 부르는 부류와 프로그래머 출신인 사람들이 있다. 둘 다 자신만의 장점이 있다. 실력 있는 '조직 관리자'들은 기술적인 부분은 이해하지 못할지 모르지만, 팀이 돌아가는 원리를 안다. 팀과 어울리는 사람들을 어떻게 고용하고 함께 잘 일하게 할 수 있는지 아는 사람들이다(내가 겪은 최고의 관리자는 조직 관리자였다).

프로그래머 출신 관리자들은 다 다르다. 솔직히, 프로그래밍을 더 하고 싶어 했지만 관리자로 올라간 경우도 있다. 이런 사람들은 대개 좋은 기술 선임들이다. 이런 경우 개발 관련 문제에서 지도를 받기에는 좋지만, 장기적으로 경력에 관련한 일이라면 다른 사람을 찾아봐야 할 것이다. 사람을 더 잘 다루는 멘토의 도움이 필요할지도 모른다. '팁 15. 멘토를 찾으라'를 참고하라.

프로그래밍 대신 관리자 세계로 옮기게 된다면, 프로그램을 더는 하지 않게 된다는 점을 고려하라. 프로젝트 계획, 인사, 예산 등 일로 시간을 보내게 될 것이다. 프로그래밍과는 정말 다른 일인 것이다. 하지만 사람을 다룰 줄 알고 회사 내에서 더 많은 권위를 갖고 싶다면, 여러분의 길은 관리직일지도 모른다.

테스터

당연히, 테스터는 제품이 고객에게 전달되기 전에 테스트를 책임지는 사람이다. 그런데 제품을 테스트하는 방법은 여러 가지가 있어서 테스터들은 굉장히 다양한 방식으로 일한다. 가장 단순하게는 제품 매뉴얼을 읽고 사용자 인터페이스 부분을 여기저기 찔러본다. 더 발전된 수준으로는 자동화 스크립트를 짜고 프로그램이 대신 테스트를 하게 한다. 프로그래머가 하는 일과 그렇게 다르지 않다.

테스터와 프로그래머는 대립하기도 한다. 프로그래머는 테스터가 버그를 찾아낼 때 공격받는다고 느끼기도 하지만, 테스터가 출시 전 버그를 찾는 것이 출시 후 버그가 나타나는 것보다 훨씬 더 낫다는 점을 명심해야 한다. 테스터는 버그를 찾는 데 승리감을 느낄 수는 있지만 찾아낸 버그가 승리가 아니라 결함이라는 점을 기억해야 한다. 프로그래머와 테스터 모두 같은 편이며 고품질 제품을 내놓아야 한다는 공동 목표가 있음을 명심해야 한다.

테스트는 경험이 없는 신입에게 흔히 주어지는 역할이다. 이 역할을 맡긴 했지만 프로그래밍직을 원하고 있다고 해도 걱정할 필요는 없다. 테스트에는 좋은 점이 있다. 프로그래머가 되었을 때 쉽게 놓칠 수 있는, 최종 사용자 시각에서 제품을 바라보게 된다는 점이다. 회사에 가장 중요한 것이 있다면 그것은 최종 사용자 가치다.

프로그래밍 업무로 옮기는 길은 명확하다. 프로그래밍을 하면 된다. 수동으로 하는 테스트를 자동화하고, 테스트 도구를 만드는 등 코딩할 만한 것들은 다 하라. 내가 본 모든 회사에서는 프로그램을 짤 줄 아는 테스터들은 무조건 프로그래머직으로 흡수되었다.

빌드/배포 관리

규모가 있는 엔지니어링 조직에는 빌드와 도구가 전문인 사람들이 있다. 이 사람들은 버전 관리, 자동화 도구, 패키징 도구, 릴리스 프로세스에 특화된 기술을 보유하고 있다. 그들은 빌드를 깨뜨릴 경우에 매우 언짢아하기도 한다. 내가 한때 같이 일했던 빌드 마스터는 자신의 손도끼에 '배드 모조Bad Mojo'라는 이름을 붙였는데, 아마 빌드 마스터가 배드 모조를 들고 여러분 자리로 다가오는 일을 겪고 싶지는 않을 것이다.

관련된 또 다른 특화 업무는 배포 관리다. 수백, 수천 개 서버에서 작동되는 제품들은 제대로 돌아가기 위해 특별한 주의와 자동화가 필요하다. 이 사람들은 코드가 제대로 배포되고, 단계별로 잘 적용되는지 확인하며 발생하는 문제에 대처할 것이다. 표면적으로 이 일은 시스템 관리처럼 보일지 몰라도 훨씬 더 기술적이다. 수천 대 서버에 단계별로 배포하는 것과 필요시 롤백하는 것에 관련된 이슈는 적용 그 자체보다 더 복잡할 수 있다.

이러한 기술적인 특화 직종을 염두에 두고 있다면, 구글만큼 많은 서버를 운용하는 회사를 택하라. 구글의 가장 진보된 소프트웨어 중 일부는 개발자들이 서버 클러스터에 부하를 분산하거나 페타바이트 스케일의 데이터를 처리하는 데 도움을 주는 것들이다.

팀에서 여러분의 역할

여러분이 팀에 들어가서 처음 하는 일은 새 제품을 책임지고 설계하는 일이 아닐 것이다. 하찮은 일을 배정받을 것이다. 큰 일을 맡기 전에 기초적인 작은 일부터 시작해야 하기 때문이다. 손으로 물건을 만들던 옛 시절부터 견습생들은 자신의 자리를 입증해내야만 했다.

내가 겪은 관리자 중 한 명은 다음과 같이 비유한 적이 있다. 은세공인의 도제라면 바로 주물 일부터 시작하지 않고, 줄질처럼 덜 화려한 일부터 시작할 것이다. 스승으로부터 주물 조각들을 받아 거친 부분들을 다듬는 일을 할 것이다. 그 일이 숙달되어야, 주물을 만질 수 있을 것이다. 물론 처음 만들어내는 주형과 주물들은 도저히 못 봐줄 상태이겠지만 말이다. 즉, 거친 부분들을 다듬는 경우가 더 많을 거란 얘기다. 그다음에 '아, 내가 주형을 더 잘 만들고 나서 주물을 붓는다면, 줄질을 더 적게 하겠구나'하고 깨달을 것이다.

그와 비슷하게, 막 시작하는 프로그래머도 테스트 같은 업무로 일을 시작할 것이다. 코드가 제대로 돌아가는지 확인하기 위해 과연 어떻게 테스트할 것인지 어렵게 고민해야 할 것이다. 나중에 직접 코딩을 하게 될 때는 쉽게 테스트가 가능하도록 코드를 모듈화해서 짤 동기가 생길 것이다. 그렇게 하지 않는다면 스스로를 괴롭히는 것밖에 되지 않는다.

큰 이상을 품고 회사에 들어왔는데 주어진 것은 지저분한 일이라고 해서 실망하지 말라. 평생 그 일만 하지는 않을 것이지만, 자신이 가고자

하는 곳까지 파고들어야 한다.

실천하기

아직 전문가의 세계로 들어오지 않았다면, 미래를 위해서라도 기록해 두라.

- 0단계: 직장을 구하라.
- 1단계: 팀원들과 수다를 떨고 그들이 무엇을 하는지 알아내라. 그 사람의 직함과 실제 하는 일이 다른 경우가 많다. 앨리스와 밥은 같은 '소프트웨어 개발자'라는 직함을 달고 있을지 모르지만 앨리스는 데이터베이스 전문가, 밥은 유닉스 고수일지도 모른다. 자신이 누군지 소개하고 누가 어떤 작업 중인지 물어보라. 시간이 지나면 사람들의 특기를 알게 될 것이다.
- 2단계: 팀 사람들이 하는 일 중에서 흥미가 가장 당기는 것은 무엇인가? 몇 년 후에 하고 싶은 것을 적어보라.
- 3단계: 목표에 다가갈 수 있도록 단기간에 할 수 있는 일들을 생각나는 대로 쭉 적어보라. 그중에서 세 개를 골라 다음 6개월간 실행하라.

TIP 26
회사 조직과 구성원에 대해 알아보라

 입사 첫해에는 마케팅이 어떤 역할을 하는지 알 필요가 없다. 그러나 그 시기가 지나면 시각을 넓힐 때가 다가온다.

사람들처럼 모든 회사도 저마다 개성이 있지만 기본적인 큰 틀은 같다. 기술 회사에 다니는 엔지니어들은 회사라는 우주에서 중세적 관점을 보이는 경향이 있다. 즉 '모든 것은 우릴 중심으로 돌아간다'는 것이다. 그런데 엔지니어링이라는 것은 회사에서 일부분일 뿐임을 이해하는 것이 중요하다. 회사의 성공을 위해 엔지니어링만큼 중요한 부서들이 있다. "몸은 하나의 지체로 되어 있는 것이 아니라, 여러 지체로 되어 있습니다. … 한 지체가 고통을 당하면, 모든 지체가 함께 고통을 당합니다. 한 지체가 영광을 받으면, 모든 지체가 함께 기뻐합니다."[2]

　회사 구조를 알기 위한 첫 단계는 조직도를 파는 것이다. 회사 인트라넷에서 '그림 8. 간략 조직도' 같은 것을 찾아보고 계속 참고하라. '팁 25. 동료들에 대해 알아보라'에서 엔지니어링 조직에 대해 살펴보았으니, 여기서는 엔지니어링 조직은 다루지 않겠다.

　다른 부서 사람들과 첫 대화를 시작할 수 있는 방법들을 중간중간 넣어 보겠다. 자신이 천성적으로 사회성이 좋다면, 아마 필요 없을 것이다. 정해진 것은 없으니 기지를 발휘하라.

---

[2] 고린도전서 12:14~26

행정 비서

행정 비서는 단독으로 구성된 조직이 아니라 여러 부서에 있는 역할이다. 비서들은 바쁜 경영진이나 그룹에 배치되어 있으며 일정 관리, 행사 기획, 전화 응대, 출장 예약 등 여러 일을 처리한다.

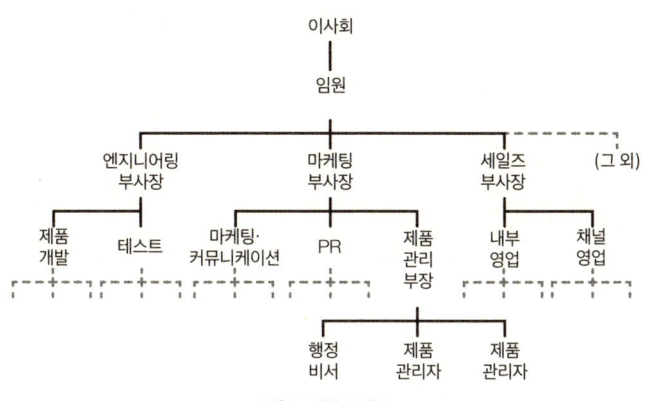

그림 8. 간략 조직도

비서들은 여러분의 일이 풀리지 않을 때 도와줄 수 있는 사람들이므로 반드시 알아두어야 한다. 비용 처리를 받아야 하는데 영수증을 어떻게 제출할지 모를 때, 맡고 있는 프로젝트 때문에 CTO를 만나야 하는데 CTO의 일정이 꽉 차 있을 때, 처음 들어보는 회의실을 찾아야 할 때 비서들이 도와줄 것이다.

나는 비서들이 제법 영향력 있는 위치로 승진하는 모습을 몇 번 목격했다. 그 사람들을 무시하는 것은 손해다.

> **회사의 시각: 행정직이라고 무시하지 말라**
>
> 행정 담당자들과 반드시 친해지라. 쓸데없는 일처럼 보여도, 여러분이 느끼는 것보다 훨씬 더 많은 일을 하며 회사가 돌아가는 여러 일에 깊숙하게 관여하는 사람들이다.

> 특히 기술직들은 그들을 무시하지만, 회사 생활 '내내' 마주칠 것이다. 그들도 경력을 밟고 있음을 기억하라. 그들과 지금 맺는 좋은 관계 덕에 미래의 여러분에게 엄청난 차이가 생길 수도 있다. 그러기 위해서는 여러분이 꼭 무언가 필요할 때 말고도 가끔 그들의 자리를 찾아가 보라.
>
> - 마크 '더 레드' 할란, 엔지니어링 관리자

고객 지원

제품을 내놓는 시점에 회사에는 고객 지원 팀이 필요하다. 여러분은 프로그래머로서 그들이 하는 일들을 도와주어야 한다. 개발 지원 담당은 "프로그램이 갑자기 멈췄어요"라든지 "웹 사이트가 에러를 뱉어내요" 같은 애매한 요청을 받을 때가 있는데, 하필이면 한 번도 나타난 적이 없던 현상일 것이다. 그때 코드를 뒤져 무엇이 잘못되었는지 찾는 사람은 바로 여러분이다.

고객 지원은 주로 여러 역할로 나뉜다. 1선 지원은 고객의 문제를 기록하고, 고객이 지원을 받을 수 있는 계약 범위에 해당되는지 확인하는 등 대부분 기술과는 상관없는 일을 하는 업무다. 아마 자주 쓰이는 일반적인 문제 해결의 질문 대본을 갖고 있을 것이다(여러분도 그런 대본을 들은 적이 있을 것이다. "예. 컴퓨터 껐다 켜봤다니까요?").

2선 지원은 고급 사용자들에게 주어진 업무다. 컴퓨터를 껐다 켜는 것으로 해결되는 문제가 아니라면, 이곳으로 넘겨진다. 여기 사람들은 프로그래밍은 할 줄 몰라도, 문제를 해결하는 요령을 잘 알고 있으며 매뉴얼적인 지식이 많다. "아, 그 96번 에러는 어쩌고 드라이버 펌웨어가 옛날 거라 그래요. 벌써 알려진 증상이죠."

프로그래머인 여러분이 고객 지원 부서를 도울 수 있는 가장 좋은 방법은 자세한 오류 상황을 알려주는 제품을 만드는 것이다. "세그멘테이선 문제입니다" 같은 에러 메시지만으로는 지원 부서가 대응할 수 없다. 고객이 전달할 수 있는 자세한 에러 메시지는 매우 소중하다. 지원 부서가 문제를 해결할 수 있도록 여러분이 돕지 않는다면, 어느 운 없는 프로그래머(여러분!)가 직접 해결해야 할지도 모른다는 것을 기억하라.

고객 지원 담당자들은 자신이 지원하는 제품에 환멸을 느끼기 쉽다. 제품의 문제를 호소하는 전화를 종일 받는 그들의 처지를 이해해야만 한다. 제품을 잘 사용하는 사람들은 "다 괜찮아요. 잘 동작한다고 알려주려고요"라는 전화를 걸지 않는다. 지원 담당자들은 제품 품질에 대해 일그러진 인식이 있다. 이러한 상황이 여러분에 대한 태도에 영향을 미치지 않게 하자.

대화는 이렇게

지원 업무에서는 이러한 팁이 아마도 소용없을 것이다. 각종 문제가 여러분의 문을 막 두들기고 있을 테니까. 여러분이 대화를 끌어갈 수 있으면 다행인 것이다. 대화를 시작하는 몇 가지 방법은 다음과 같다.

> 여러분: 안녕하세요. 저 [제품 x] 개발자인데요. 제품과 관련해서 무슨 얘기 좀 들어온 거 있나요?

아마 어마어마한 불평이 쏟아질 것이다. 거기에 일일이 반응하는 대신 건설적으로 대응하라.

> 여러분: 담당하시는 일을 좀 더 수월하게 하려면 제품에 어떤 개선이 필요할까요?

여러분이 2선 또는 3선 사람들과 좀 친하게 지낸다면, 꼭 해봐야 할 것이 있다.

> 여러분: 접수되는 전화를 같이 받거나 녹음된 것을 좀 들어봐도 될까요?

이 사람들은 여러분의 제품을 사용하는 최종 사용자들의 전화를 종일 받는다. 뭐라고 하는지 들어보고 싶지 않은가? 그러나 전화를 거는 사람들은 제품 이용에 문제가 있는 사람임을 기억해두어야 한다. 그 전화 때문에 상심할 필요는 없다.

마케팅

엔지니어들은 마케팅에 대해 침침하고 왜곡된 시각을 지닌 경우가 많다. 게다가 마케팅이라는 것이 어떤 역할을 하는지 대부분 모른다. 이 기회에 바꿔보자.

마케팅 부서의 일반적인 목표는 회사와 회사 제품을 사람들이 좋게 인식하도록 하는 것이다. 여기서 사람들이란 고객과 언론을 말한다. 마케팅 조직이 잘 운용된다면 시장, 즉 고객 피드백은 신제품과 새로운 서비스 개발을 유도한다.

마케팅 커뮤니케이션 부서

사람들이 마케팅이라고 하면 주로 이 마케팅 커뮤니케이션 부서를 말한다. 마케팅 커뮤니케이션 부서가 바로 광고, 제품 소개서, 로고 등을 제작하는 곳이다. 사람들은 돼지 목에 진주 목걸이라며 마케팅 커뮤니케이션 부서를 빈정대지만 결국 그들의 역할은 개발 부서로부터 주어진 모든 것에 립스틱을 칠하는 일이다. 그들에게 돼지가 주어진다면, 달리 방법이 없지 않겠는가?

또 하나 명심해야 하는 것은 마케팅 커뮤니케이션 부서는 고객들에게 제품을 잘 보이고 싶어 한다는 것이다. 여러분이 생각하는 제품 가치와 고객이 생각하는 가치는 아마 매우 다를 것이다. 자신이 1년간 개발한 기능을 마케팅 커뮤니케이션 부서가 무시했다고 불평하기 전에, 많은 기능이 고객과 직접적으로 연관이 없으며 최종 사용자가 쓸 기능을 가능하게 하는 지원 역할을 하는 것임을 기억하라.

PR

마케팅 커뮤니케이션 부서가 잠재적인 고객과 소통하는 데 중점을 둔다면, PR 부서는 언론과 시장 분석가 담당이다. 개발자가 PR 부서와 만날 일은 별로 없을 테지만, 회사 웹 사이트에서 그들이 작성한 보도 자료는 보게 될 것이다.

보도 자료는 신제품에 대한 찬란한 이야기들을 내놓을 것이다. 지어낸 경영진의 인용과 회사에 대한 정보가 담겨 있을 것이다. 보도 자료가 유치하다고 생각한다면, 그 보도 자료의 대상은 여러분이 아니라 언론임을 기억해야 한다.

어떤 특정한 산업의 잡지 필진에게 보도 자료란 '오늘 일어난 일이에요'의 끊임없는 흐름이며, 그들은 그중에서 자신들이 쓸 주제에 대해 몇 가지만 고를 것이다. 그들은 새로운 일들에 대한 토막 소식이나 강조를 하기 위해 인용문 등이 필요하고, 보도 자료는 그것들을 위한 재료를 제공한다. 필진이 (아마도) 자기 의견을 담으면 짠 하고 뉴스가 만들어진 것이다.

제품 관리

이 팀의 경우 회사마다 역할이 매우 다르다. 전통적인 제품 관리자의 책임은 시장의 요구를 알아내고, 그 요구를 충족하기 위해 제품이 어때야 하는지 정의를 내리는 데 있다. 그것이 바로 제품 전략이라고 하는 것이다. 엔지니어링 부서가 '제품이 [x]라는 것을 해야 합니다'라는 지시를 받으면, 대개 제품 관리자에게서 온 것이라 보면 된다.

그러나 기술 분야에서 제품 전략은 엔지니어링 관리에서 결정되어, 제품을 마케팅으로 미는 경우도 있다. 이런 환경에서는 제품 관리자들은 마케팅 커뮤니케이션과 판매를 도와주는 전술적인 일을 하게 된다.

프로그래밍 경력이 있는 제품 관리자들도 있다. 제품을 만들 수 있는 능력을 지녔을 뿐 아니라 고객 입장에서 기술을 이해할 수 있다면 매우 큰 강점이 될 수 있다. 이런 일들이 흥미로워 보인다면, '팁 33. 자신의 자리를 찾으라'에서 더 다룰 것이다.

> **회사의 입장: 시장이 먼저이고 기술이 다음이다**
>
> 제품 관리자들은 시장의 고객 요구와 문제들을 '기회'로 삼는다. 엔지니어들은 '문제 해결사'이며 해법을 찾는 데 급급하다. 마케팅 경험이 있는 사람이라면 그래서는 안 된다는 것을 알며, 제품 관리자들은 문제를 해결하려 들기 전에 완벽하게 이해하려고 한다.
>
> - 짐 릭스, 제품 관리자, 더 280 그룹

대화는 이렇게

마케팅 부서 사람들과 사귀는 일은 자신이 만드는 제품을 사용하는 고객을 이해하는 첫 단계이다. 가장 먼저, 자신이 만드는 제품의 관리자와 친해지라. 간단한 방법을 소개한다.

여러분: 안녕하세요. [제품 x]를 만들고 있습니다. 고객들이 제품을 어떻게 사용하는지 좀 알려주실 수 있나요?

단지 기능에 대해서만 이야기하지 말고, 고객과 그들의 요구 사항에 대해서도 이야기하라. 제품 관리자들은 고객을 이해하기도 전에 기능에 대해 끝없이 이야기하는 엔지니어들에 절망한다.

마케팅 커뮤니케이션 부서는 제품을 홍보하는 사람들이므로 그것에 대해 물어보라.

여러분: 다음 홍보 캠페인은 어떤 것인가요?

또는 다음과 같이 하라.

여러분: 고객들이 우리 회사를 어떻게 생각할까요?

PR 사람들의 경우, '고객' 대신 '언론'을 넣으면 된다.

세일즈

세일즈 담당자들은 정장을 입고서 멋지게 보이는 것이 최고 능력인 사람들처럼 보일지도 모른다. 그들을 좀 더 잘 알게 된다면 술을 마시고 스테이크를 먹는 데에도 능하다는 사실도 알게 될 것이다. 박람회에 가면 저녁에 굉장히 중요한 고객에게 영업을 하는 세일즈 담당자를 찾아 대화를 시작하라. 결국 그는 여러분을 초대할 것이고 여러분은 그의 비용으로 술과 스테이크를 먹게 될 것이다.

여러분도 마케팅의 한 부분이다

자신이 다니는 회사에 '마케팅' 부서가 따로 있겠지만, 사실은 그 회사에 다니는 모두가 회사를 대표한다. 회사 로고가 박힌 티셔츠를 입고 박람회에 간다면, 여러분은 만나는 모든 사람에게 회사 이미지에 대해 영향을 끼친다. 어떤 프로그래밍 문제에 대해 메일링 리스트에서 토론하는데 거기 적힌 여러분의 이메일 주소가 회사명.com으로 끝난다면, 여러분은 그 메일링 리스트를 받는 모든 사람에게 회사 이미지에 대해 영향을 끼친다.

　그 와중에 여러분은 올바른 이미지로 비춰지고 있는가? 여러분은 전문가이고, 그렇게 보여야만 한다. 회사 안에서 어떤 다툼이나 어려움이 있어도, 외부와 소통할 때는 잠시 접어두라. 프로그래머들은 잘 보이기 위해서가 아니라 코드를 잘 짜기 위해 월급을 받는다고 해도, 회사를 대표할 때는 전문가처럼 행동하기를 회사에서 기대한다.

세일즈의 속성은 제품 종류와 사업 모델에 달려 있다. 고객에게 직접 판매한다면, 그 일을 하는 직판^{direct sales} 팀이 있을 것이다. 많은 회사에서 유통사나 리셀러들을 통해 판매하기 때문에, 그럴 경우 채널 세일즈 팀을 두기도 한다. 또 다른 회사들에서는 다른 회사들과의 전략적인 관계를 개발하는 사업 기획 팀이 있을 수도 있다.

　어쨌거나, 세일즈 담당자가 열심히 일하는 이유를 알고 싶다면, 상여금 제도에 대해 알아보라. 거의 모든 세일즈 사원은 월급은 적지만 실적에 따라 큰 상여금을 받을 수도 있다. 그들이 돈만 아는 악당이 아니라 회사에게 '전^錢'을 가져다주지 않으면 맥도널드 튀김 직원보다 덜 벌게 되는 것이다. 여러분이 회사에 기여하는 바가 그런 식으로 쉽게 측정될 수 있는 것이었다면, 회사가 여러분에게도 비슷하게 일을 시킬 수도 있었을 것이다.

세일즈 부서의 성과는 회사의 성과와 마찬가지로 분기별과 1년 단위로 경과를 보고한다. 세일즈 담당자와 3월, 6월, 9월, 12월 말에 싸우지 말라.

그러나 그 반대로 고객과 대화하거나 시연해 달라는 요청을 받고 세일즈 담당자가 계약을 성사시키는 데 도움이 돼 주었다면, 여러분은 아마 인생(또는 다음 분기까지만이라도)의 친구를 얻을 것이다.

대화는 이렇게

세일즈 담당자들은 대화를 시작하는 데 세상에서 가장 쉬운 사람들이다. 여러분은 아마 한마디도 할 필요가 없을 것이며, 그들이 대신 대화를 시작할 것이다. 그들이 가장 잘하는 일이기 때문이다. 혹시나 여러분이 먼저 용기를 내야 하는, 흔치 않은 상황이 온다면 이렇게 말하라.

여러분: 맥주 한 잔 어때요?

농담이다. 그냥 스스로를 소개하고 이번 분기 세일즈 상황이 어떤지 물어보라. 또 고객들이 제품의 어떤 점을 가장 매력적으로 느끼는지 물어보라. 프로그래머들은 멋져 보이는 것에 집중하지만, 세일즈 사람들은 고객들이 돈을 내는 이유에 대해 말해줄 수 있을 것이고, 생각했던 것과 매우 다를 수 있다.

염두에 둘 것은 세일즈 담당과 대화를 나눌 때 약간 허세가 필요하다는 것이다. 그들은 대담하고 자신 있게 말하기 때문에(그들이 가장 잘하는 일이니까) 대화를 지배하기 쉽다. 여러분이 그렇게 외향적이지 않다면, 강한 척이라도 해서 그들의 몰아치는 대화에 주눅 들지 말라.

정보 기술

이 부서는 정보 기술^{information technology, IT}, 관리 정보 지원^{management information support, MIS} 등 명칭이 다양하다. 회사 컴퓨터와 네트워크, 즉 전산 인프라를 관리하는 담당자들이다. 자산 관리처럼 매우 쉬운 일이거나 클러스터로 묶인 데이터베이스를 튜닝하는 것처럼 매우 어려울 수도 있는 일이다. 자신이 다니는 회사가 컴퓨팅 서비스, 예를 들어 클라우드 컴퓨팅을 호스팅 한다면, 일반적인 회사 IT와 제품을 위한 IT를 구분해서 관리하고 있을 것이다.

유닉스 시스템 관리자의 역할은 자신만의 역사와 전설이 있음을 알아두라. 그런 역할의 전형은 '악마 같은 시스템 관리자 놈^{bastard operator from hell, BOFH}[3]'으로 캐릭터화되기까지 했는데, 자기 앞을 가로막는 모든 컴맹을 눌러버리는 심술궂은 시스템 최고 관리자를 말한다. 불행히도 이런 BOFH는 요즘 많이 줄어서, 마우스로 조정이 가능한 윈도 시스템 관리자로 대체되었다. 그들은 마우스를 조작하는 데 지쳐 예전 같이 악마처럼 못되게 굴지 못한다.

졸업하고 나서 자신의 첫 직업이 시스템 관리자라면, 거기에 머물러 있지 않도록 조심하라. 프로그래밍 업무에 지원했는데 경력 사항에 시스템 관리자라고 기록되어 있다면, 다수의 채용 담당자는 여러분의 컴퓨터 공학 학위를 보기도 전에 이력서를 쓰레기통에 버릴 것이다.

대화는 이렇게

우선, IT 담당자들에 대해 알아야 하는 한 가지가 있다. 유닉스인가, 윈도인가? 그들의 책장을 살펴보면 쉽게 알 수 있다.

---

[3] http://en.wikipedia.org/wiki/Bastard_Operator_From_Hell

- 유닉스: GNU 이맥스, DNS와 BIND, 센드메일을 다룬 책이 있거나 아니면 책은 없고 손도끼만 있을 수도 있다(경고: 악마 같은 시스템 관리자 놈일 가능성이 있으니 조심하라).
- 윈도: 윈도 서버 관리, 액티브 디렉터리 관리, SQL 서버 관리 등(각 책 두께가 15cm 정도 된다)에 대한 책이 있을 것이다.

어느 쪽 사람인지 알기 되면, 유닉스 시스템 관리자와는 다음과 같이 대화를 시작할 수 있겠다.

> 여러분: 가장 좋아하는 리눅스 배포판이 뭔가요?

또는 윈도 사람에게는 다음과 같이 하면 된다.

> 여러분: 파워셸 최신판을 사용해 봤나요?

최신 기술 추세에 대해 즉흥적으로 화제를 던져야 할 때도 있을 것이다. 특히 친구를 만들려고 할 때는 전산 부서에 가서 인터넷 연결이나 이메일 서버에 관해 징징거리는 것은 금물이다.

시설

시설 부서 사람들이 정기적으로 회사 건물을 이리저리 다니는 모습을 자주 볼 것이다. 여러분이 이사를 가거나 자리를 옮길 때 그들의 도움이 필요할 것이다. 또는 화장실이 넘쳐서 서버실이 침수될 위험에 처했을 때 도움을 청해야 하는 사람들이기도 하다. 내가 만난 모든 시설 부서 사람들은 겉으로는 걸걸하고 심술부리는 것처럼 보이지만 이해해야 할 수밖에 없다. 화장실이 넘친다는 전화만 종일 받는다면 여러분도 심술부리지 않겠는가?

그러나 그 걸걸한 시설 부서 사람들도 일단 친해지면 매우 느긋해지기도 한다. 너무 조급해 하지 말고 그들을 존중하라. 시설 부서 사람들을 자기 편으로 삼는 것이 왜 좋을까? 한 가지 이유가 있다면, 여러분이 회사 시설물을 가지고 장난을 칠 때 잠시 '다른 곳을 봐줄' 확률이 높다. 한번은 회의실 탁자 위에 서서 회사 인터콤 스피커의 회선을 만지고 있었는데, 천장 타일 몇 개가 툭 튀어나와 있고 발밑에 공구와 선이 쌓인 모습이었다. 시설 팀 사람인 '여' 씨가 이 모습을 보게 되었다.

나: 안녕하세요. 요즘 어떠세요?
여: 음… (뭔가 하는 표정) 잘 지내는데…, 뭐 문제 있나요?
나: 아뇨. 전혀 없어요. 아무것도 못 보신 거에요. 아시겠죠?
여: 그러죠(나간다).

대화는 이렇게

솔직하게 얘기하자면, 시설 팀 사람들과는 만날 때마다 단순하게 "안녕하세요. 요즘 어떠세요?"라는 인사를 던져 친해지게 되었다. 그들은 항상 사무실을 왔다갔다하니, 그럴 기회가 많다. 그러다가 정말 이상한 일을 겪게 되면(예를 들어 건물 전압기 속에 타버린 다람쥐가 들어 있다든지) 진짜 대화를 위한 좋은 기회를 얻게 될 것이다. 반드시 그들이 겪은 일 중에서 가장 이상했던 일에 대해 물어보면서 이야기를 나눠보라.

제조 부서

자신이 다니는 회사가 (당연하지만) 하드웨어를 만들 경우에만 제조 부서가 있을 것이고, 아마 지구 반 바퀴 먼 곳에 위치해 있을 것이다. 그러나 시제품 제작을 위해 회사 내에 모델링 작업실은 있을 수 있다.

나는 모델링 작업실 담당자들과 친해지는 것을 즐기는데, 기계를 돌리는 것이 정말 재미있기 때문이다. 그뿐 아니라, 그곳에는 기판을 재작업해 줄 수 있는 능력 있는 사람이 있기 마련이다. 하드웨어 작업을 하다 보면 보드를 태울 때가 있는데, 대개 그 사람들이 고쳐준다.

회사 내에 제조 부서가 있다면, 제품이 생산에 들어갔을 때 조립 라인에서 발생하는 버그를 해결하는 일에 엮일 가능성이 있다. 신제품을 생산 단계로 만드는 일에는 적응 시간이 필요하다. 팁 하나를 알려주겠다. 하드웨어 제품 개발 동안, 각 하드웨어 부품에 해당하는 개별적인 테스트 코드를 만들어두고, 필요하다면 제품 안에 숨겨두라. 제조 라인에서 유용할 때가 있을 것이다.

대화는 이렇게

제조 부서는 매우 바쁘고, 그 사이에서 걸리적거리는 사람이 되지 않기란 쉽지 않다. 그렇기 때문에, 관리자에게 직접 안내를 해달라고 부탁하라. 제품 생산 라인의 팀장을 찾아내서 다음과 같이 질문해 보라.

여러분: 이것들이 어떻게 만들어지는지 늘 궁금했어요. 이 제품을 만들 때 가장 어려운 부분은 무엇인가요?

나는 제조 쪽을 때때로 한 번씩 확인해보는 일이 엄청나게 중요하다고 생각한다. 엔지니어링 단계에서 작은 판단이 제조 단계에서 엄청난 영향을 미칠 수 있다. 제품을 만들기 위해 해야 하는 일들을 알면 충격을 받을지도 모른다. 제조 과정에서 번거로움을 많이 덜어줄 만한 쉬운 개선 사항을 위한 기회들을 찾게 될 것이다.

인사 부서

회사에서 여러분이 처음으로 대화를 나눈 사람은 아마도 인사 부서 사람이었을 것이다. 면접을 준비하며 채용 과정 진행을 담당하는 이들이다. 채용 결정권은 없지만, 여러분이 무례하게 굴면 채용 담당자에게 바로 알릴 것이다. 진행 과정을 잘 따르고 예의를 지키라.

또 인사 부서는 건강 보험, 퇴직 연금 등 복지 혜택을 담당하고 있기도 하다. 그런 것에 대해 거리낌 없이 문의하라. 그런 제도들은 복잡하기 때문에 각종 세부 사항을 알기가 쉽지 않다.

인사 부서의 또 다른 임무는 직원들 간의 갈등을 중재하는 일이다. 그렇지만 동료와 문제가 있다고 해서 바로 인사 부서로 가지는 말라. 인사 부서가 어느 갈등 상황에 대해 알게 되면, 여러분이 의도했던 바와 전혀 다른 방향으로 흘러갈 수 있다. 대신 해당 동료나 여러분의 관리자에게 이야기하라. 인사 부서가 엮이면 사람들이 해고될 수도 있다. 문제 상황의 대부분은 끝까지 가지 않고 잘 해결할 수 있다.

그러나 괴롭힘, 폭력 등의 심각한 종류의 문제라면 인사 부서를 찾으라. 단 여러 단계의 관리자들이 엮이고, 고용이 달린 일이 될 수도 있음을 알아두라.

대화는 이렇게

여기에서는 팁이 필요 없을 것이다. 인사 부서는 회사와의 첫 접촉 지점이 될 것이고, 첫날부터 자신을 도와줄 것이다.

재무와 회계

이제 정말 여러분이 날마다 접하는 세계 밖으로 나서게 된다. 이 영역은 조금만 들어도 복잡해지기 때문에 2분 요약으로 끝내겠다.

첫째, 재무와 회계는 각기 다른 것들이다. 재무는 미래에 초점을 맞춘다. 제품 개발을 위해 예산을 잡고 확보한다. 회계는 현재와 과거에 초점을 맞춘다. 사업이 어땠는지, 그리고 돈이 어디로 갔는지를 본다.

둘째, 기업은 월급 통장을 다루듯이 돈을 다루지 않는다. 여러분은 현금 인출기에서 나온 영수증을 보고 은행에 돈이 얼마나 남았는지 알 수 있다. 그러나 기업의 경우 생명체가 숨을 쉬듯 돈이 들고난다. 회계 담당자들은 회사의 건실함을 보여주는 두 가지 핵심 문서를 운영한다. 현재 회사의 현금 상태를 보여주는 수익/손실 내역서와 유동적인 돈의 움직임을 나타내는 현금 흐름표가 그것이다.

이게 여러분과 무슨 상관이 있을까? 우선, 경영진은 항상 회사의 가능성에 대해 떠벌이다가 "돈이 떨어졌어요"라는 연설과 함께 사람들을 다 해고한다. 그러나 회계사들이 관리하는 숫자는 거짓말하지 않는다(수상한 일이 벌어지지 않는다면 말이다). 관리자에게 손익 계산서와 현금 흐름표를 볼 수 있는지 문의해 보라. 비공개 회사에서는 접근할 수 없을지도 모른다. 상장 회사에서는 법에서 지정해 두었으므로 마음대로 볼 수 있다.

솔직히 말하자면 나는 그 문서들을 자주 보지 않는다. 무엇을 말하는지 알기 위해 공부가 필요하며, 제품이 잘 팔리는지 아닌지 알려면 제품 관리자에게 물어보는 편이 훨씬 빠르다. 그러나 회사가 현재 어떤 모습인지에 대해 날것으로 여과되지 않은 숫자는 한 번쯤 보는 것이 좋다.

대화는 이렇게

고백하자면 나는 재무 쪽 사람과 어떻게 대화를 시작하는지 전혀 모른다. 재무 쪽에 친구도 있는데, 어쩌다 그렇게 됐는지 잘 모르겠다.

표면적으로 보면 재무는 세상에서 가장 지루한 일처럼 보이고, 재무 담당자들도 그것을 안다. 그들은 자기 분야의 매력을 제대로 설명하지는 못한다. 그러나 그것이야말로 프로그래머인 여러분과 공통된 것일지 모른다. 실력 있는 재무 담당자는, 개발자가 컴퓨터 내에서 데이터 흐름을 알듯이 회사 돈의 흐름을 이해한다. 복잡한 프로그램의 흐름을 머릿속에서 그려본 적이 있는가? 그들은 돈과 신용 거래로 비슷한 일을 하고 있다.

대화하는 법을 알려주지는 못했지만, 좋은 재무 쪽 사람들을 알게 되는 것은 꽤 흥미로운 일이다. 그러나 세금 문제를 도와달라고 하지는 말라. 그것은 "너 프로그래머라며? 내 컴퓨터 좀 고쳐줄래?"와 똑같은 일이기 때문이다.

경영진

경영진은 정말 다양하며 회사에 따라 직함도 굉장히 다르다. 가장 흔히 볼 수 있는 것들을 살펴보자.

한 가지 알아두어야 하는 것은 그들이 회사 임원이며 완전히 내부인이기 때문에, 그들을 위한 별도의 제한 사항이 있다는 것이다. 특히 주식이 공개적으로 거래되는 회사인 경우, 증권 거래 위원회에서 정하는 특정한 시점에만 주식을 거래할 수 있다.

회사 임원들은 지시를 내리므로 큰 실패 사항에 대해 대답해야 하는 사람들이기도 하다. 진행되는 것에 대해 전부 알아야 하는 자리이기 때문에 "몰랐습니다" 같은 말은 통하지 않는다. 스트레스를 많이 받는 직책인 셈이다.

CEO 최고 경영 책임자

바로 가장 중요한 사람이다. 그에게서 오는 결정 사항들은 뒤집어질 수 없다. CEO는 회사의 전략, 즉 결국 회사의 성공을 책임지는 사람이다.

나는 첨단 기술 회사에서 두 종류의 CEO를 보아왔다. 창립자 타입과 숫자를 중요시하는 타입이다. 창립자 타입은 회사 시작부터 있었고, 회사와 제품의 비전을 '아는' 사람이다. 회사가 벤처 투자로 설립되었다면, 이 창립자는 2년에서 5년 사이에 쫓겨날 가능성이 있다. 그다음에 들어오는 사람은 숫자를 중요하게 여기는 타입이다. 그는 실행에 강하지만 (제품 출시, 수익 내기) 비전이나 제품에 아무런 관심이 없다. 그는 투자자들이 돈을 돌려받을 수 있도록 고용된 사람이다.

두 스타일 다 각자 장점이 있다. 창립자 CEO는 일할 의욕이 생기게 하고, 숫자를 중요하게 여기는 CEO는 월급이 꼬박꼬박 들어올 수 있게 해줄 것이다. 나는 창립자 타입을 따르는 편이다.

CEO와 대화할 기회가 생긴다면 반드시 놓치지 말라. 조금이라도 밥값을 하는 CEO라면 대부분은 실무 상황을 궁금해한다. 다른 경영진과 일하기 바빠서 일개 개발자와 대면하는 기회는 그들에게도 드물다.

CTO 최고 기술 책임자

경영진 중에서 권력을 덜 쥔 사람이지만 개발자에게는 가장 중요한 사람이다. CTO는 회사의 기술적인 부분을 책임지는 사람이다. 실행을 중요하게 여기는 사람일 수도 있고, 비전을 중요하게 여기는 사람일 수 있다. 둘 다 각자 장점이 있다.

언젠가 CTO와 대화를 나눠보기를 강력하게 추천한다. 한가할 때 한번 이야기를 해보고 싶다는 이메일을 보내라. 회사의 기술 방향과, 시장 전망에 대해 물어보라. 대신, CTO는 실무단에서 일이 어떻게 진행되는지 물어볼 것이다. 솔직하게 대답하라. 그리고 근래에 좀 멋진 일을 했다면 살짝 자랑해도 좋다.

한 가지 유의해야 할 것이 있다. CTO들은 꾸준하게 승진한 사람들이니(그들도 프로그래머였던 적이 있다) 속이려고 하지 말라. 좋은 소식이 아니더라도 있는 그대로 이야기를 전달하라.

CIO 최고 정보 책임자

모든 회사에 CIO가 있지는 않다. 이 임원은 제품 개발이 아닌, 회사 내의 모든 정보를 책임진다. 제품을 담당하는 사람은 CTO고 CIO는 정보를 담당한다. 예를 들면 회사가 어렵게 독점적으로 확보한 정보를 담은 많은 양의 데이터베이스를 갖고 있다면(예를 들면 고객 정보나 재정 정보 같은) CIO는 그것들을 보호하고 사업을 위해 최대한 활용하는 데 책임이 있다.

자신이 데이터 마이닝 프로젝트에서 일하고 있다면 CIO의 지시일 가능성이 크다. 대다수 회사들이 데이터를 수집하는 데는 아무런 문제가 없다. 엄청난 속도로 데이터를 수집할 수 있지만, 그 데이터에서 의미를 뽑아내는 것이 문제다. 사업에 밝아야 하며, 통계학에 실력이 있다면 CIO의 주목을 받을 수도 있다.

COO 최고 운영 책임자

운영은 실질적으로 일을 해내는 것에 초점을 둔다. 멋진 아이디어나 대단한 데이터를 갖고 있다는 것은 좋은 일이나, 회사 하나를 원활하게 운영하는 것은 또 다른 문제다. COO는 날마다 돌아가는 거의 모든 일을 책임진다. 실력 있는 COO는 다른 경영진의 부담을 덜어주어 CEO가 사업 전략에, CTO가 제품 전략에 집중할 수 있도록 도와준다. COO가 없다면, 그들은 회사에 도대체 무슨 일이 벌어지고 있는지 알아내느라 많은 시간을 소모해야 할 것이다.

CFO 최고 재무 책임자

회사 돈에 관련된 것이라면 다 아는 경영진이다. 현재 상황(회계)과 진행되는 업무에 어떻게 돈을 댈 것인지(재무)에 대해 다 알고 있다.

CLO 최고 법률 책임자

내가 다닌 모든 회사는 CLO 대신 법무 담당 책임자를 두었다. CLO나 법무 담당 책임자나 결국 대표 변호사를 의미한다. 모든 문서화된 사업적인 처리는 법무 담당 책임자가 살펴보게 될 것이다.

소프트웨어 라이선스 때문에 법무 담당자와 대화하게 될지도 모른다. 요즘은 기술 제품을 만들 때 오픈 소스 소프트웨어를 통합하는 것이 점점 더 일반화되고 있어서, 법무 담당자는 깐깐하게 모든 요소에 대한 라이선스를 확인할 것이다. 팀원 누군가 그런 참고 자료를 위키 페이지 같은 곳에다가 계속 기록해 둔다면 법무 부서 사람들이 전화할 때 그 누구도 골치가 아프지 않을 것이다. 자신이 그런 일을 담당한다면, 제품이 출시되기 전에 법무 부서와(아마 CTO도) 함께 하나하나 살펴보게 될 것이다. 경영진 눈에 띌 수 있는 좋은 기회가 될 것이다.

최고 [x] 책임자

회사에 보안, 감사, 강아지 목욕 등 여러 종류의 최고 책임자가 있을 수 있다. 그런 특별한 직무에 대해서는 상사에게 문의해 보라.

이사회

이사회가 없는 회사들도 있다. 구멍가게에는 없을 것이다. 그러나 투자자들이 회사에 돈을 붓기 시작하면, 감시하는 단계를 두고 싶어 할 것이고, 그것이 바로 이사회다. 상장된 회사의 경우, 이사회는 출자지들의 투표로 구성된다.

이사회는 일상 업무 사항과는 관련이 없다. 사실 분기별로 한 번만 모인다. 이사회 모임에서는 경영진들이 지난 분기에 사업이 어땠는지, 다음 분기 계획이 어떤지 보고하는 자리다.

이사회는 출자자들을 대표하므로 이사진은 대부분 회사 직원이 아니다. 투자사에서 왔을 수도 있고(금융 전문가), 관련된 사업의 회사 경영진일 수도 있다(도메인 전문가). 특히, 후자의 경우 경영진들에게 조언을 주는 역할이며, 회사가 멍청한 짓을 하고 있을 경우 쓰레기라고 외칠 수가 있다.

CEO가 두려워하는 것이 한 가지 있다면 바로 이사회일 것이다. CEO가 회사를 잘 이끌지 못한다고 생각하면, 즉 출자자들의 투자와 이익을 잘 보호하고 있지 못한다고 생각할 경우, 그들은 다른 사람을 데리고 올 것이다.

실천하기

회사를 살펴보는 동안 대화를 나눠야 하는 사람들을 만나보았다. 과제는, 여러분이 할 의지가 있다면, 엔지니어링 부서 밖의 사람들과 대화를 해보는 것이다. 테스트와 고객 지원 부서처럼 가까운 곳에서 시작해 보라. 그다음 예를 들면 작업하고 있는 제품의 관리자 같은 사람들로 범위를 넓혀보라. 금세 꽤 많은 사람을 소개받을 것이며 자연스럽게 조직도의 나머지를 알게 될 것이다.

그 과정 중에 '팁 22. 점들을 연결하라'를 염두에 두라. 그런 연결 고리들이 회사 전체에 어떻게 퍼지는지 지켜보면 왜 행정 비서들이 권력을 지니는지 알게 될 것이다.

6장
사업에 신경 쓰라

많은 개발자가 MBA$^{\text{master of business administration}}$ 출신들을 두려워한다. 그 사람들은 정수기 앞에서 여러분이 도망가지 못하게 잡고는 펀딩, 벤처 투자, 스톡옵션 등에 대해 떠든다. 도망치는 수밖에 없다!

그러나 현실은, 대가급의 개발자 정도 되면 사업에 대해 여러 가지를 알고 있어야만 한다. 회사의 다른 업무에 대해 이해하려고 노력하면, 자신이 하는 일의 맥락을 아는 데 도움이 된다. 내 제품은 언제 출시되나? 누가 살 것인가? 그래서 회사는 돈을 어떻게 버나?

프로그래머인 여러분은 제품 자체에 기여하는 바가 더 많을 것이다. 그러므로 이번 장도 제품에 관련된 이야기에 치우칠 것이다. 회사 내부 시스템을 프로그래밍한다고 해도(투자 회사 트레이딩 소프트웨어 같은) 소프트웨어의 고객은 바로 사내에 있는 사람들로 생각하면 될 것이다.

여기서는 당연히 MBA 강의를 할 생각은 아니며, 직장 생활 초기에 필요한 중요한 것들만을 살펴볼 것이다.

- 먼저 가장 어려운 주제로 시작할 것이다. '팁 27. 프로젝트를 관리하라'는 작업을 예측하고 일정을 잡을 때 사용될 실용적인 조언에 집중할 것이다. 시간은 돈이며, 회사는 시간도 돈도 자세히 관리할 것이다.

- '팁 28. 제품의 수명 주기를 이해하라'에서는 제품이 시간에 따라 진화하는 모습을 살펴볼 것이다. 제품이 어느 단계에 있는지에 따라 해야 할 일이 조금씩 달라질 것이다.
- 그다음에 순수하게 사업 이야기로 들어가본다. '팁 29. 회사의 입장이 되어보라'에서는 회사는 무엇을 하는지, 그리고 프로그래머들이 어떻게 월급을 받는지에 대한 문제를 살펴본다.
- 마지막으로 MBA 경영대학원에서 인정하기 싫어하는 것인데, '팁 30. 회사의 안티패턴을 파악하라'에서는 주기적으로 일어나는 잘못된 사업 패턴들을 짚어낸다.

TIP 27
프로젝트를 관리하라

 여러분이 코드 한 줄을 쓰기도 전에 누군가가 물어볼 것이다. "다 됐어?"

가족 여행이라면, 아버지는 목적지가 아니라 여행 자체에 집중해야 한다며 한마디 하셨을 것이다. 그러나 프로젝트 관리자의 경우는 다르다.

그 질문에 답변하는 방법은 여러 가지가 있다. 소프트웨어 프로젝트는 예측하기 어려운 것으로 악명이 높은데다가, 주변 환경이 워낙 빨리 변하다 보니 제품 스펙이 한 달 넘게 변함없는 경우는 없다(많은 팀이 스펙 쓰기를 포기하는 이유다). 그렇기 때문에 "다 됐어?"라는 질문에 대한 답변은 주로 "아니요"와 "'다'의 정의에 따라 달라요" 사이에 놓이기 일쑤다.

IT 산업에서는 소프트웨어 프로젝트를 예측하는 데 엄청난 노력을 기울인다. 큰돈이 달려 있기 때문이다. 회사는 프로젝트마다 얼마나 돈을 벌 수 있을지, 얼마나 돈을 쓸지 사이에서 도박을 한다. 프로젝트 일정이 무한대로 길어지면 회사의 비용도 늘어난다. 게다가 잃어버린 사업비도 있고, 기회비용도… 무슨 말인지 감이 올 것이다.

프로젝트 관리자의 역할은 프로젝트를 계획하고 실행하는 것이다. 무엇을 해야 할지, 지금 어떤 상황인지 알아야 한다. 그러나 프로젝트 목표를 정하는 것은 그의 역할이 아니다. 목표를 정하는 것은 제품 관리자와 투자자들에게 달려 있다. 또 사람들을 살피는 것도 그의 역할은 아니다. 개발자에게 프로젝트 관리자라는 사람은 매주 "다 됐어?"라는 질문으로 압박하는 사람일 것이다.

폭포수 프로젝트 관리

소프트웨어 프로젝트를 관리하는 전통적인 방법은 모든 다른 엔지니어링 프로젝트와 똑같이 꾸려가는 것이다.

1. 스펙을 정의하라.
2. 코딩하라.
3. 스펙 목록과 비교해 코딩 결과물을 테스트하라.
4. 출시하라!

> **프로젝트 관리 대 제품 관리**
>
> 많은 사람이 프로젝트 관리와 제품 관리를 혼동하는데, 이 둘은 매우 다르다.
>
>   프로젝트 관리는 일정을 관리하고 할 일을 추적하는 것이다. 프로젝트라는 것은 목표가 있는 계획된 사업이며, 일정의 명확한 시작과 끝 사이에서 존재하는 것이다.
>
>   제품 관리는 회사가 만드는 것들을 정의하고 마케팅하는 것이다. 실제적인 제품을 만드는 것과는 상관이 없다.

이 방법은 간트 차트가 표현하는 모양에 따라 폭포수 방법이라고 부르며, '그림 9. 폭포수 간트 차트'에서 볼 수 있다(진짜 간트 차트들은 태스크 수백 개로 이루어져 있다). 이런 프로젝트 관리 방법은 모든 태스크를 모아놓고, 각각 걸리는 시간과 태스크 간 의존도를 예측한다. 그런 다음 그 모든 것을 펼쳐놓은 후 전체 프로젝트가 얼마나 걸릴지 알아낸다.

이런 스타일은 태스크가 익숙하고 일정 예측 위험이 크지 않을 때 잘 들어맞는다. 다른 엔지니어링 분야, 예를 들어 도로 건설의 경우, 도로 엔지니어들은 자신들이 무엇을 해야 하고 얼마나 걸릴지 잘 안다. 비슷하게, 여러분 팀의 임무가 고객 청구 소프트웨어를 짜는 것이고 벌써 다섯 가지 방법을 지원하고 있고, 하나 더 추가하는 일이 주어진 것이라면 폭포수 관리가 잘 맞는다.

폭포수 방법론의 장점은 예측할 수 있다는 것이다. 모든 참여자가 무엇을 해야 하고, 얼마나 걸릴 것이며, 결국 비용이 어느 정도일지 같이 공유할 수 있다.

폭포수 방법론에는 몇 가지 약점도 있다. 새로운 일이 관련되면 프로젝트 마감에 필요한 태스크가 어떤 것들인지, 얼마나 걸릴지 예측하기 불가능하다. 프로그래머들은 추측해보는 수밖에 없고, 수백 번 추측을 통해 잘해봤자 최종적으로도 그럴듯해 보이는 추측을 할 수 있을 뿐이다.

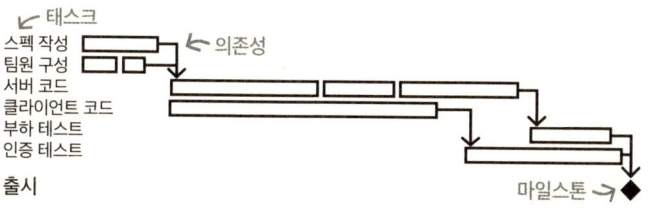

그림 9. 폭포수 간트 차트

둘째, 폭포수 방법론에서는 테스트를 마지막까지 미뤄두게 된다. 기술적으로 봤을 때는, 마지막에 이루어지는 테스트는 인증 테스트여야 하고, 놀랄 일이 많지 않아야 한다. 그러나 결코 그렇게 진행되는 법이 없다. 실무에서는 개발 단계에서 품질 확인에 소홀하게 되는 이유는(특히 전체적으로 시스템을 통합하는 부분에서) 테스트 단계에서 버그들을 다 잡으리라 생각하기 때문이다. 그런데 버그를 찾고 고치는 것은 소프트웨어가 더 커질수록 고치기 어려워지고 '완성'되었다고 했을 때 더 심각해진다.

여러분의 역할

폭포수 방법론을 적용하는 프로젝트에서는 여러분에게 할 일이 한 뭉텅이 주어질 테고 다음과 같이 물어볼 것이다.

- 요구 사항을 만족시키려면 어떤 태스크들이 필요한가?
- 각 태스크는 얼마나 걸리나?

그 질문에 대한 '완전히 솔직한' 대답은 "모르겠습니다"일 테지만, 프로젝트 관리자는 용납하지 않을 것이다.

최대한 잘 추측해 봐야 할 것이다. 여러분이 모르는 것에 대해 최대한 잘 이야기해 보라. 아는 것이 거의 없으면, 그렇다고 말을 해두어야 한다. 일정 문제가 생겼을 때 여러분의 탓으로 돌릴 경우를 대비하여 기록이 남을 수 있도록 이메일을 이용하는 것을 추천한다.

일정이 꼬이기 시작하고(반드시 그럴 것이다) 여러분이 해야 하는 일이 늦어질 경우에 프로젝트 관리자에게 그 사실을 반드시 알리라. 6개월짜리 프로젝트에서 일어날 수 있는 최악의 일은 5개월째 들어섰을 때 6개월이 더 필요하다는 사실을 관리자가 깨닫는 것이다. 일정의 절반 시점에서 늦어진다 싶을 때, 직속 상사에게라도 반드시 알려야 한다.

애자일 프로젝트 관리법

프로그래머들은 정의된 프로세스 관리 모델인 폭포수 방법론으로 프로젝트를 관리하는 것에 오랫동안 의문을 품어왔다. 그래서 2001년 폭포수 방법론에 명백하게 도전하는 애자일 선언문[1]이라는 것을 발표했다.

애자일이라는 것은 실증적인 프로세스 관리의 한 형태다. 이 경우의

---

1 http://agilemanifesto.org/

프로세스는 가지고 있는 모든 데이터로만 시작한 뒤, 진행하는 동안 측정하며 그 결과를 바탕으로 프로세스를 수정한다. 데밍W. Edwards Deming 은 이런 식의 관리 방법을 1950년대에 제조 공정에 적용하기 시작했다. 그 결과는 도요타 제조 시스템에 매우 많은 영향을 끼쳐, 도요타가 세계 최대 자동차 회사로 성장하는 데 사용되었다.

애자일 방법은 다음과 같은 가정으로 시작한다.

- 정확한 정보가 충분하지 않기 때문에 한 달 치 작업 분량 이상은 구체적으로 말할 수 없다.
- 요청 사항은 자주 바뀌므로 거기에 저항하지 말고 받아들이라.
- 모든 것이 끝나고 테스트하는 것은 낭비다. 처음부터 테스트를 진행하라.

'애자일'은 이러한 접근 방법들을 넓게 일컫는 용어로 스크럼Scrum, 린Lean, 익스트림 프로그래밍Extreme Programming2 등 여러 가지 실천 방법이 있다. 자세히 알고 싶으면 『The Agile Samurai』[Ras10]를 읽어보라.

애자일 방법의 핵심 개념은 '반복 개발'이다. 이것은 정해진 단위 시간이며, 하루를 가장 작은 단위로 둔다. 여러 단위를 모아 (스크럼에서 말하듯) 1주에서 4주 단위 스프린트를 짠다. 스프린트의 일부는 최종 출시를 앞두고 기능을 완성하기 위해 필요하다. 이 반복 작업은 '그림 10. 애자일 반복 개발'의 모여 있는 원처럼 형상화될 수 있다.

애자일 방법에서 반복은 측정과 적용을 위한 기회다. 매일 업무를 시작하기 전에 회의를 서서 진행한다. 출자자들에게 상황 보고를 할 때도

---

2 『Agile Project Management with Scrum』[Sch04]
  『Lean Software Development: An Agile Toolkit for Software Development Managers』[PP03]
  『Extreme Programming Explained: Embrace Change』[Bec00]

TIP 27 프로젝트를 관리하라

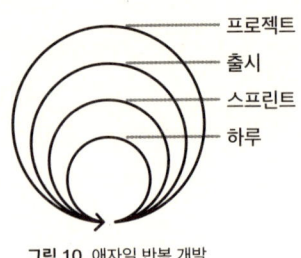

그림 10. 애자일 반복 개발

스프린트 리뷰 방법을 사용하며, 만들고 있는 소프트웨어의 목표도 스프린트 리뷰가 지향하는 점이다. 목표는 작아도 품질은 실제 제품 수준이어야 한다. 결국 전체적인 제품은 작업이 끝나는 날 고객이 쓸 수 있는 정도여야 한다.

팀 전체가 완성된 품질을 만들어 낸다는 것은 높은 수련이 필요하다. 여기서 완성된 품질이라고 하면 개발, 통합, 테스트, 문서 작성을 다 포함한다. 출자자들은 스프린트가 끝나면 바로 출시하지 않을지도 모르지만 (이는 출시 계획보다 더 큰 주제다) 애자일 방법을 채택하는 데 있어서는 제품 품질이 흔들리지 않는다는 것을 일부 전제로 한다.

여러분의 역할

애자일 방법을 채택하는 팀에서 일하는 것은 힘들기도 하고 보람도 느낄 것이다. 폭포수 방법론과 마찬가지로, 이 일을 하기 위해 어떤 작업들이 필요한지, 그리고 얼마나 걸릴지 말할 수 있어야 한다. 그러나 차이점이 있다면 1주에서 4주 사이의 단기간을 위한 작업을 따져야 한다는 점이다. 처음에는 시간 예측을 잘 못하겠지만, 피드백을 빠르게 받을 것이고, 점점 더 잘할 수 있게 될 것이다.

예측 시간을 고려할 때, 테스트 시간을 포함시키는 것을 잊지 말라. 아마 여러분 팀은 자동화된 테스트를 이용할 것이며, 여러분이 더 많은 양을 코딩해야 한다는 의미다. 내 경험으로는, 제품에 적용되는 코드와 자동 테스트 코드의 비율은 1:1에서 1:2 정도다. 즉, 낙관적으로 생각했을 때 제품에 적용되는 코드 분량에 대해 100%에서 200%는 테스트 코드를 위해 두어야 한다는 말이다.

마지막으로, 애자일 반복 개발에 대해 한 가지는 분명하다. 금요일에 한 가지 일을 끝내면, 그다음 월요일에 또 할 일이 생길 것이다. 금요일에 할 일을 끝내기 위해 야근을 해야 할지도 모른다. 그렇지만 매번 해당 경험에서 배우고, 다음번에 예측할 때 활용하라. 장기적인 야근은 결국 탈진으로 이어진다. 애자일 프로젝트에서 열정적인 속도를 유지할 수 있는 원인은 몇 주마다 한 번씩 자신이 해야 일에 대해 책임이 주어지기 때문이기 때문이다. 그러므로 40시간을 충분히 채우고, 가급적 더 넘지 않도록 하라. 그 40시간도 충분히 힘들 것이다.

실천하기

폭포수 방법론과 애자일 방법론을 살펴봤다. 어느 쪽이 자신이 다니는 회사의 모습인가? 예를 들어 시간 스프린트를 사용하지만 간트 차트가 붙어있는 것처럼 혼합된 모습이라 생각되면 미리 정의된 조건 대 실증적인 프로세스 관리법의 관점에서 생각하여 두 가지를 떨어트려 보라.

그다음, 자신이 얼마나 정확하게 일을 예측하는지 기록해 두라. 아마 엄청나게 과소평가할 것이다. 측정하고 적용해 나가는, 실증적인 프로세스 관리법을 사용해서 개선하라.

마지막으로 아직까지도 프로젝트 관리자를 만나지 않았다면 찾아가서 인사하라.

TIP 28
제품의 수명 주기를 이해하라

 처음 자신에게 주어진 작은 일에 파묻히지 말고, 큰 그림 속에서 프로젝트를 이해하는 것이 날마다 판단을 내리는 데 중요한 역할을 할 것이다.

모든 제품과 서비스는 누군가의 머릿속에서 반짝하는 영감으로부터 시작한다. 그 영감으로부터 버전 1.0까지는 긴 시간이 될 것이고, 1.0에서 10.0이 되기까지는 더 먼 길일 것이다. 이번 팁에서는 제품이 만들어지는 일련의 과정을 개발자 시각에서 제시할 것이다.

성공적인 제품의 큰 그림은 순환하는 모습을 띤다(그림 11. 제품 수명 주기). 누군가 콘셉트로 시작해서, 시제품을 만들고, 제품으로 개발하며, 그 뒤 출시하게 된다. (당연히) 그 제품은 엄청난 성공을 거둘 것이며, 회사는 그 제품을 유지하며 새로운 콘셉트에 기반을 두고 개발을 시작할 것이다. 결국 그 제품의 시간은 다 할 것이고 수명이 끝날 것이다. 그사이에 회사는 다른 성공적인 제품들을 많이 만들어두었을 것이다.

모든 제품의 수명 주기가 이렇게 완벽하지는 않다. 실리콘밸리는 제품을 출시하지 못하거나 고객들이 자기 제품들을 사게 하는 데 실패한 스타트업 회사들의 잿더미로 가득 차 있다. 그러나 우리는 낙천적인 길을 따라, 길고 건강한 수명을 지닌 제품에 대해 이야기할 것이다.

콘셉트

전통적인 제품 관리 과정에서는, 사람들은 시장 조사를 하면서 기회를 찾아본다. 시장이라는 것은 판매 시장을 의미하며, 실전에서는 고객을 의미한다. 누구에게 제품을 판매하는가? 그 사람들이 여러분의 시장이다.

또한, 기회라는 것은 고객이 돈을 낼 의지가 있는 제품이나 서비스를 의미한다. 시장을 바라보는 회사의 경우 인터뷰, 데이터 마이닝, 트렌드 분석 등 개발자들이 재미없다고 할 만한 것들을 진행할지도 모른다. 그들이 돈을 위한 새로운 기회를 찾을 수 있다면, 제품 콘셉트가 거기에서 나오는 것이다.

반면 몽상가들과 개발자들에게 콘셉트를 만드는 방법은 정반대다. 누군가의 머릿속에서 대단한 제품 콘셉트가 만들어지며, 그 이후에 시장을 찾아 보는 것이다. 이것은 "문제를 찾는 솔루션"으로 알려져 있다. 이 제품을 위한 시장이 있다면, 이 방법에는 아무런 문제가 없다. 사실 여러 혁신적인 기술들이 이런 방법으로 만들어졌다.

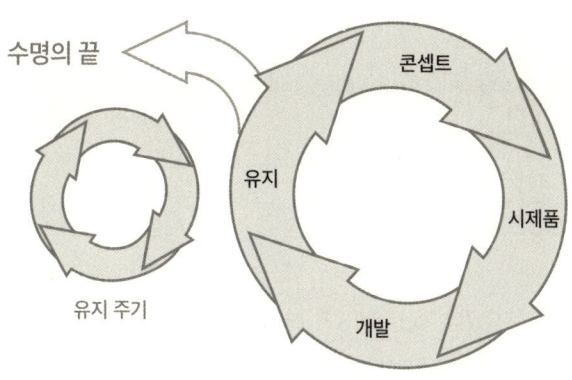

그림 11. 제품 수명 주기

여러분의 역할

자신이 회사에서 능력을 조금 인정받아, 제품 구상 단계에서 팀원으로 초대받았다고 가정해 보자. 프로그래머들에게 아직 프로그래밍할 게 없다면 뭘 할까? 마케팅 부서가 일을 찾을 때까지 피자와 맥주를 먹으며 기다릴까?

피자나 맥주에 대해 반대할 생각은 없다. 준다면 먹으라. 그러나 이 단계에서 월급 도둑이 되지 않으려면, 모든 콘셉트에 대해 어떤 것들이 실질적으로 가능한지 평가해 봐야 한다. 진짜로 만들어 내려면 양자 컴퓨터가 필요할 정도로 말도 안 되는 콘셉트를 마케팅에서 내놓는 상황은 막아야 한다.

여러분도 콘셉트를 던져볼 수 있다. 기술 세상은 계속 변하므로 새로운 콘셉트가 만들어질 수 있게 되었다. 예를 들면, 컴퓨터들이 더 빨라졌기 때문에 게임 그래픽에서 점점 더 많은 것이 가능해졌다. 텍스트 기반 게임들은 2D 그래픽에 밀려났다. 정적인 그래픽은 동적으로 렌더링되는 그래픽에 밀려났다. 또 2D는 3D에 밀려났다. 게임의 이런 혁신은 어떤 개발자가 이렇게 말했기 때문일 것이다. "이제 우리에게 [x]가 있으니까 [y]도 할 수 있지 않겠어?"

폭포수 방법론 용어 대 애자일 용어

여기서 살펴보는 것은 제품 주기이며, '팁 27. 프로젝트를 관리하라'에서 살펴본 프로젝트 주기와는 다르다. 폭포수 방법론 스타일 개발에서 차이는 학구적이다. 제품을 개발하려는 단 한 개 프로젝트만 있다.

애자일 개발법에서는 작고, 길이가 정해진 프로젝트들의 주기가 계속 반복된다. 이번 팁에서 살펴보는 것은 프로젝트가 아니라 출시 과정에 가깝다. 출시 계획은 제품을 관리하는 쪽이 진행하기 때문이다.

대못 때려 박기

콘셉트 단계에서 또 한 가지 중요한 일은 '대못을 때려 박는다'고 부른다. 주로 신기술이나 가능성을 평가하기 위해 깊고 좁게 진행하는 연구 형태다. 예를 들면 스레드 네트워크 I/O와 이벤트 주도형 I/O에 대한 비교를 읽고, 개발 중인 웹 애플리케이션에 어떤 것이 가장 좋을지 알고 싶다고 가정해 보자. 알아볼 수 있는 유일한 방법은 해보는 것이다.

대못을 때려 박는 것은 학술 연구와는 다르다. 해당 분야에 대해 전문가가 되려는 것이 아니라, 특정한 문제에 대한 답을 얻고자 하기 때문이다. 프로토타이핑과도 다른데 제품 전체에 대한 시제품을 만드는 것이 아니라 일부분만 만들기 때문이다.

제품 주기 시점과 상관없이 대못을 박아야 할 수도 있지만, 콘셉트 단계에서는 여러분 앞에 엄청 많은 선택지가 있으며 그중에서 어떤 것이 유효하고 어떤 것이 그렇지 않은지 알아내는 것이 일이다. 또 기대하지 않은 것을 발견해 새로운 콘셉트를 만들어내는 것도 가능한 일이다.

마지막으로, 자신이 신입이며 배울 것이 많다면 대못을 박는 일은 경험을 쌓는 데 정말 좋은 방법이다. 예를 들어 스레드 방식 대 이벤트 주도 네트워크 I/O에 대해 읽어본 경험은 있으나 네트워킹 프로그래밍을 해본 적이 없다고 가정해 보자. 다른 팀원들이 제품 콘셉트를 평가하는 동안, 네트워킹을 공부할 시간을 달라고 상사에게 요청해 보라. 그런 다음 책을 버리고 일을 하라.

프로토타이핑

글로 표현된 콘셉트는 근사해 보일지는 몰라도 실제 동작하는 프로토타입이야말로 살아 있는 것이 된다. 프로토타이핑 단계의 목적은 두 가지다. 첫째, 예상 고객들(그리고 회사 출자자들)에게 어떤 제품이 될지 가르쳐

주는 것이다. 시장 피드백을 받거나, 출시 전 제품을 홍보하거나, 투자자들에게 여러분이 그들의 돈을 가지고 무언가 생산적인 일을 하고 있음을 보여주기에 매우 유용하다.

둘째, 실제 제품을 만드는 방법을 배우는 것이다. 첫 시도 때는 항상 뭔가 잘못하기 마련이라는 것은 인생의 진리다. 프로토타입을 통해 제품을 부수고 태우고 다시 시도할 수 있게 되는 것이다. 다행히도, 이쪽 업계에서는 '부수고 태우는' 부분은 상상만 가능하다(하드웨어 프로젝트에서는 실제로 일어날 수 있음을 직접 경험해봤다).

프로토타이핑 단계에서 수명이 다하는 제품들이 있기도 하다. 프로토타입을 실제 보고 나니, 고객들에게 매력이 없음이 드러났기 때문이다. 회사가 그 제품 한 가지만 보고 설립된 것이 아니라면, 그런 일은 빨리 일어날수록 좋다. 다른 콘셉트로 옮겨가서 다시 시작할 수 있기 때문이다.

여러분의 역할

이제 밥값을 하기 위해 실제로 일해야 하는 단계로 왔다. 프로토타입은 개발이 필요하며, 넓은 범위를 빨리 해치우는 것이 중요하다. 아직 신입이라면, 전체적인 프로토타입 설계를 책임지는 개발 리더 아래에서 일할 것이지만, 리더에게는 모든 공백을 메꿔줄 일손이 필요하다. 프로토타입은 얼기설기 세우는 골판지와 청테이프의 디지털 버전일지도 모르지만, 많은 양의 청테이프질이 필요할 때면 신입 엔지니어들도 선택받을 기회가 올 것이다.

여러분이 해야 하는 일은 개발 리더나 설계 담당을 따라다니는 것이다. 그의 옆자리를 차지하거나, 그의 사무실로 옮겨도 되는지 물어보는 등 딱 붙어 있을 수 있는 모든 수단을 취하라. 프로토타이핑 단계에서 목표는 뭔가를 빨리 내놓는 것이고, 그러기 위해서는 나머지 팀원들, 특별히 리더와 끊임없는 의사소통이 필요하다.

개발

시제품이 만들어지고 경영진이 제품에 확신이 생기면 진짜 제품을 만들 시간이다. 프로젝트 구성원이 꾸려지고 계획과 일정이 정해지며 '진짜' 프로그래밍 업무를 시작하게 된다. 경력의 많은 부분을 이 단계에서 보낼 것이다.

프로토타입 프로그래밍과 개발 프로그래밍이 같은 프로그래밍일지라도, 마음가짐이 완전히 달라진다. 목표는 장기적이며, 지름길은 결국 골치 아픈 일로 돌아오게 된다. 여러분이 짜는 코드는 돈을 내는 고객에게 전달되며, 고객들은 제품 품질에 기대하는 것이 있으므로 절대로 엉망이어서는 안 된다.

품질은 '1장 제품을 위한 프로그램'에서 별도로 설명할 정도로 큰 주제다. 또 개발을 관리하는 방법들은 '팁 27. 프로젝트를 관리하라'에서 다룬다.

여러분의 역할

이제 여러분이 해야 할 일에 대해 꽤 명확해졌을 테니 실행하기만 하면 된다. 흔히 프로그래밍을 수공예에 비교하며 창조적인 일이라고 하지만, 그와 동시에 제품에 필요한 작업을 해내야 한다. 예를 들면 설치 프로그램을 만드는 데는 엄청난 창조력이 필요하지 않고, 오히려 꽤나 표준화된 작업이라서 '창조적인' 방법을 선택하면 이미 만들어진 관습들을 따르는 것보다 더 문제를 일으킬 소지가 있다.

'정말' 설득력 있는 이유가 있지 않는 한, 가장 잘할 수 있는 방법이 있는 일들에는 그것을 따르라. 처음에는 그런 방법들이 있는지 없는지 잘 모를 테니, 다음과 같이 생각하라. 자신에게 주어진 문제가 예전에 누군가가 수천 번 한 일은 아닐까?

설치 프로그램 같은 것이라면 분명히 그럴 것이다.

그런 일들이라면 책을 찾아보라. 회사에서 돈을 내줄 것이다. 바퀴를 다시 발명할 필요는 없다. 특히나 상업적인 제품이라면 말이다. 이 실수는 너무나 흔한 것이라서 이름도 있다. '여기서 만든 것이 아님' 신드롬 NIHS이라고 한다. 나는 모바일 컴퓨팅을 위한 참신한 사용자 인터페이스를 발명하는 회사에 다닌 적이 있다. 또 우리만의 OS, 네트워킹 프로토콜, 네트워크, 모든 걸 실행할 수 있는 칩을 발명했다. 그 결과는? 실리콘밸리 한가운데 2억 달러짜리 구멍을 만들었다.

진정한 예술가는 팔리는 작품을 내놓는다

매킨토시를 개발하면서 스티브 잡스의 주문은 "진정한 예술가는 팔리는 작품을 내놓는다"[3]였다. 매킨토시 창조자들은 우주에 흔적을 내겠다는, 그다지 겸손하지는 않은 목표를 세웠지만 제품을 내놓기 전까지는 흔적 따위는 낼 수 없다는 사실도 잘 알고 있었다.

프로그래머들은 기능 한 가지를 더 추가하거나 버그를 하나 더 수정하려는 유혹에 늘 빠진다. 더 잘 만들 수 있다는 생각에, 제품을 내놓으려고 하지 않는다. 그와 반대로 관리자들은 하루라도 더 빨리 출시하고자 한다. 누가 옳을까?

양쪽 시각 모두 제품을 더 좋은 것으로 만든다. 모든 제품의 버전 1.1은 원래 버전 1.0이었어야 한다는 기술 세상의 격언도 있다. 1.0 버전에 대한 현실 세계의 피드백이 1.1을 만들게 하는 원동력이기 때문이다. 지름길이란 없다. 아무리 울퉁불퉁해도 1.0을 출시해야만 고객들이 바라는 1.1의 모습을 들을 수 있다.

---

3 http://c2.com/cgi/wiki?RealArtistsShip

'여기서 만든 것이 아님' 신드롬에 빠지기 전에 자신의 프로그램이 다른 것들과 어떻게 다른지 파악하는 데 창의력을 집중하라. 관리자나 동료들에게 물어보라. 우리가 하는 일에 참신한 부분은 어떤 것인가? 바로 거기에 창의성을 사용해야 한다. 신입으로서 창의적인 일에 참여하지 못할지도 모르지만(선배들이 찜해 두었을 것이다) 아이디어를 내거나 실험할 시간을 낼 수는 있을 것이다. 그런 식의 독창력을 보여주는 것을 거부할 팀은 없다.

참신하든 아니든, 모든 할 일에 장인 정신은 핵심 역할을 한다. 여러분이 설치 프로그램에 허우적거리며 정해진 관례나 따르느라 전혀 멋져 보이지 않은 일을 하고 있다 한들, 그 일을 제대로 해야만 한다. 바로 세세한 것에 신경 쓰기, 꼼꼼한 테스트, 회사의 출시 프로세스를 제대로 따르는 일 등을 말한다. 독립적인 엔지니어로서 평판을 쌓을 수 있는 기회로 삼으라.

출시

프로젝트 관리자들은 "프로그래머의 손에서 빼앗는 순간 소프트웨어는 완성된다"라고 말한다. 팀은 아마 출시를 위해 준비되지 않은 상태일 테지만, 이제 그만 기다려야 할 때가 왔다고 관리자들이 판단하면, 팀의 손에서 제품을 빼앗아 세상에 내보낼 것이다. 회식을 해도 되는 순간이 온 것이다.

제품 출시가 하루 만에 일어나는 일처럼 보여도, 사실은 회사의 물류와 관련한 전체적인 능력을 시험하는 큰 일이다. (하드웨어의 경우) 공장 라인이 돌아가기 시작하며, (웹 사이트의 경우) 배포 팀이 스테이지별로 적용하며, 마케팅은 메시지를 전달하기 위해 힘을 쓰며, 세일즈는 주문 처리를 시작하고 지원 부서는 고객 문제에 대응하는 등의 일이 진행된다.

그런 것들이 진행되는 동안, 여러분은 엔지니어링 일로 충분히 바쁠 것이다. 팀은 다음과 비슷한 출시 단계를 밟고 있을 것이다.

1. (출시 이전) 빌드 마스터나 기술 선임이 버전 관리 시스템을 이용하여 메인 코드에서 '안정적인' 출시용 브랜치를 생성할 것이다. 이 출시용 브랜치에는 변경을 관리하기 위해 주로 기술 선임의 코드 검토와 승인을 요하는 규제들을 적용할 것이다.
2. 이 출시용 브랜치가 준비되었다고 생각될 때 출시 후보release candidate로 표시되고, 누군가 공식적인 RC 빌드를 만들 것이다. '1.0-RC1' 같은 하나뿐인 버전 번호를 부여한다.
3. 테스트 부서와 운용 가능한 외부 베타 테스터들은 RC1 버전을 두들겨 대고 버그를 몰아낼 것이다.
4. (경영진이 됐다고 할 때까지 앞의 단계를 반복한다)
5. 최종 출시 후보 소스는 1.0이라는 버전 번호를 받게 되고, 누군가가 골드 마스터 빌드를 만든다.
6. 출시!

웹 회사들에서는 이 단계가 조금 더 유동적이지만, 같은 원칙이 적용된다. 변경 사항을 관리하기 위해 코드를 브랜칭하고 끝까지 테스트한 뒤에 사용자들이 바라보는 서버에 배포한다.

마지막 단계는 '이제 끝'이며 동시에 '이제 시작'이기도 하다. 버전 1.0이 완성되어 출시된 것은 맞다. 그러나 첫 고객이 제품을 사용하는 그 순간, 문제에 대응하기 시작해야 한다(그 어느 제품도 완전히 버그 없이 출시될 수 없기 때문에, 아마 닥쳐올 만한 일들을 미리 알고 있을 것이다). 스스로에게 "이제 끝"이라고 축하해도 되지만, 바로 다음 날 "이제 시작"으로 전환된다고 해서 놀라거나 낙담하지 말라.

여러분의 역할

여러분이 할 수 있는 일은 제품 종류와 회사 규모에 따라 달라진다. 작은 하드웨어 회사에서는 제품의 첫 배치를 만드는 데 투입될 수도 있다(나는 큰 주문을 맞추기 위해 납땜질을 한 적도 있다). 웹 회사에서는 서버를 감시하고 코드를 업데이트하고 서버가 죽지는 않는지 감시하는 역할이 주어질 수도 있다.

나는 출시라는 것이 '담벼락 너머로 던져버리는' 것이며 그 순간에 모든 것이 끝나고 게으름을 피울 수 있는 회사에 다녀본 적이 없다. 신입이었을 때는 배포를 도와주는 역할이었고, 선임인 지금은 박람회와 핵심 고객을 찾아가서 출시된 제품을 홍보하는 역할을 하고 있다.

결국 출시와 관련하여 도움이 필요하다는 것이 명백하므로 일부러 찾아볼 필요는 없을 것이다. 도울 수 있을 만큼 돕고, 늦게까지 일할 것을 각오하라. 팀과 단합할 수 있는 경험으로 생각하라.

유지 보수

지금까지 제품 수명 주기에서 실질적인 출시까지 이야기해 보았다. 그런데 제품이 건강한 사업으로 이어진다면, 1.0을 출시하고 끝을 외칠 수는 없다. 고객들의 요구는 제품의 새로운 버전 개발을 추진할 것이다. 예를 들어 마이크로소프트 윈도 1.0은 1985년에 출시되었지만 그동안 매우 많이 발전했다. 마이크로소프트가 존속되는 동안, 윈도 개발은 결코 '끝나지' 않을 것이다.

이 시점에서 개발 주기가 나뉜다. 회사의 일부는 콘셉트 단계로 돌아가서 제품의 다음 버전을 개발하기 시작하고, 또 다른 일부는 기존 고객을 돌본다. 후자를 유지 보수 단계라고 일컫고, 신입 프로그래머들에게 흔히 주어지는 역할이다.

유지 보수는 제품에 따라 형태가 다양해진다. 하드웨어라면 고객 지원과 수리를 포함한다. 비용 절감 또는 원래 부속이 더는 생산되지 않아서 모든 기기에 대응하는 제품을 개발하는 일도 포함될 수 있다. 예를 들어 CPU의 경우 주기가 매우 짧아서 CPU가 임베드된 하드웨어는 새로운 부속을 사용할 수 있도록 자주 개선되어야 한다.

소프트웨어의 경우 버그 수정과 호환성을 위한 업데이트가 있다. 윈도 애플리케이션을 판매하는데 마이크로소프트가 윈도 새 버전을 내놓을 경우, 제품을 업데이트해야 할지도 모른다. 웹 사이트에도 같은 문제가 있다. 웹 브라우저들은 계속 새 버전이 나온다. 게다가 대다수 소프트웨어 제품은 지불 프로세싱이나 서버 호스팅 같은 일에 업스트림 벤더 회사들을 이용한다.

이 일과 관련하여 많이 듣는 불만은 "같은 위치를 유지하려면 뛰어야 한다"라는 것이다. 변화하는 주변 상황과 맞춰가는 것은 정말 어려울 수 있다. 특히 고객들을 만족시키는 것과 동시에 제품의 다음 버전을 만들어야 하는 상황이라면 말이다.

유지 보수 주기

유지 보수 단계에는 자체적인 작은 생명 주기가 있다. 콘셉트에서 시작해, 시제품을 만들 수도 있고, 개발하고, 테스트하고, 배포한다. 유지 보수 단계와 신제품 개발의 유일한 차이점은 '새롭다'는 부분일 뿐이다. 어떤 유지 보수 노력은 그런 구분마저 흐릿하게 할 정도로 많은 기능을 담을 수 있다.

여러분의 역할은 크게 달라지지 않는다. 여전히 제품을 만들며 세상에 내놓게 된다. 한편으로는, 추가 출시 사항들이 1.0보다 규모가 작아 쉬울 수도 있다. 또 한편으로는, 실제 고객들이 제품을 쓰고 있고 지금 동작하는 것을 안 되게 할 수 없기 때문에, 더 어려울 수도 있다.

여러분의 역할

유지 보수는 새로 채용된 사람들에게 흔히 주어지는 훈련 분야다. 다음 출시 때까지 시간 압박이 덜하며, 선임 엔지니어들이 새로운 프로젝트는 벌써 찜했을 것이기 때문이다. 따라서 기존 제품을 유지 보수하는 것이 여러분의 역할이 될 것이다.

주방 기구 메이태그^{Maytag} 수리공과는 달리, 소프트웨어에서는 항상 뭔가 할 일이 있다. 1.0 버전은 완벽해서 출시된 것이 아니다. 오히려 고객들이 벌써 난리를 치고 있을 수천 개 버그를 갖고 출시되었다. 아마도 여러분의 핵심 역할은 버그 담당일 것이다.

이것은 여러분이 소프트웨어를 잘 알 뿐 아니라 효율적으로 작업할 수 있음을 증명할 수 있는 기회다. 문제들을 해결하는 동안, 다음과 같은 것들을 버그 추적 시스템이나 버전 관리 시스템에 기록하라.

- 버그의 경우 문제에 대한 자세한 기록이 있어야 한다. 문제를 설명하면서 자세히 적어두라.
- 문제 분석: 되도록 문제의 근본 원인을 설명하라. 확정적으로 설명할 수 없는 경우도 있다. 가설과 뒷받침이 되는 증거를 충분히 설명하라.
- 수정 사항에 대한 해설: 코드 변경과 사용자들이 경험할 변화에 대한 요약이 포함되어 있어야 한다.
- 변경 사항을 테스트하는 방법

이것들은 과학적인 방법론을 소프트웨어에 적용한 것뿐이다. 이 점들을 잘 전달하면, 탄탄한 문제 해결과 프로그래밍 능력을 빨리 인정받을 것이다.

수명의 끝

제품이 그냥 '끝날' 때도 있는 법이다. 여러 이유가 있을 수 있는데, 회사가 망했다거나 제품이 수익을 못 낸다거나 신제품으로 교체한다거나 등이다. 이것은 전략적인 판단이며 몇 년 후쯤에야 참여할 수 있겠지만, 지금은 그냥 알고 있으면 된다.

하드웨어 수명의 끝은 정해져 있다. 그 어느 하드웨어 제품도 오래 살아남지 못한다. 예를 들어 인텔 CPU 신제품은 대략 1년 주기로 출시된다. 경쟁 때문에 계속 발전하기 때문이다.

소프트웨어는 좀 더 복잡하다. 소프트웨어 버전의 수명은 다할지라도 제품 그 자체는 새로운 버전으로 계속된다. 웹 사이트는 더하다. 계속 새로운 버전을 내놓으며, 프런트엔드가 바뀌지 않는 한 사용자들은 눈치채지도 못한다.

여러분의 역할

수명의 끝을 결정하는 것은 임원들이다. 여러분은 늘 그랬듯이 출근했더니 새로운 프로젝트에 투입됐음을 알게 될 것이다(아니면 회사가 망했을 경우 잘렸다든지).

그런데 프로그래머들은 제품 수명이 다했다고 해서 일이 끝난 것은 아니다. 팀은 다음 세대 제품들로 고객이 이동하는 것을 돕는 일에 배정될 수도 있다. 예를 들어 애플의 경우 CPU를 교체하면서 아주 훌륭한 모습을 보였다. 애플은 1990년대에 CPU를 모토로라 68k에서 완전히 다른 설계인 파워PC로 변경했다. 하지만 애플은 에뮬레이터를 탑재해 기존 69k 애플리케이션을 파워PC에도 돌아갈 수 있게 했고, 소프트웨어 업그레이드를 할 수 있는 몇 년간의 시간을 주었다. 2000년대 들어 파워PC에서 인텔 x86으로 전환할 때도 마찬가지였다. 애플은 새로운 하드웨어로 이주할 때 고객들의 수고스러움을 프로그래밍으로 덜었다.

실천하기

이제 큰 그림이 주어졌으니, 자신의 제품이 어느 단계인지 알아볼 차례다. 상사나 제품 관리자와 이야기해 보라. 또, 자신의 적절한 역할도 다시 확인해 보라.

그 후에는 제품의 다음 단계가 무엇인지 알아보라. 그 단계까지 시간이 얼마나 걸릴까? 제품 관리자가 가장 잘 답해줄 수 있을 것이다. 그 사람이 누군지 아직 모른다면, '제품 관리'(204쪽)를 살펴보라.

TIP 29
회사의 입장이 되어보라

 가끔은 회사의 큰 목표를 확인해야 한다. 회사의 목표와 방향을 이해하고 있는가?

세상을 바꾸고자 하는 회사에 들어갔다고 가정하자. 제품이 출시되면 사람들이 소통하는 방식에 혁명을 일으킬 것이고 아이들의 활동량을 보고 아이들 옷을 빨 수 있게 될 것이다. 정말 멋져 보이지만 그 제품은 회사가 존재해야 하는 이유를 뒷받침해주지는 못한다.

"우리가 여기에 있는 이유는 무엇인가"라는 질문이 아마 '큰 그림' 질문 중에서 가장 큰 것이지 않을까? 그런데 그 답변, 즉 존재 이유는 오히려 간단하다. 모든 회사는 투자금과 주주 이익을 보호하기 위해 있다.

"나는 탐욕스러운 투자자들의 도구밖에 안 되는 것인가?"라고 생각할 수도 있다. 그게 아마, 어느 정도는 그렇다. 잠깐, 리처드 스톨만과 자유 소프트웨어에 대한 끊임없는 충성심을 다시 한 번 읊기 전에, 그런 역할은 이타적인 조직에도 해당됨을 알아야 한다.

OLPC^{One Laptop Per Child} 같은 비영리 단체를 살펴보자. OLPC는 "세상에서 가장 가난한 아이들에게 튼튼하고, 저비용·저전력에 네트워킹이 가능하며 콘텐츠와 소프트웨어가 탑재된 랩톱을 제공해 협력이 가능하고 즐겁고, 자가 학습이 가능하도록 교육적인 기회를 창조하는 것"[4]을 목표로 한다.

OLPC 출자자들은 돈, 시간, 전문 기술도 투자했을 것이다. 자신들의

---

4 http://laptop.org/en/vision/index.shtml

투자를 보호한다는 것은 OLPC를 지켜내는 것을 의미한다. OLPC가 랩톱을 지속적으로 내려면 돈이 계속 들어와야 한다. 출자자들의 투자를 보호한다는 것은 OLPC 설립 목적을 유지하는 의미가 된다. 아이들이 공부하려면 랩톱이 필요하고, 그것이 OLPC 출자자들의 목적이므로 단체는 '모든 아이에게 토스터를'로 목표를 변경할 수 없다(토스터의 OS가 NetBSD라고 해도 말이다).

수익이 날수록 더 좋은 회사의 경우, 그 역할은 '짤랑짤랑 돈소리'로 단순화될 수 있다. 투자자들은 똑같은 ROI$^{\text{return of investment}}$라면 자신들이 기술에 투자하는지, 비누 같은 것에 투자하는지 상관하지 않을 수 있다. 냉정하게 따져보자. 돈이 최종 목표인가? 아니라면, 여러분의 관심과 출자자들의 관심은 어떤 차이가 나는가?

자신이 정말 탐욕스러운 자본가들의 도구라고 하자. 여러분이 프로그래밍하는 이유는 자본가들에게 돈을 안겨주기 위해서다. 그러나 여기에는 반대되는 입장이 있다. 그들이 여러분에게 월급을 준다. 그들은 여러분이 프로그래밍해서 출시되는 제품이나 서비스가 성공할 수도 있으므로 여러분에게 적잖은 돈을 주는 모험을 했다.

솔직히 이건 완벽하게 좋은 거래가 될 수 있다. 적절한 제품을 올바른 방향으로 만들고서 나머지 사업 부분이 계획대로 풀린다면 여러분은 만족을, 출자자들은 돈을 얻을 것이다. 모든 사람이 승자다. 사업이 잘 안 되어도 월급을 뺏기지는 않을 것이다. 여러분과 출자자들은 다음 사업을 진행하면 된다.

실천하기

이렇게 뜬구름 잡는 듯한 일을 현실로 가져와보자. 이 훈련을 위해서는 관리자의 도움이 좀 필요할지도 모른다.

회사의 목적이 출자자들의 투자와 이익을 보호하는 데 있다는 정의를 자세히 뜯어보자.

- 출자자: 어떤 사람들인가? 회사 주식이 공개적으로 거래된다면 정답은 뻔하다. 주식을 보유한 사람들이다. 좀 더 자세히 들여다보고서 가장 많은 주식을 가진 사람이 누군지 알아내보라(조사가 좀 필요할지도 모른다). 사기업이라고 해도 주식을 가지고 있을 것이다. 공개적으로 시장에서 거래되지 않을 뿐이다. 주식의 많은 부분을 설립자들, 엔젤 투자자들 또는 벤처 자본가들이 갖고 있을 것이다.
- 투자와 수익: 출자자들이 누군지 알았다면, 그들의 투자와 수익을 보호한다는 것이 어떤 의미인지 알아볼 수 있는가? 투자를 보호한다는 것은 명백하다. 그들의 돈을 낭비하지 말라. 수익을 보호한다는 것은 더 복잡할 수 있다(벤처 자본가에게는 쉽다. 짤랑짤랑~).

  협력사가 끼어 있으면 더 복잡해질 수 있다. 성공에 따른 수익은 그들 사업의 다른 부문에 간접적으로 영향을 줄 수도 있기 때문이다. 예를 들면, CPU 제조사 AMD는 일찍부터 OLPC 프로젝트의 후원사였다. 이는 OLPC가 AMD 칩을 사용하게 하기 위해서이기도 했지만 (짤랑짤랑~) 동시에 개발 도상국들에 AMD 브랜드를 알리려는 전략적인 목적도 있다.
- 점들을 이어보라. 여기서부터 중요해진다. 출자자들과 그들의 수익과 여러분이 만들고 있는 제품 사이를 이을 수 있는가? 다시 말해, 여러분의 제품이 어떻게 회사 출자자들의 투자와 수익을 보호할 수 있을까?

'그림 12. 가상 회사의 목적도'는 몇 명(밥, 조, 수잔)이 설립하고 벤처 자본

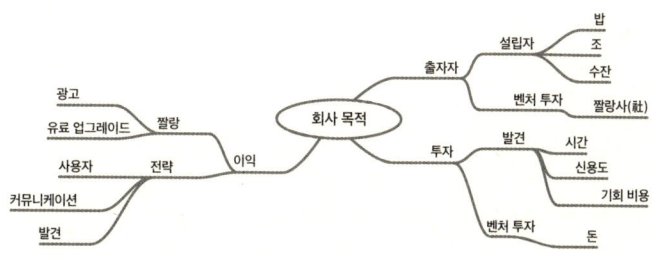

그림 12. 가상 회사의 목적도

회사에서 투자받은 가상 회사를 그린 마인드맵이다. 그들은 소셜 네트워킹 사이트를 만들고 있으며(모두가 하고 있으니까) 광고와 유료 이용자로부터 돈을 벌고 싶어 한다.

여러분의 마인드맵은 이 구조를 더 자세하게 그릴 수 있을 것이다(아이디어를 만들고 협업하는 도구로 마인드맵에 대해서는 『Pragmatic Thinking and Learning』[Hun08]을 참고하라).

TIP 30
회사의 안티패턴을 파악하라

 멍청함을 조심하라. 언제 닥칠지 모른다.

프로그래밍 디자인 패턴에 대해 들어본 적이 있을 것이다. 사람들이 프로그래밍 솔루션에서 반복적인 패턴을 찾아내어 유용하게 사용하는 것을 말한다. 이번 팁은 그 반대 경우를 말한다. 역효과를 내거나 정말 멍청한 짓이라는 게 입증된 사업 관행상 반복되는 패턴의 모음이다.

이 정도 규모의 문제들은 몇 년간 수많은 사람을 거쳐 쌓인 것이라서 여러분이 고칠 수 없을 것이다. 나는 이것을 경고 삼아 문서로 남긴다. 야생에서 살아남는 법을 가르치는 책들이 독성을 지닌 식물 그림을 기록해두듯이 말이다.

그런 것들이 여러분을 죽이지는 않겠지만, 힘든 시간을 가져다줄 것이다. "일정이 왕이야"라는 소리를 듣는 순간, 프로젝트는 죽음의 행진을 하고 있는 것이다. 하키 채 모양 판매 곡선 뒤에는 바닥을 치는 매출이 따른다.

그러므로 항상 주변을 둘러보고 회사가 이상해진다 싶으면 새 직장을 찾을 준비를 하라.

일정이 왕이다
프로젝트 관리자는 간트 차트를 사랑한다. '폭포수 프로젝트 관리'(224쪽)에 나온 간단한 차트를 기억하는가? 그걸 500줄로 늘리고 다시 100개의 개별 업무로 늘려보면, 바로 프로젝트 관리자들이 실제로 만드는 차트다.

그리고는 경영진은 그 복잡한 일정 예상표에서 제품이 18개월 만에 출시된다고 믿어 버린다. 여기에서 문제가 생긴다. 그 제품은 정말 18개월 만에 출시되어야 하기 때문이다. 뭔가 대단히 과학적으로 보이는 그래프가 18개월 만에 출시될 수 있다고 말하지 않는가? 회사 전체의 구호는 "일정이 왕이다"가 되어 버린다.

그 누구도 복잡한 프로젝트가 18개월 만에 끝날 수 있을지 알 수 없다. 간트 차트는 찍기와 도저히 증명할 수 없는 추정을 바탕으로 한다. 몇 개월 안에 일정은 뒤죽박죽되어 버린다.

어쨌거나 경영진은 기존 일정을 독하게 물고 늘어지게 된다. 일정이 왕이니까. 기능들을 버리고, 테스트를 포기하고, 일정에 맞춰 출시하는 데 방해가 되는 것들을 모두 버려버린다. 그리고는 사면초가에 놓인 세일즈와 마케팅 팀에 어떻게든 그럴듯하게 보이게 하는 문제는 넘겨버린다.

일정이 왕이라는 상황과 마주치면 어떻게 대처해야 할까? 일정을 만들어 내려고 무엇을 희생했는지 경영진에게 이야기하는 것은 권하지 않는다. 대신 예상했던 것보다 일정 준수가 늦어지거나(반드시 그럴 것이다) 품질이 떨어지기 시작하면(반드시 그럴 것이다) 경영진들에게 솔직하게 얘기하라. "제가 말했잖아요"라고 하지 말라. 단지 사실만을 이야기하라. 좋은 관리자는 사실만을 회사 측에 가져가서 그다음 무엇을 할지 결정할 것이다.

게다가 기능들을 줄여야 하는 때가 오면(올 것이다), 만들기 어려운 기능들을 빼자고 섣불리 제안하지 말라. 최대한 많이 고객 입장에서 제품을 보고, 고객이었다면 어떤 기능들을 정말 원했을지 생각해 보라. 어떤 것들은 고르기 어려울 것이다. 그렇더라도 고객에게 전달하고자 하는 기능만큼은 유지하도록 노력하라.

맨먼스 미신

프레드 브룩스가 집필한 『The Mythical Man-Month』[Bro95]는 첨단 기술 분야에서 유명한 책이다. 아마 모두 읽었을 것이다. 그런데 모두가 내용을 잊어버린 것 같기도 하다.

경영진이 보기에 일정이 지켜지지 않을 것 같으면, 일정이 왕이므로 프로젝트에 더 많은 프로그래머를 투입하기로 결정한다. 제품을 만드는 데 다섯 명으로 10개월이 걸린다면, 열 명으로 5개월 만에 만들 수 있지 않겠는가? 그러나 프레드 브룩스는 벌써 늦어지고 있는 프로젝트에 프로그래머들을 투입하는 것은 '프로젝트를 더 늦어지게 하는 것'이라고 주장한다.

그 이유는 다음과 같다. 한 팀으로 프로그래밍한다는 것은 굉장히 많은 의사소통과 조율이 필요한 일이다. 관리자들은 고양이를 여러 마리 다루는 것 같다며 괴로워할 것이다. 프로그래머들이 멍청하거나 능력이 없어서가 아니다. 단지 복잡한 시스템을 만들어내는 일이란 원래 그런 것이다. 방 하나에 사람을 더 넣으면, 복잡한 시스템에다가 복잡한 조율 문제까지 해결해야 하는 상황이 되어 버린다.

경영진이 여러분이 하는 프로젝트에 프로그래머 여러 명을 집어넣는 상황에 부딪히면 어떻게 할 것인가? 솔직히 할 수 있는 게 별로 없다. 할 수 있는 최선의 일은 다른 팀원들과 자주 대화를 나누는 것이다. 가능하다면 화이트보드 앞으로 사람들을 모이게 하라. 아니면 복잡한 코드를 짤 때 다른 사람과 짝으로 일하라. 어떻게 하든 간에 의사소통 수단들을 열어두라. 그런 노력이 프로젝트에 도움이 될 뿐 아니라, 일을 돌아가는 상황을 아는 바로 그 사람으로 인정받게 될 것이다.

하키 채 판매 곡선

내가 가장 좋아하는 것이다. 제너럴 매직에 다닐 때 들었던 개념인데, 나중에 딜버트 만화에 나와 불후의 명성을 얻었기 때문이다. 만화에 나오는 남자가 '그림 13. 하키 채를 믿지 말라' 같은 차트를 펼쳐두고 연설을 시작한다.

> 첫 몇 분기는 도입 속도가 늦을 것이라 예상합니다만 제품의 유명세가 결정적인 수준에 이르면 판매가 하키 채 모양처럼 솟구칠 것입니다!

물론 그럴 거다. 그런 일은 일어나기는 하지만 회사에서 소원을 빈다고 해서 일어나는 일은 아니다. 결국 그렇게 만들어내는 것은 시장이다. 회사는 언제 그런 일이 일어날지, 일어나기나 할지에 대해서는 전혀 모른다. 위대한 제품이 시들어 죽는 경우가 있고, 그저 그런 제품들이 대박이 날 수도 있는 일이다. 어떤 제품이 성공할지 누가 알겠는가?

정직한 사업에서는 하키 채를 최선의 시나리오로 고려할 수도 있겠지만, 갑자기 인기가 폭발하지 않는, 현실적인 시나리오도 반드시 추가로

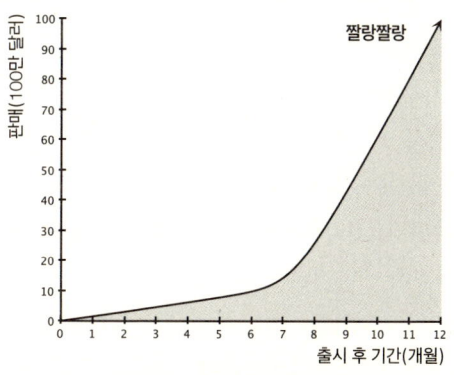

그림 13. 하키 채를 믿지 말라.

첨부되어 있을 것이다.

이런 하키 채 모양의 꿈이 제시되었을 때 무엇을 해야 할까? 경우에 따라 다르다. 내 경우에는 정말 멋진 시간을 보내고 있었고 회사에서 현금이 충분했기 때문에 별 상관이 없었다. 그러나 자신이 다니는 회사가 작고, 제품 판매가 월급과 직결되어 있는데 그런 꿈을 꾸어야 한다면 다른 직장을 고려해 보라.

대개편

레거시 코드에 빠져 허우적거리는 프로그래머들은 모두 버려버리고 다시 시작하고 싶어 한다. 때때로 그것이 옳은 길이라고 투자자들을 설득하는 데 성공하기도 한다.

대개편이 시작된다. 프로그래머들은 설계 회의를 수없이 한다. 신기술이 선택된다. 새로운 코드 기반에서는 한계란 없기 때문에 정말 흥미진진한 시간이 된다.

그런 다음에는 어려운 시간이 닥친다. 뭔가 이유가 있어서 예전 제품에 이상한 코드가 존재했음을 알게 된다. 지저분한 GUI 설치 코드는 윈도 구버전을 위해 필요로 하고, 이 제품을 사용하는 고객 대다수가 아직도 그 윈도 버전을 사용하는 상황이다. 동작 코드의 특별한 부분들은 문제가 되는 도메인 그 자체가 특별하기 때문이었다. 안 돼. 새 버전의 코드가 점점 더 레거시 코드가 되어가고 있어! 아직 출시도 되지 않았는데!

설상가상으로 이 개편 때문에 시간이 추가로 얼마나 걸릴지 아무도 계산해 보지 않았다. 출자자들이 개편에 동의했을 때는 6개월이 걸리리라 생각했다. 6개월이 지났지만, 아직 반도 못 온 상황이다. 경영진으로부터 친절하다고 하기 어려운 질문들이 쏟아진다. 근무 시간은 길어진다. 그리고 마무리하기에 급급한 나머지, 품질은 저기 멀리 쓸려나가게 된다. 더는 흥미진진하지 않게 되었다.

대개편을 앞두었다면 무엇을 해야 할까? 우선 '팁 7. 레거시 코드를 개선하라'를 읽으라. 다 버리고 새로 시작하지 않아도 오래된 코드를 다루는 방법을 알려준다.

둘째, '팁 4. 복잡성 다스리기'를 참고하라. 특히, 필요한 복잡함과 우연한 복잡함을 구분하는 데 신경을 쓰라. 필요한 복잡함을 버릴 수는 없지만, 더 낫게 짤 수 있는 방법은 없을지 팀에 물어볼 수는 있다.

실천하기

앞에서 언급했듯이 경영상의 안티패턴을 발견했을 즈음에는 벌써 너무 늦었을 것이고, 일개 프로그래머가 고칠 수 있는 상황은 아닐 것이다. 그러므로 한 가지 팁만 알려준다. 동료들이 다른 배로 옮겨 타기 시작할 때 물어보라. "'그' 회사에 자리 남았나요?"

4부

미래를 향해

7장
카이젠

카이젠$^{Kaizen, かいーぜん, 改善}$은 지속적인 개선을 뜻하는 일본어다. 프로그래밍 수준과는 상관없이, 여러분은 지금보다 더 나아질 수 있다. 당연한 말 같겠지만, 5~10년차 정도에서 정점을 찍고는 그 자리에 붙박이가 되어버린 프로그래머들을 많이 만났다.

프로그래밍 일에서 지속적인 향상과 완벽함을 추구하는 방법은 뻔하다. 새로운 프로그래밍 언어를 학습하거나 컴퓨팅의 새로운 영역으로 기술들을 넓혀나가거나 오픈 소스 프로젝트에 기여해 자신만의 기술을 만들어 가는 것 등이 있다. 이는 모두 자기 능력을 시험하고 초심을 지키는 데 훌륭한 방법이다. 그러나 카이젠은 그보다 더 넓은 관점에서 생각해야 한다.

완벽을 추구한다고 했을 때 이는 기술 분야에만 한정하고자 하는 것이 아니다. 수십 년 전 C 언어를 완벽하게 익힌 프로그래머들은 줄곧 시스템 소프트웨어를 작성해 왔다. 그들은 정체된 상태일까? 꼭 그렇지는 않다. 우리는 운영 체제에 일어난 엔지니어링의 엄청난 업적을 계속 봐 왔다. C 자체는 새롭거나 화려하지 않을지 모르지만 아직도 새롭고 반짝이는 것들을 만들어내는 데 사용하는 근간 언어다.

또한 향상을 추구함은 그저 무언가를 지적으로 습득하는 것만을 의미하지는 않는다. 일을 대하는 태도는 생산성과 만들어내는 코드 품질에

크나큰 영향을 끼친다. 마찬가지로 다른 사람들과 상호 작용은 전문적인 개발과 제품을 전달할 수 있는 능력에 영향을 끼친다. 태도나 상호 작용은 삶의 혼란스럽고 비이성적이며 감정적인 측면이라고 해도 더욱 향상시킬 수 있는 부분이다.

책의 마지막 단계에 왔으니 미래를 내다보자. 여러분은 지금 이 순간에도 이미 나아지고 있다. 카이젠은 지금도 잘하고 있는 일을 앞으로도 계속 잘하게 해줄 것이다.

- 우선 태도에 관한 팁으로 시작하겠다. '팁 31. 좋은 태도가 중요하다'에서 '절반이 찬 물 잔'에 대한 관점에 관해 토론해본다. 원한다면 '물잔이 필요보다 두 배나 크다'는 관점을 취해도 해도 된다.
- 각종 책에서 잠시 벗어날까 말까 하는 생각을 하고 있다면 '팁 32. 공부를 절대 멈추지 말라'에서 기술 연마를 계속하는 방법을 모색한다.
- '팁 33. 자신의 자리를 찾으라'에서 경력 프로그래머를 위한 몇 가지 장래 기회를 다루면서 책을 끝내겠다.

TIP 31
좋은 태도가 중요하다

 태도는 여러분의 생산성과 미래 모두에 영향을 미친다.

1990년대 베어 본즈 소프트웨어Bare Bones Software는 "형편없진 않습니다It Doesn't Suck"라는 태그라인[1]과 함께 BBEdit라는 텍스트 편집기를 출시하였다. 그 태그라인은 오늘날까지도 쓰이고 있다. 정말 뛰어난 마케팅이다. 그들의 고객은 누구일까? 바로 프로그래머들이다.

프로그래머들은 비관적이고 냉소적인 경향이 좀 많다. 프로그래머들은 대부분 형편없는 100가지와 그렇지 않은 한 가지 정도만을 여러분에게 이야기할 것이다. 제품에 대해 프로그래머가 하는 최고의 칭찬은 "형편없진 않네"다.

비관적인 프로그래머들은 외롭지 않을 것이다. 나는 프로젝트의 대부분, 그러니까 80~90% 정도가 실패[2]한다고 하는 다양한 보고서를 읽었다. 한술 더 떠서, 나머지 10~20%도 잘된 프로젝트라고 해서 성공한 것이 아니라 좋은 것과 나쁜 것이 뒤범벅된 프로젝트들이다. 평균적으로 보면 정말 좋은 제품보다 별 특징 없어 보이는 진짜 엉터리 제품이 더 성공한 것처럼 보인다. 프로그래머가 이러이러해 형편없다고 이야기한다면 그 말이 맞을 가능성이 상당히 높다.

여기에 내기를 걸어야 하는 도박꾼이라면 모든 것이 형편없어서 걸 만한 게 없다고 단순하게 이야기할 것이다. 확률을 따져보면 그 말이 맞

---

[1] 마케팅 용어로, 브랜드 슬로건이라고 이해하면 되겠다.
[2] 가장 일반적인 출처는 스탠디시(Standish) 그룹(http://www.standishgroup.com)의 CHAOS 보고서다. 그러나 CHAOS 보고서의 경쟁자도 많다. 예를 들어 http://doi.acm.org/10.1145/1145287.1145301, http://dx.doi.org/10.1109/MS.2009.154, 그리고 그 밖의 것들이 있다.

다. 하지만 우리의 문제는 좋은 프로젝트를 잡아야만 성공할 수 있다는 데 있다.

확률 높이기

이 업계 신참이었을 때 내 첫 상사는 내게 "세상에서 가장 쉬운 일이 비관주의자가 되는 거야. 그 방법이 쉽거든. 낙관주의자 되기가 훨씬 어려워."라고 말했다. 상사가 해준 그 말과 그것을 실천하려는 도전 덕분에 내 말투뿐 아니라 경력까지 바뀌었다.

"이거 형편없네"에서 "이렇게 하면 썩 괜찮지 않을까?"로 시각을 바꾸면 패배주의적 마음가짐에서 창조적 마음가짐으로 전환하게 된다. 비관적 태도를 갖는 여러분이 할 수 있는 최선은 조금이라도 덜 형편없는 제품을 만드는 것이다. '썩 괜찮은' 태도를 갖는다면 완전히 새로운 것을 창조할 수 있다.

새로운 것을 창조하는 것은 여러분에게 익숙한 기술이다. 학교에서부터 예제들을 따라 하며 작은 것들을 새로 창조해보는 훈련을 해왔을 것이다. 연습을 한다면 더 큰 것을 만들게 되며 주어진 예제를 따라 하는 것을 떠나 온전히 자신만의 상상력에서 나오는 일을 만드는 단계로 들어가게 된다.

학습 속도는 자신을 밀어붙이는 의지의 크기에 따라 결정되며 그 압력은 자신의 태도에서 비롯된다.

창조를 위한 사고 틀

로버트 프리츠Robert Fritz의 책 『The Path of Least Resistance』[Fri89]에서는 우리가 세상과 상호 작용하는 방법을 두 가지 틀로 분류한다.

반응적/대응적 틀

주어진 상황에 반응하는 것이 사람의 기본 구조다. 프로그래머에게 이것은 다음과 같은 상황으로 벌어질 수 있다. 여러분은 제품의 버그 개수를 줄여 테스터들의 의견에 대응하고 싶어 한다. 그리고 마찬가지로 관리자들의 압력에 대응해 제품을 출시하고 싶어 한다. 이런 압박, 즉 정반대 방향에서 들어오는 압박 사이에 껴있는 여러분은 일정을 위태롭게 하지 않으면서도 만족할 만큼 버그를 해결해야 한다.

이것이 바로 '발등에 떨어진 불 끄기'다. 아마 당장 불을 끌 수는 있겠지만 제품의 구조적이고 근본적인 문제에 접근하지는 못할 것이다.

창조적 틀

여러분이 창조적인 방법을 선택했을 때는, 주어진 상황에 즉시 반응하기보다 현재 상태를 인정하고 더 나은 미래를 떠올리게 된다. 예를 들어 제품이 더 많이 모듈화되어 있어서 테스트와 원인 파악이 쉬운 상태를 떠올린다고 치자. 창조적인 상상에 따라 여러분은 버그를 고쳐가면서 모듈화할 기회를 찾아 코드를 파고들 수 있다(레거시 코드에서 모듈 사이의 이음매를 찾는 데 조언을 얻으려면 '팁 7. 레거시 코드를 개선하라'를 보라).

둘은 무엇이 다른가? 장기적으로 봤을 때, 반응적/대응적 버그 수정은 처음 시작했을 때보다 더욱 엉망이 되어버린 코드 베이스만이 남을 것이다. 심각한 버그가 제대로 고쳐지지는 않고 때우듯 패치되어 있을 것이다. 반면 창조적 틀을 적용한다면 시간이 지남에 따라 코드 베이스(까다로운 부분을 포함해)를 개선하려는 비전으로 이끌리게 된다.

창조적 비전은 긍정적 태도를 낳는다(사실 긍정적 태도는 반드시 필요하다). 염세주의로는 그 어떤 것도 만들어낼 수 없다. 또 창조적 생각을 현실로 가져오려면 많은 노력이 필요하지만, 어차피 해야 하는 일보다는 힘들지 않을 것이다. 게다가 더 나은 미래의 꿈을 향해 달리고 있다면, 그 과정의 어려움에서 얻는 보람은 반응적으로 대응하는 일에서는 얻을 수 없는 것이다.

에반젤리즘

창조적 비전의 다음 단계는 다른 사람들을 이끌고 가는 것이다. 경력 초기에 여러분은 기술적인 에반젤리즘을 받아들이는 쪽에 있다. 자신이 하는 일을 믿는다는 것은 엄청 재미있기 때문에 여러분이 그러고 있기를 바란다. 나중에는 여러분은 자신만의 것을 만들어 다른 사람들에게 전도하게 될 것이다.

에반젤리즘은 지금까지 기술 세계에서 굉장히 저평가되어 있었다. 사람들은 컴퓨터를 지루한 기계로 생각한다. 그러나 컴퓨터 때문에 신날 것이 없다. 그러나 여러분이 처음 눈을 휘둥그렇게 뜨는 컴퓨터를 가지고 놀던 시절을 생각해 보라. 활기와 열정을 갖고 뛰어들지 않았는가? 당연히 그랬을 것이다. 그래서 지금 여기서 이 책을 읽고 있는 이유가 아닌가?

에반젤리스트는 그 열정에 다시 불을 붙여 새롭고 멋진 것에 대한 비전을 가리킨다(한 번 만들어 놓으면 돈을 벌어다 줄 비전이 될 수 있지만 에반젤리즘의 초점은 돈보다는 정신에 맞춰져 있다). 이것은 단지 CEO와 마케팅 사람들의 일이 아니다. 프로그래머들도 다른 사람처럼 에반젤리즘에 재능을 보일 수 있다. 이것이 바로 "그렇다면 멋질 것 같지 않아?"로 시작하는 대화다.

에반젤리즘은 기만이 아니다. 다른 사람들이 이해하고 믿을 수 있도록 더 나은 미래의 그림을 그려보는 것뿐이다. 테렌스 라이언[Terence Ryan]의 『Driving Technical Change』[Rya10]는 에반젤리즘을 배우는 데 훌륭한 참고 자료다. 애플 초창기 에반젤리스트 가이 카와사키는 그의 책 『Selling the Dream』[Kaw92]에서 에반젤리즘의 큰 그림을 보여주었다.

다시 보니 "형편없진 않습니다"는 훌륭한 태그라인이라는 생각이 사라진 것 같다(사실 아직도 웃기다). 자신이 만들어내려는 명성에 대해 잘 생각해 보라. 지금부터 앞으로 5년을 마음속에서 창조해서 상상해 보자. 여러분은 "안 될 거야"라고 말하는 분류인가, 아니면 사람들이 정말 멋진 걸 만들어내도록 영감을 주는 사람인가?

실천하기

(학교나 다른 곳에서) 여러분을 가장 고취시킨 선생님을 생각해 보자. 그분들이 훌륭한 것은 무엇 때문일까? 그분들이 어떤 주제에 관해 이야기하는 방법과 그 주제에 대해 여러분에게 어떤 영감을 주었는지 특징을 써 보라.

훌륭한 제품 발표회의 녹화 영상을 보라. 매킨토시를 소개하는 스티브 잡스Steve Jobs가 대표적인 예다. 발표자가 제품이 아니라 제품의 비전, 즉 제품 뒤에 놓인 꿈을 파는 방법을 주의 깊게 살펴보라. 그것이 바로 에반젤리즘이다.

TIP 32
공부를 절대 멈추지 말라

 직장에서 배울 것이 산더미일 것이다. 가장 먼저 필요한 것들에 초점을 맞추라. 그렇다고 해서 자신의 실력을 갈고닦는 일을 오래 미루지는 말라. 생각보다 빨리 무뎌진다.

"나는 계속 공부할 건데?"라고 생각하며 이 팁의 제목을 의아하게 생각하는 사람도 있을 것이다. 그러나 그런 다짐은 일에 치여 잊기 쉬운 법이다. 일은 바쁜데 가족에다, 퇴근 후 취미 생활도 있으니 정신을 차려보면 신기술을 배운 지 5년이 흘러가 있을 것이다.

계속 공부하는 것은 것은 자기 몫이다. 회사에 있을 때도 하고 개인 시간에도 하라. 뒤떨어지지 않게 무엇이든 하라. 목표 중 하나는 끊임없이 변화하는 업계에서 스스로를 가치가 높도록 유지하는 것이지만 사실 학습 능력을 유지하는 것이 가장 큰 목표다.

자기 스타일대로 공부하라

적절한 학습 방법은 사람에 따라 다르다. 책 읽는 것이 제일 좋은 사람이 있고, 교실에서 배우는 것이 좋은 사람이 있고, 직접 해봐야 하는 사람도 있다. 학교에서 공부 때문에 고생해본 적이 있다면 학교에서 가르치는 방법과 자신의 선천적인 학습 스타일이 안 맞는 게 아닌지 한 번 고려해 보라.

자신에게 최적화된 학습 스타일을 찾아내려면 앤디 헌트의 『Pragmatic Thinking and Learning』[Hun08]을 읽어보면 도움이 될 것이다. 억지로 주입하는 학교와 달리, 이 책에서는 스스로에게 맞는 방법대로 공부하는 방법을 알려준다.

아직 자신의 학습 스타일을 모른다면 MBTI('팁 21. 성격 유형을 이해하라' 참고) 같은 인성 검사를 고려해 보라. 인터넷에 돌아다니는 비공식 설문도 있다. 또는 단순하게 경험적 접근을 취해보라. 책도 보고 팟캐스트도 받아보고 비디오나 스크린캐스트도 찾아보라. 이 중 어느 학습 스타일에 끌리는가?

뒤쳐지지 말라

기술 세상에서는 "달려야만 제자리에 서 있을 수 있다"라고 (사실은 좀 많이) 이야기한다. 사실이다. 현 직장에 만족해서 새로운 것들에 뒤쳐지기 시작한다면 다음번에는 직장을 잡기가 매우 어려울 것이다. 단순히 위험을 줄이기 위해서라도 새로운 기술을 탐구하는 데 시간을 쓰는 것이 맞다.

모든 것을 따라잡을 수는 없으니 우선순위를 어떻게 매겨야 할까? 한편으로는 새로운 기술이 유행인 동안에 그것을 따라잡고 싶을 것이다. 반면 어떤 유행은 왔다가도 흔적도 없이 사라진다. 그래서 여러분은 임계량의 티핑 포인트[3]에 다다른 기술을 찾으려고 한다.

나는 그 티핑 포인트를 알기 위해 최근 종이로 출간된 책들을 살펴본다. 출판사들도 바로 그 지점을 찾기 때문이다. 출판사들은 자기 책들이 최첨단에 있기를 원하면서도 책을 만드는 비용을 상쇄할 정도로 충분히 많은 독자를 필요로 한다. 블로그를 보는 것은 미덥지 않다. 그것이 어떤 것이든 간에 그것에 대해 글을 쓰는 사람이 있기 때문에, 일시적인 유행인지 아닌지 판단하기 어렵기 때문이다. 구인 공고를 기준으로 삼기

---

[3] 자세한 내용은 말콤 글래드웰이 쓴 『The Tipping Point』[Gla02]를 보라.

에는 더 늦다. 구인 공고는 대개 기술과 가깝지 않은 관리자가 쓰기 때문이다.

생각을 넓히라

뒤처지지 않는 일은 위험을 완화하는 정도지만, 경제적인 이익과는 아무 상관없이 기술을 배우는 일은 엄청난 장점과 재미가 있다. 때로는 상업적 기술 세상에서 벗어나 뇌 근육을 풀어줘야 한다.

한 번 곰곰이 생각해 보라. 호기심을 끄는 것이 있지만 연구에 시간을 투자할 수 없는 것이 있었는가? 그게 스킴^{Scheme}이거나 마이크로컨트롤러, 아니면 새로운 텍스트 편집기를 배우는 것일 수 있다. 주제를 잡아 주말 프로젝트를 만들어 빠져들어 보라. C++와 자바만 해왔다면, 『Structure and Interpretation of Computer Programs』[AS96]로 스킴에 뛰어들면 머릿속이 팽팽 돌 것이다.

> **회사의 시각: 연습 없이 더 나아질 수 없다**
>
> 코딩은 기타 연주와 같다. 배우려면 해봐야 한다. 더 많이 할수록 더 좋아진다. 그저 책을 읽는다고 더 좋은 코더가 될 수는 없다. 지름길이란 없다. 그러니 지금 코딩을 즐기지 않는다면 아마 나중에 가서도 잘 하지 못할 것이다.
>
> - 스콧 지머맨, 선임 소프트웨어 엔지니어

신기한 것은 SICP로 스킴을 파면 단지 좋은 스킴 프로그래머가 되는 것만이 아니라는 점이다. 억지로라도 익숙한 환경에서 벗어나 다른 방식으로 코드에 대해 고민하면 스킴뿐 아니라 모든 코드에 관해 추론하는 능력이 향상될 것이다.

커뮤니티

학교는 학생들을 위해 엄청난 지원 체계를 제공한다. 학교에는 뒤에서 돕는 동료, 교수 그리고 거대한 도서관이 있다. 반면 여러분의 본업은 제품 출시에 맞춰져 있다. 배우는 데 필요한 지원 체계를 구축하는 것은 자신에게 달려 있다.

프로그래머 친구들을 둘러보라. 그들 중 학습 스타일이 비슷한 사람이 있나? 책을 읽어가는 스타일이면 독서 클럽에서, 눈앞에 보이는 것이 중요한 스타일은 칠판에서 재미있는 문제 풀기를 많이 할 수 있다. 청취형 학습자에게는 듣기와 말하기가 필요하기 때문에, 누군가가 말을 할 상대가 있다면 훨씬 더 재미를 느낄 수 있다.

다음으로는 더 넓게 살펴보라. 대다수 기술은 블로그, 포럼, 뉴스 그룹, IRC 채널, 사용자 그룹의 조합을 갖고 있다. 대개 실명 사용자 그룹에는 잡담보다 정보가 많다. MeetUp[4] 같은 웹 사이트는 지역 사용자 그룹을 찾는 데 도움이 될 것이다.

그런 다음에는 동기가 필요하다. 오픈 소스 프로젝트는 학습에 목적을 부여할 수 있는 가장 좋은 방법이다. 확실히 기술을 구축하지 못한 상태로는 프로젝트에 뛰어들기 어렵다. 그렇지만 초보적 기술 수준으로도 문서 작성 같이 기여하는 방법을 찾을 수 있다. 공개적인 곳에서 작업함으로써 스스로를 바쁘게 하고 활동적으로 만들 임시 동료 그룹을 만들 수 있을 것이다.

깃허브[5], 소스포지[6] 같은 웹 사이트에서 수많은 오픈 소스 프로젝트를 찾을 수 있다. 또한 프로그래밍 언어는 대부분 해당 언어로 작성된 프로젝트의 디렉터리가 있다. 루비 프로젝트를 위한 루비포지[7]도 한 예다.

4 http://www.meetup.com/
5 http://github.com
6 http://sourceforge.net
7 http://rubyforge.org

콘퍼런스

기술 콘퍼런스는 비싼 이국적인 휴가 명소에서 일주일간 열리는 것부터 지역 호텔의 하루짜리 공짜 행사까지 다양하다(비싼 콘퍼런스의 경우 회사가 비용을 내기도 한다). 콘퍼런스는 다른 회사의 프로그래머들을 만나고 배울 수 있는 좋은 기회다.

콘퍼런스에는 대부분 비슷한 주제의 세션들로 이뤄진 여러 트랙이 있다. 트랙 하나를 선택하거나 흥미로운 세션들을 선별해 참여한다. 또 모든 콘퍼런스에는 추가 트랙이 있는데, 복도 트랙이라고 불린다. 세션과 세션 사이에 복도에서 사람들과 나누는 가벼운 이야기를 통해 배우게 되는 모든 흥미로운 것을 말한다. 복도 트랙은 콘퍼런스에서 가장 흥미로운 트랙이 되기도 한다.

(콘퍼런스는 참가자의 혜택뿐 아니라 후원하는 회사의 이익도 크게 염두에 두고 있음을 명심하라. 콘퍼런스 등록에 쓰는 이메일 주소는 회사의 홍보 이메일을 위한 표적이 될 것이다. 영원히 말이다.)

회사에 청구하라

주로 자기 이익을 위해 공부하더라도 여러분의 현재 고용주도 어느 정도 관심이 있음을 잊지 말아야 한다. 새로운 기술을 배울수록 회사는 더욱 숙련된 프로그래머를 갖게 되는 것이다. 그러므로 회사는 이런 것에 비용을 부담하기도 한다. 책, 수업, 콘퍼런스는 모두 얻을 수도 있는 것이니 관리자에게 물어보라.

사실 고용인들에게 교육을 받게 하는 것은 많은 관리자들에 주어지는 지속적인 과제다. 그러나 스스로 공부하는 일처럼, 이것도 이런저런 일에 치어 잊혀진다. 그렇기 때문에 여러분에게 어느 정도 권한이 생기게 되면 스스로와 관리자 둘 다에게 좋은 일을 하라.

실천하기

지금 자신이 가진 기술의 마인드맵을 만들라. 프로그래밍 언어, 플랫폼, 도구 등이 있을 것이다. 맵의 일부 가지는 엉성해 보일 것이다. 자신에게 부족한 부분들을 확인하고, 향상시키기 위해 동기를 부여하고, 그 부분을 향상시키기 위해 앞으로 6개월간 전념하라.

자기 계발 자금으로 매달 일정 금액을 정해놓는다. 이것을 필요한 책, 소프트웨어 등 여러 참고 자료 구입에 쓸 수 있다(맥주는 자기 계발 자원으로 인정되진 않는다). 그러면 새로운 무엇을 살 때가 되었을 때 한 번에 큰돈이 빠져나갈 걱정을 할 필요가 없다. 충분한 돈이 준비되어 있다.

직장에서 사용하는 언어와는 다른 프로그래밍 언어를 연구하라. 회사에서 C++(정적 타입, 객체 지향)를 쓴다면 스킴(동적 타입, 함수형)을, 루비라면 해스켈을 공부해 보라. 책 한두 권(예를 들어 브루스 테이트의 『Seven Languages in Seven Weeks』[Tat10])을 사서 시간을 투자하고 뇌 근육을 훈련시키라.

TIP 33
자신의 자리를 찾으라

 이 팁은 먼 미래의 이야기다. 아직 걱정할 일은 아니지만 영원히 무시하지도 말라.

지금 여러분은 이 업계에 막 발을 디딘 셈이다. 5년에서 10년간 경험과 신용을 쌓아나간다고 해보자. 그 후에는 프로그래머로서 어떤 삶이 있을까? 엄청난 재산, 큰 집, 고급 차 같은 건 빼고 말이다.

프로그래밍에서 프로그래밍으로
우선 프로그래밍이 있을 것이다. 어떤 사람들은 프로그래밍을 하려고 태어났고, 프로그래밍으로 돈을 잘 벌 수 있다면 그만둘 이유가 없다. 많은 회사에서 매우 숙련된 프로그래머의 가치를 인정했으며 연봉은 꾸준히 오를 것이다. 돈을 더 벌려고 관리직으로 들어갈 필요가 없다.

그런데 그다지 진보적이지 않은 회사들도 있다. 자신이 10년 넘게 프로그래밍에서 머물고 있다면 이직을 위해 주변 회사들을 둘러볼 필요가 있다. 실력과는 관련 없이 보수가 고정된 기술 관련 회사들도, 관리자보다 더 많은 월급을 주지 않으려는 상사도 만나보았다. 그들을 설득하려고 해도 소용없다. 그냥 다른 곳으로 움직이라.

또 다른 옵션은 계약을 맺는 것이다. 시간당 보수나 일의 완료 중 하나를 갖고 프로젝트에 입찰한다. 괜찮은 점은 (보통) 시간당 돈을 더 많이 벌 수 있다. 단점은 더 자주 일을 찾아다닐 필요가 있다는 것과 불경기처럼 좋지 않을 때에는 일을 찾지 못할 수 있다는 것이다. 이런 방향을 고려하기 전에 먼저 일을 찾는 데 충분한 전문가 네트워크를 구축해 놓고, 일이 제대로 되지 않을 때 집안 살림을 유지하기 위해 은행에 충분한 돈을 넣어 놓아야 한다.

프로그래밍 경력 발전을 위한 가장 좋은 참고 자료는 채드 파울러 Chad Fowler의 책 『The Passionate Programmer: Creating a Remarkable Career in Software Development』[Fow09]다. 더 높은 급여를 받는 데 필요한 기술과 자신을 마케팅하는 방법을 개발하는 데 도움이 될 것이다.

다음으로, 여러분은 자신의 경력 전부를 한 회사에서 보내지는 않을 것이다. 직장을 찾아 안착하는 특별한 기술이 있다. 우리는 대부분 자신에게 맞지 않는 직장을 몇 군데 전전하고서야 이것을 어렵게 배웠다. 괜한 수고하지 말라! 앤디 레스터Andy Lester는 『Land the Tech Job You Love』[Les09]에서 구직 기술을 가르쳐준다.

기술 리드

기술과 경력이 쌓이고 연봉도 올라가면 회사에서는 여러분이 리더십도 발휘하기를 기대할 것이다. 기술적 형태의 리더십에는 사람을 부리는 특권이 아니라 제품 설계를 다루는 특권이 따라온다.

설계는 프로그래밍과는 다른 기술이다. 기술 리드는 큰 그림 수준(벽돌을 딱 들어맞게 할 방법을 찾아보기)과 밑에서부터 올라오는 수준(벽돌 만들기) 양쪽 모두에 작용해야 한다. 제대로 된 방법으로 일을 제대로 하는 것이라고 생각하라.

물론 제품 설계라는 것은 단지 사람들의 머릿속에 있는 개념밖에 되지 않는다. 정말 중요한 것은 그 개념의 발현, 즉 팀이 짜는 코드다. 기술 리드의 두 번째 핵심 기술은 설계를 실제로 만들어가도록 이끄는 데 있다. 이것은 그저 프로젝트 앞자리에 앉아 예쁜 그림을 붙여가며 문서나 만드는 일이 아니다. 이것은 사람들과 함께 직접 코드를 쓰면서 시간이 흐르면서 코드가 설계대로 커가고 있는지 프로젝트가 변화를 필요로 하면 설계도 발전하는지 확인하는 것이다.

관리직

기술 리드 역할이 권한은 없고 책임만 있는 것처럼 보인다면 관리직이라는 옵션도 있다. 관리자들은 사람을 부릴 권한을 갖게 된다(잘 되진 않지만 시도는 해볼 수 있지 않겠는가). 어떤 프로그래머들에게는 회사에서 위로 올라갈 유일한 방법이라서 관리로 옮기기도 하지만, 정말 관리직이 적성에 맞는 사람들도 있다.

관리자의 능력은 팀을 이끄는 것과 팀을 지원하는 것 사이에서 섬세하게 균형을 잡아야 한다. 리더십이 갖고 있는 권력은 복잡하지 않다. 즉, 사람들은 (대개) 관리자가 해야 한다고 지시한 일을 하게 된다. 그런데 지원 부분도 마찬가지로 중요하다. 관리자는 직원의 능력과 관심 분야가 일치하도록 일을 시켜야 한다. 단기 목표와 장기 성장을 위한 교육과 환경을 제공해야 한다. 팀 예산과 자원들을 지켜내야 하고 더욱 많은 것을 해야 한다.

회의와 사내 정치가 여러분을 미치게 할 지경이라면 관리는 여러분의 길이 아니다. 관리자의 일 중에서 많은 것이 회의에서 이뤄진다. 팀원들과의 회의에서는 올바른 일을 올바른 방법으로 하고 있는지 확인한다(하향식 관리라고도 한다). 팀의 일을 달성하기 위한 상사와의 회의에서는 비즈니스 요구 사항에 맞춰 팀의 일을 조절한다(상향식 관리). 그리고 다른 팀과의 회의에서는 회사의 다른 부분과 업무가 조정되어 있는지 확인한다(가로지르는 관리).

어떤 관리자들은 동시에 프로그래밍 일도 하려고 한다. 난 이게 잘 되는 것을 본 적이 없다. 관리와 프로그래밍 업무 모두 속이게 된다. 아무리 작은 팀이라도 관리하는 것, 그리고 그 일을 잘하는 것은 주 업무다. 둘 중 하나만 하는 것이다. 두 가지 일을 반반씩 하지 말라.

제품 관리/경영

제품 관리가 마케팅 분야에 속해있기 때문에(세상에나), 회사가 어떻게 제품을 만드는지보다 어떤 제품을 만드는지 궁금한 프로그래머들에겐 자연스러운 전환이다. 사실 많은 제품 관리자들이 엔지니어로서 경력을 시작한다.

제품이 어떤 일을 해야 하는지에 대해 감이 좀 있다면, 처음에 도움이 될 것이다. 그렇지만 마치 프로그래밍처럼 제품 관리자의 역할은 취향(또는 직감)을 따르기도 하고 학문에 기반을 두기도 한다. 후자의 것을 채워 넣기 위해 마케팅에 관한 교육이 필요할 것이다.

여러분의 회사가 전시회에 참가하거나 콘퍼런스를 개최한다면 그곳은 고객이나 영업 팀과 이야기할 수 있는 좋은 기회다. 해보길 바란다. 거기에 재미를 느낀다면 제품 관리자는 자신을 위한 길일 수 있다.

> **학구적 관점: 대학원**
>
> 다음과 같은 이유일 때만 대학원을 알아봐야 한다. 이 업계에서 휴식을 취하고자 할 때, 교편을 잡고 싶을 때, 또는 연구를 하고 싶을 때. 학교 선택은 이러한 목표에 따른다.
>
> 단지 몇 년간의 휴식과 유용한 직업 명성을 얻으려면 MBA는 괜찮은 선택이라고 할 수 있다. MBA에서 업계 경험은 매우 도움이 된다. 학교를 까다롭게 선택하라.
>
> 가르치길 원한다면 공인된 박사 학위를 딸 수 있는 곳이라면 어디든 상관없다. 업계 경험이 연구할 과제를 잘 이해하는 데 매우 유용할 것이다.

> 영향력이 큰 연구가 목표라면 카네기 멜론, USC, 버클리, MIT가 시작하기에 좋은 곳이다.
>
> - 데이비드 올슨^{David Olson}, 경영학부, 네브라스카 대학

학계

어떤 프로그래머들은 회사를 버리고 결국 학교에서 더 많은 재미를 얻었다고 결론을 내린다. 교육, 연구도 그 분야만의 압박과 보상이 있지만 그곳이 자신의 무대라면 좋은 삶을 꾸릴 수 있다. '학구적 관점: 대학원'(273쪽)에 나온 데이비드 올슨의 조언을 참고하라.

업계에 계속 남아 있는 프로그래머들이라도 학계에서 발표하는 연구를 관심 있게 지켜볼 가치가 있다. 보수도 제대로 못 받고 혹사당하는 대학원생들이 좋은 아이디어를 내놓는다. 최근 연구를 계속 접하기 위해 ACM[8]과 IEEE[9] 같은 협회에 가입하는 것도 고려해 보라.

실천하기

이 팁은 여러분이 오늘 할 일이 아니다. 아마 여러분은 지금 프로그래밍으로 좋은 시간을 보내고 있기 때문일 것이다. 하지만 다음 항목들에 대해 스스로가 느끼는 감을 해마다 적어두라. 자신이 맡은 역할을 즐기고 있는가? 다음번에는 어디로 갈 것 같은가? 여러분이 그곳에 갈 수 있도록 지금부터 시작할 수 있는 전략적 수준의 배움이나 경험이 있는가?

---

8 http://www.acm.org/
9 http://www.ieee.org/

참고 문헌

[AS96] Harold Abelson and Gerald Jay Sussman. *Structure and Interpretation of Computer Programs*. MIT Press, Cambridge, MA, 2nd, 1996.(『컴퓨터 프로그램의 구조와 해석』, 김재우·안윤호·김수정·김정민 옮김, 이광근 감수, 인사이트 펴냄)

[All02] David Allen. *Getting Things Done: The Art of Stress-Free Productivity*. Penguin Group (USA) Incorporated, USA, 2002.

[Bec00] Kent Beck. *Extreme Programming Explained: Embrace Change*. Addison-Wesley Longman, Reading, MA, 2000.(『익스트림 프로그래밍』, 김창준·정지호 옮김, 인사이트 펴냄)

[Bec02] Kent Beck. *Test Driven Development: By Example*. Addison-Wesley, Reading, MA, 2002.(『테스트 주도 개발』, 김창준·강규영 옮김, 인사이트 펴냄)

[Bro95] Frederick P. Brooks Jr.. *The Mythical Man Month: Essays on Software Engineering*. Addison-Wesley, Reading, MA, Anniversary, 1995.(『맨먼스 미신 : 소프트웨어 공학에 관한 에세이』, 김성수 옮김, 케이앤피북스 펴냄)

[Bru02] Kim B. Bruce. *Foundations of Object-Oriented Languages: Types and Semantics*. MIT Press, Cambridge, MA, 2002.

[CADH09] David Chelimsky, Dave Astels, Zach Dennis, Aslak Hellesøy, Bryan Helmkamp, and Dan North. *The RSpec Book*. The Pragmatic Bookshelf, Raleigh, NC and Dallas, TX, 2009.

[FBBO99] Martin Fowler, Kent Beck, John Brant, William Opdyke, and Don Roberts. *Refactoring: Improving the Design of Existing Code*. Addison-Wesley, Reading, MA, 1999.(『리팩토링: 코드 품질을 개선하는 객체지향 사고법』, 김지원 옮김, 한빛미디어 펴냄)

[FP09] Steve Freeman and Nat Pryce. *Growing Object-Oriented Software, Guided by Tests*. Addison-Wesley Longman, Reading, MA, 2009.(『테스트 주

도 개발로 배우는 객체 지향 설계와 실천』, 이대엽 옮김, 인사이트 펴냄)

[Fea04] Michael Feathers. *Working Effectively with Legacy Code.* Prentice Hall, Englewood Cliffs, NJ, 2004.(『레거시 코드 활용 전략』, 이우영·고재환 옮김, 에이콘 펴냄)

[Fow09] Chad Fowler. *The Passionate Programmer: Creating a Remarkable Career in Software Development.* The Pragmatic Bookshelf, Raleigh, NC and Dallas, TX, 2nd, 2009.(『프로그래머 열정을 말하다』, 송우일 옮김, 인사이트 펴냄)

[Fri89] Robert Fritz. *The Path of Least Resistance: Learning to Become the Creative Force in Your Own Life.* Ballantine Books, New York, NY, USA, 1989.

[Gla02] Malcolm Gladwell. *The Tipping Point: How Little Things Can Make a Big Difference.* Back Bay Books, New York, NY, USA, 2002.(『티핑 포인트』, 임옥희 옮김, 21세기북스 펴냄)

[Gla06] Malcolm Gladwell. *Blink.* Little, Brown and Company, New York, NY, USA, 2006.(『블링크』, 이무열 옮김, 21세기북스 펴냄)

[Gla08] Malcolm Gladwell. *Outliers: The Story of Success.* Little, Brown and Company, New York, NY, USA, 2008.(『아웃라이어』, 노정태 옮김, 김영사 펴냄)

[Gre10] James W. Grenning. *Test Driven Development for Embedded C.* The Pragmatic Bookshelf, Raleigh, NC and Dallas, TX, 2010.(『임베디드 C를 위한 TDD』, 신제용·한주영 옮김, 인사이트 펴냄)

[Hun08] Andrew Hunt. *Pragmatic Thinking and Learning: Refactor Your Wetware.* The Pragmatic Bookshelf, Raleigh, NC and Dallas, TX, 2008.(『실용주의 사고와 학습』, 박영록 옮김, 위키북스 펴냄)

[KR98] Brian W. Kernighan and Dennis Ritchie. *The C Programming Language.* Prentice Hall, Englewood Cliffs, NJ, Second, 1998.(『C 언어 프로그래밍』, 김석환·박용규·최홍순 옮김, 펴냄)

[Kaw92] Guy Kawasaki. *Selling the Dream.* Harper Paperbacks, New York, NY, USA, 1992.

[Les09] Andy Lester. *Land the Tech Job You Love.* The Pragmatic Bookshelf, Raleigh, NC and Dallas, TX, 2009.

[Lio77] John Lions. *Lions' Commentary on UNIX 6th Edition.* Peerto-Peer

Communications Inc., Charlottesville, VA, 1977.

[Mar08] Robert C. Martin. *Clean Code: A Handbook of Agile Software Craftsmanship*. Prentice Hall, Englewood Cliffs, NJ, 2008.

[Mas06] Mike Mason. *Pragmatic Version Control Using Subversion*. The Pragmatic Bookshelf, Raleigh, NC and Dallas, TX, 2006.(『손에 잡히는 서브버전』, 박제권 옮김, 인사이트 펴냄)

[Nö09] Staffan Nöteberg. *Pomodoro Technique Illustrated: The Easy Way to Do More in Less Time*. The Pragmatic Bookshelf, Raleigh, NC and Dallas, TX, 2009.(『시간을 요리하는 뽀모도로 테크닉: 지금 일에 집중하는 25분의 힘』, 신승환 옮김, 인사이트 펴냄)

[PP03] Mary Poppendieck and Tom Poppendieck. *Lean Software Development: An Agile Toolkit for Software Development Managers*. Addison-Wesley, Reading, MA, 2003.(『린 소프트웨어 개발』, 김정민 · 김현덕 · 김혜원 옮김, 인사이트 펴냄)

[Pie02] Benjamin C. Pierce. *Types and Programming Languages*. MIT Press, Cambridge, MA, 2002.

[Ras10] Jonathan Rasmusson. *The Agile Samurai: How Agile Masters Deliver Great Software*. The Pragmatic Bookshelf, Raleigh, NC and Dallas, TX, 2010.(『애자일 마스터』, 최보나 옮김, 인사이트 펴냄)

[Rya10] Terrence Ryan. *Driving Technical Change: Why People on Your Team Don't Act on Good Ideas, and How to Convince Them They Should*. The Pragmatic Bookshelf, Raleigh, NC and Dallas, TX, 2010.

[Sch04] Ken Schwaber. *Agile Project Management with Scrum*. Microsoft Press, Redmond, WA, 2004.

[Ski97] Steve S. Skiena. *The Algorithm Design Manual*. Springer, New York, NY, USA, 1997.

[Swi08] Travis Swicegood. *Pragmatic Version Control Using Git*. The Pragmatic Bookshelf, Raleigh, NC and Dallas, TX, 2008.(『GIT 분산 버전 관리 시스템』, 김성안 · 이두원 옮김, 인사이트 펴냄)

[Tat10] Bruce A. Tate. *Seven Languages in Seven Weeks: A Pragmatic Guide to Learning Programming Languages*. The Pragmatic Bookshelf, Raleigh, NC and Dallas, TX, 2010.

찾아보기

ㄱ

간트 차트 224
감각의 구성 요소 166-170
감사 68-69
개발 단계 235-237
개발 환경 75-83
   디버거 79-80, 82-83
   텍스트 편집기 75-77, 81
   프로파일러 80-81, 83
   IDE(통합 개발 환경) 76
객체 지향 프로그래밍에 관한 책 25, 31
경영진 214
고객 지원 200-202
공적 관계 173
과도한 테스트 30-31
관리자 123, 193
   멘토링 129
   성과 리뷰에서의 역할 140, 145
근력 운동 160
근육 활동, 측정 159
기관 테스트 9
기술 선임 192, 271
기질의 구성 요소 166-168
깔끔함 133

ㄴ

나눠서 정복하기 전략 177-178
나쁜 관행 안티패턴 참조
낙관주의 260
내향성의 구성 요소 165-166
높은 수준의 코드 검토 67

ㄷ

단위 테스트 7, 17
대개편 안티패턴 252-253
대못 때려 박기 233
대학원 274
데스크톱 GUI 97-98
데이터 세트, 매우 큰 89
도구 73-74
   디버거 79-80, 82-83
   생산성 73-74
   인터프리터 78-79, 82
   컴파일러 78, 82
   텍스트 편집기 75-77, 81
   프로파일러 80, 83
동적 디스패치 테이블 17
동적 타입 시스템 21

ㄹ

라이선스, 오픈 소스 소프트웨어를 위한 113-115
랩톱 없는 회의 원칙 183
레거시 코드 59-64
   "대개편" 안티패턴 252-253
   마이그레이션 61-62
   버그 수정 59, 62
   이음매 찾기 60-61
   책 63
   형편없는 사양에서 확인 62
로제타 코드 웹 사이트 88
루비
   단위 테스트 30
   동적 타입 시스템 21

자연스러움 87
책 24, 31
테스트 전용 객체 16
루비온레일스 99
린 프로젝트 관리법   애자일 프로젝트 관리법 참조

ㅁ

마우스
   사용하지 않기 76, 81
   인체 공학 158
마이그레이션, 레거시 코드의 61
마이어스-브리그스 성격 유형 검사 (MBTI) 165-172
마인드맵에 관한 책 247
마케팅 부서 202-206
마케팅 커뮤니케이션 부서 202-203
맨먼스 미신 250
멘토 125-130
   기술 선임 192
   멘토로서의 관리자 129, 193
   역할 125
   자질 126-128
   찾기 128-129
명세로서의 테스트 29-30
명확한 코드 38-42
모니터 157
목 객체 17
몸 77
무심 148
문제가 있는 관행   안티패턴 참조
문지기, 사적 관계 174

ㅂ

바이오피드백
   근육 활동을 측정하기 159
   스트레스 줄이기 149
발등에 떨어진 불 끄기 261
방해 179
배포 전문가 195-196
버그

레거시 코드 수정 59, 62
임시 조치 37
추적과 수정 241
코드 복잡성에 따른 어려움 36
하이젠버그 79
버전 관리 105-110
   다중 브랜치 107, 110
   릴리스 버전의 수정 105
   분산화 107-108
   여러 프로그래머들과의 협업 106, 108
   외부 코드 116
   이전 버전으로 되돌리기 105
   중앙화 107-108
   책 109
법률 고문 217
베타 테스트 11
보고서 83
복지 혜택 212
부상(또는 산업재해) 155
부하 테스트 8
블랙박스 테스트 10
비관주의 260
비주얼 스튜디오 76
빌드 전문가 195
빌드 자동화 103

ㅅ

사무실 위치 180-181
사업 기획 팀 206
사용자   고객 지원 참조
   마케팅과 세일즈의 시각 189, 202, 207
   버그 발견 6
   베타 테스트 11
   유지 보수 단계에서의 시각 239
   콘셉트 단계에서의 시각 230
사용자 인터페이스, 테스트 8
사유 소프트웨어 112
사이드 이펙트 13-15
사적 관계 173-176
상호 작용에 관한 책 260
생산성

감소 도구　74
증가 도구　73-74
책　181
생산성과 성능 사이의 균형　88-90
부하 테스트　8, 12
운영 체제　89
생활 방식의 구성 요소　170-171
설계
기술 리드의 일　271
높은 수준의 코드 검토　67
명확성　38
아키텍트의 일　193
테스트 주도 설계　26-33
프로그래머로서의 일　191-192
프로토타입　32
설계자(아키텍트)　193
성격 유형　165-172
성과 리뷰　140-147
관리자의 역할　140, 145
등급　145
자기 평가　142-144
준비　141
진급의 영향　146
360도 평가　144
세일즈 부서　205-207
"하키 채 판매 곡선" 안티패턴　251
손익 계산서　213
수명의 끝(EOL) 단계　242-243
순수하지 않은 코드　13
순수한 코드　13
스케일링, 부하 테스트　8
스크럼 프로젝트 관리법　애자일 프로젝트 관리법 참조
스킴
자연스러움　88
책　88, 266
스택 트레이스　80
스트레스
긴 업무 시간　151-152
마사지 치료　150
바이오피드백　149

운동　150
인식　148-150
탈진의 결과　152-153
휴가　153
스티브 잡스의 주문 "진정한 예술가는 팔리는 작품을 내놓는다"　236
시설　209-210
시스템 관리 자동화　104
시스템 전체 테스트　9
실수
우아한 실패　43-50
자동화로 줄이기　102
실증적인 프로세스 관리　226

ㅇ
악마 같은 시스템 관리자 놈(BOFH)　208
안티패턴　248-253
애자일 프로젝트 관리법　226-229, 232
앤디 허츠펠드　88-89
에반젤리즘　262-263
엔지니어　192, 프로그래머 참조
역효과를 낳는 관행　안티패턴 참조
연구, 진로로서　학계, 진로로서 참조
예외 처리 관례　55-58
오픈 소스 소프트웨어　111-119
기여　116-119
라이선스　113-115
법적 문제　111
업스트림 프로젝트 추적하기　115-116
저작권　112
온라인 참고 자료
로제타 코드　88
코딩 스타일 가이드　58
테스트 전용 객체　24
옷　131-134
외향성의 구성 요소　165-166
우아한 실패　43-50
실패 주입　47-48
작동 순서　44-45
테스트 멍키　48-49
트랜잭션　45-47
운영 체제 성능　89

웹 인터페이스 98-100
유지 보수 단계 239-242
이름 짓기 52-53
이사회 218
이클립스 76
익스트림 프로그래밍 애자일 프로젝트 관리법 참조
인사 부서 212
인수 테스트 7
인식 131-132
   구성 요소 166-168
   책 131
인증
   기관 테스트 9
   코드 검토 69
인체 공학 155-161
   데스크톱 155-159
   마우스 158
   모니터 157
   신체 역학 159-161
   의자 158-159
   책상 158-159
   키보드 155-157
인터프리터 78-79, 82
읽기, 평가, 프린트 루프(REPL) 78
임시 검토 67

ㅈ

자기 관리 123
   멘토의 역할 125-130
   성과 리뷰 140-147
   스트레스 관리 148-154
   인체 공학 155-161
자기 평가 142
자동화 101-104
자바 플랫폼 93
자연스러운 프로그래밍 86-88
작동 순서 44
장기 테스트 10
재무 부서 212-214
정렬 알고리즘 83
정의된 프로세스 관리 226

정적 타입 시스템 19, 21
제조 부서 210-212
제품 관리 204-205
제품 수명 주기 230-243
   개발 단계 235-237
   대못 때려 박기 233
   수명의 끝 단계 242-243
   유지 보수 단계 239-242
   출시 단계 237-239
   콘셉트 단계 230-233
   프로토타이핑 단계 233-234
제품 수준의 코드 품질 코드 품질 참조
조직도 173, 198, 회사 구조 참조
종료 처리 관례 55-58
주석 53-55
주주 이익 244-247
지속적 테스트 11
직관의 구성 요소 166-170
직관 팀 206
진급 146, 진로 참조
진로 145, 270-274
집중 179
짝 시스템 코드 검토 67
짝 프로그래밍 전략 179

ㅊ

창조성 260-262
채널 세일즈 팀 206
첫 번째 일 196, 진로 참조
첫인상 131-132
출시 단계 236-239
출하 단계 출시 단계 참조

ㅋ

카렌 스티븐슨, 사적 관계에 대해 173
카이젠 257
컴파일러 78, 82
코드 품질 3-5, 7, 테스트 참조
   보장 6, 12
   코드 검토 7
   회사의 지침 11
   코드 확인 범위 22-24

코드의 복잡성 34-42
　　디버깅의 어려움 36
　　우발적 34
　　임시 조치 37
　　죽음의 나선 35
　　코드 크기 35-38
　　필연적 34
코드의 줄 수(LOC) 35-38
코딩 스타일 51
　　관례 57
　　이름 짓기 52-53
　　종료와 예외 55-57
　　주석 53-55
　　책 58
코어 파일 79
코트 검토 7
　　정책 69
　　태도 65-66
　　포맷 66-70
콘셉트 단계, 제품 생명 주기 230-233
콘솔 인터페이스 96-97
콘텍스트 스위치 오버헤드 180
콘퍼런스 268
콘퍼런스 콜 185
콜 스택 79
키보드
　　인체 공학 155-157
　　타자 기술 160
키보드 단축키 76, 78, 81
킬링 81

ㅌ
타입 시스템 19-22, 25
타자 기술 160
탈진 152-153
탐색자, 사적 관계 175
태도
　　코드 검토에 대한 65-66
　　프로그래밍에 대한 259-263
테스터 194-195
테스트 7
　　과도한 테스트 30-31
　　기관 테스트 9
　　단위 테스트 7, 17
　　동적 디스패치 테이블 17
　　명세 29-30
　　목 객체 17
　　베타 테스트 11
　　부하 테스트 8
　　블랙박스 테스트 10
　　사이드 이펙트의 영향 13-15
　　순수한 코드와 순수하지 않은 코드의 영향 13
　　시스템 전체 테스트 9
　　실패 주입 47-48
　　인수 테스트 7
　　장기 테스트 10
　　지속적 테스트 11
　　책 24
　　테스트 멍키 48-49
　　테스트 전용 객체 16-18, 25-29
　　통제된 탐색적 테스트 8, 12
　　호환성 테스트 10
　　화이트박스 테스트 10
　　확인 범위 22-24
　　환경 테스트 13-16
테스트 주도 설계 26-33
텍스트 편집기 75-77
통제된 탐색적 테스트 8, 12
통합 개발 환경(IDE) 76
퇴직 연금 212
트랜잭션 45-47
팀워크
　　성격 유형, 파악 165-172
　　중요성 163
　　협업 177-181
　　황금률 163
　　효율적인 회의 182-186
팀원 191-197, 249, 협업 참조
　　관계 173-176
　　관리자 193-194
　　기술 선임 192
　　배포 전문가 195-196
　　빌드 전문가 195

설계자(아키텍트) 193
역할 196
테스터 194-195
프로그래머 191-192

ㅍ

파괴적인 패턴 안티패턴 참조
파일, 테스트 전용 객체를 위한 16-18, 26-29
판단의 구성 요소 170-171
패키징 자동화 104
퍼블릭 도메인 소프트웨어 112
펌웨어 엔지니어 192, 프로그래머 참조
편집기
   문법 강조 77
   자동 들여쓰기 77, 82
   자동 완성 77, 81
   텍스트 전용 콘솔 78
   텍스트 편집기 75, 81
평판 135-139
폭포수 프로젝트 관리법 224-226, 232
프로그래머 191-192
프로그래머의 성과 개선 146
프로그래밍 언어 84-92
   들여쓰기 77
   디버거 79-80, 82-83
   리팩터링 기능 79
   마이그레이션 61-62
   문법 강조 77
   인터프리터 78-79, 82
   자연스러움 86-88
   컴파일러 78, 82
   학습 곡선 84-86
프로그래밍, 진로로서 192, 270-271
프로젝트 관리 223-229
   맨먼스 미신 250
   애자일 프로젝트 관리법 226-229, 232
   "일정이 왕이다" 안티패턴 248-249
   제품 관리와 비교 224
   폭포수 프로젝트 관리법 224-226, 232
프로토타이핑 단계 32, 233-234
프로파일러 80, 83

플랫폼 93-100
   데스크톱 GUI 97-98
   선택 94-95
   웹 인터페이스 98-100
   콘솔 인터페이스 96-97

ㅎ

하이젠버그 79
학계, 진로로서 274
학습
   지속 257, 259-274
   책 84-86
   커뮤니티 267
   콘퍼런스 268
   프로그래밍 언어 84-86
한 줄 한 줄 검토 68
허브, 사적 관계 174
현금 흐름표 213
협업 177-181
   나눠서 정복하기 전략 177-178
   방해 179-180
   사무실 위치의 영향 180-181
   집중 179-180
   짝 프로그래밍 전략 179
   프로그래머 수의 영향 250
호환성 테스트 10
화이트박스 테스트 10
환경 테스트 9
회사
   목표 244-247
   안티패턴 248-253
   주주 이익 244-247
회사 구조 173, 198, 팀원 참조
   경영진 214
   고객 지원 200-202
   마케팅 부서 202-206
   마케팅 커뮤니케이션 부서 202-203
   사람들 간의 관계 173-176
   세일즈 부서 205-207
   시설 209-210
   이사회 218

인사 부서　212
재무 부서　212-214
정보 기술　208-209
제조 부서　210-212
제품 관리　204-205
행정 비서　199-200
회계 부서　213-214
PR(홍보)　203
회사 조직　회사 구조 참조
회의　182-186, 성과 리뷰 참조
건설적인 방향　184
랩톱 없는 회의 원칙　183
목적　183
참석자　184
콘퍼런스 콜　185
휴가　153

IDE(통합 개발 환경)　76
JSON 포맷　95
MBTI(마이어스-브리그스 성격 유형 검사)　165-172
NIHS('여기서 만든 것이 아님' 신드롬)　236
REPL(읽기, 평가, 프린트 루프)　78
SEMG(표면 근전도검사계)　159
vi 편집기　78
XML 포맷　95

기타

1만 시간의 원칙　84
360도 평가　144

A-Z

break 구문, 버그가 된 예　19
C
　마이그레이션　61
　복잡성 감소　39
　빌드 도구　103
　자연스러움　86
　책　24, 88
　충돌　79
　테스트 전용 객체　17
　함수의 종료 시점　55
　goto 문　56
C++
　경량 클래스　56
　관례　57
　복잡성 감소　39
　정적 타입 시스템　21
　학습　86
CEO(최고 경영 책임자)　215
CFO(최고 재무 책임자)　217
CIO(최고 정보 책임자)　216
CLO(최고 법률 책임자)　217
CTO(최고 기술 책임자)　215
GNU 약소 일반 공중 사용 허가서　115
GNU 일반 공중 사용 허가서(GPL)　114